Michael Sauga
Wer arbeitet, ist der Dumme

Michael Sauga

Wer arbeitet, ist der Dumme

Die Ausbeutung der Mittelschicht

Piper
München Zürich

Für Miriam

ISBN 978-3-492-05127-9
2. Auflage 2007
© Piper Verlag GmbH, München 2007
Satz: seitenweise, Tübingen
Druck und Bindung: Clausen & Bosse, Leck
Printed in Germany

www.piper.de

Inhalt

Einleitung

Als die schwarz-rote Koalition im Herbst 2005 ihre Regierungsgeschäfte aufnahm, waren die Erwartungen riesig. Von einem »Kabinett der Fachleute« war die Rede und der Hoffnung, dass »eine Große Koalition auch große Probleme lösen« werde.

Heute ist die verbreitete Zuversicht allgemeiner Ernüchterung gewichen. So gekonnt sich Kanzlerin Angela Merkel über die roten Teppiche dieser Welt bewegt, so zäh und ideenlos quält sich ihr Regierungsbündnis durch das dürftige Restprogramm des Koalitionsvertrages. Gesundheitsreform, Pflege, Mindestlohn: mit beängstigender Regelmäßigkeit enden die wichtigsten Projekte der Großen Koalition als notdürftig zusammengezimmerte Minimalkompromisse, deren vordringlichster Zweck darin zu bestehen scheint, die Zeit bis zur nächsten Wahl zu überbrücken. So weit bleibt die Regierung Merkel hinter den eigenen Ansprüchen zurück, dass mittlerweile selbst glühende Verfechter des Bündnisses den Tag herbeisehnen, an dem die Tortur ein Ende findet.

Auch das Volk zeigt sich ratlos. Mitten im kräftigsten Konjunkturaufschwung seit Jahren fühlen sich die meisten Deutschen ungerecht behandelt und blicken mit Argwohn in die Zukunft, so melden die Meinungsforscher. Eine Mehrheit der Bundesbürger empfindet die Globalisierung als Bedrohung, fürchtet weitere Einschnitte ins soziale Netz und glaubt nicht mehr daran, dass der ökonomische Aufschwung auch ihnen zugute kommt. Nur noch ein Viertel der Bevölkerung stuft die Republik als »soziale Marktwirtschaft« ein.

Das Ausland feiert das Comeback der Konjunkturlokomotive Deutschland; die Bundesbürger aber debattieren fünf Jahre nach Hartz-Reform und Agenda 2010 vor allem über die sozialen Verhältnisse im Land. Die Linkspartei will mit ihrem Kampf gegen Rentenkürzungen und Hartz IV den Wohlfahrtsstaat der Siebzigerjahre wiederherstellen. Die SPD schwankt, ob sie sich zu ihren eigenen Sozialreformen bekennen oder sich besser von ihnen distanzieren soll. Und die CDU ersetzt ihre radikalen Reformrezepte aus dem zurückliegenden Bundestagwahlkampf durch den inflationären Gebrauch des Begriffs »Sicherheit«, den die Parteistrategen derzeit so zahlreich über ihre Programmpapiere streuen wie früher die Warnungen vor der roten Gefahr.

Sozial- wie Christdemokraten haben bei der Sanierung des Wohlfahrtsstaates erkennbar die Orientierung verloren – und stellen sich voller Selbstzweifel bange Fragen: Ging der Sozialumbau der zurückliegenden Jahre zu weit? Kann der hiesige Wohlfahrtsstaat auch im 21. Jahrhundert noch Wohlstand und Sicherheit gewährleisten? Wer hat von den jüngsten Reformen profitiert, wer muss als Verlierer gelten?

Die Antwort fällt für die Volksparteien bitter aus. Die Daten der Statistiker zeigen, dass im gesellschaftlichen Verteilungskampf ausgerechnet jene soziale Schicht ins Hintertreffen geraten ist, die Union und SPD gern als Stammklientel für sich reklamieren. Keine andere Bevölkerungsgruppe hat in den vergangenen Jahren stärkere Einbußen hinnehmen und größere Opfer bringen müssen als die breite Mittelschicht der normal verdienenden Arbeitnehmer.

Sie mussten die Lasten der Globalisierung, die Kosten der deutschen Einheit und die Folgen der Massenarbeitslosigkeit schultern. Ihre Jobs sind in ständiger Gefahr, nach Indien und China oder, wie jüngst bei der Telekom, in billige Tochterfirmen verlagert zu werden. Ihr Lebensstandard ist in den vergangenen Jahren kaum gestiegen; dafür werden sie stärker mit Steuern und Beiträgen belastet als andere Schichten.

Dass sich ein Großteil der Lohnempfänger heute mit guten Gründen als Verlierer der ökonomischen Entwicklung sehen muss, bringt mehr aus dem Gleichgewicht als nur die Verteilungsstatistik. In den Nachkriegsjahrzehnten gehörte es zum gesellschaftlichen Grundkonsens, dass der gemeinsam geschaffene Reichtum auch den Arbeitnehmern zugute kam. »Wohlstand für alle« hieß das Motto Ludwig Erhards, dessen Zugkraft gerade darin begründet war, dass es nicht nur ein Höchstmaß an wirtschaftlichem Fortschritt, sondern auch an gesellschaftlicher Gerechtigkeit versprach.

Heute dagegen erleben die Beschäftigten, dass sie gegenüber anderen gesellschaftlichen Gruppen anhaltend an Boden verlieren. Während die Renditen der Kapitalbesitzer neue Höchststände erreichen, wird die Ware Arbeitskraft schleichend entwertet. Wer auf den unteren Etagen der Gehaltsskala angesiedelt war, büßte in nicht wenigen Fällen innerhalb der vergangenen 15 Jahre entweder den Job oder Teile seines Lohns ein. Und unter den Besserverdienern grassiert die Angst, demnächst selbst davon betroffen zu sein. Die Gewissheit der Nachkriegsgesellschaft, dass jeder mit Fleiß und Einsatzbereitschaft sein Glück machen kann, ist für viele Arbeitnehmer zum leeren Versprechen geworden.

Auch der Sozialstaat, der einst im Interesse der abhängig Beschäftigten erfunden wurde, erscheint ihnen zunehmend als fragwürdige Veranstaltung. Früher hielten die großen Solidareinrichtungen von der Renten- bis zur Arbeitslosenkasse ein umfängliches Vollkaskoangebot für alle Wechselfälle des Lebens parat. Heute müssen die Beschäftigten registrieren, wie das Versicherungs- und Steuersystem Privilegien und Vergünstigungen vornehmlich anderen Bevölkerungsgruppen gewährt – und sich die Nachteile bei ihnen konzentrieren. »Wo ist bloß unser Geld geblieben?«, fragen sich heutzutage nicht wenige Arbeitnehmer entgeistert, wenn sie die jährliche Rentenprognose ihres Versicherungsträgers in den Händen halten.

Die Schieflage zu Lasten der Arbeitnehmer erscheint als neues Phänomen, aber sie hat eine lange Geschichte. Sie beginnt in den Gründerjahren der Industrialisierung, als der deutsche Sozialstaat jene besondere Organisationsform erhielt, die heute zugleich sein größtes Problem ausmacht. Sie setzte sich fort in der sozialpolitischen Blüte der Nachkriegszeit, in der die Volksparteien im Wettlauf um Wählerstimmen die Solidarkassen als politisches Instrument ausbeuteten. Und sie mündet schließlich in der Reformpolitik der vergangenen zwei Jahrzehnte, die allzu einseitig zu Lasten der Beschäftigten ging.

Nun steht die Frage nach der sozialen Gerechtigkeit erneut ganz oben auf der Tagesordnung, und SPD wie Union reagieren hilflos bis panisch. Dass die Wähler die jüngsten Sanierungsarbeiten am Wohlfahrtssystem überwiegend als unfair empfinden, wird als Unwissenheit einer Bevölkerung abgetan, die noch immer nicht begriffen hat, dass der Sozialstaat radikal umgebaut werden muss. Entsprechend wurde auch das Ergebnis der jüngsten Bundestagswahl gewertet, aus der Christ- wie Sozialdemokraten gleichermaßen geschwächt hervorgingen.

Die Frage nach den Reformlasten der Arbeitnehmer wird in beiden Volksparteien dagegen konsequent verdrängt. Die SPD kümmert sich lieber um die Belange einer von ihr entdeckten neuen Unterschicht. Und die Union setzt darauf, dass sich mit dem aktuellen Konjunkturaufschwung schon alle Probleme von selbst erledigen werden.

Die Rechnung wird nicht aufgehen. Gleich aus mehreren Gründen wären die Volksparteien gut beraten, über die Unwucht im hiesigen Sozialstaat neu nachzudenken.

So ist die verbreitete Fruststimmung in der Arbeitnehmerschaft weitaus berechtigter, als die Strategen der Regierungsfraktionen zugeben mögen. In den vergangenen Jahren haben sich Union und SPD vornehmlich darauf konzentriert, die Sozialkosten der Betriebe zu senken. Dafür gab es gute Gründe; doch gerieten dabei die Interessen der Versicherten sowie das Verhältnis von Beiträgen und Leistungen aus dem Blick. Als Folge haben sich jene Gerechtigkeitsdefizite verstärkt, die im deutschen Wohlfahrtsstaat schon immer angelegt waren.

Zudem ist ungewiss, wie dauerhaft der aktuelle Beschäftigungsboom ist. Zum einen geht selbst der kräftigste Wirtschaftsaufschwung irgendwann zu Ende. Und zum anderen sind die hartnäckigsten Arbeitsmarktprobleme hierzulande weiter ungelöst. So kommt der Stellenzuwachs dieser Tage vor allem jenen Jobsuchenden zugute, die gut ausgebildet und leicht vermittelbar sind. Unter den Geringqualifizierten dagegen geht die Arbeitslosigkeit nur langsam zurück und ihr Anteil an allen Erwerbslosen steigt weiter an.

Noch aus einem weiteren Grund würde es sich für Union und SPD empfehlen, der wirtschaftlichen Situation der Beschäftigten und ihrer Benachteiligung im Sozialstaat mehr Aufmerksamkeit zu widmen. Noch immer stellt die arbeitende Mittelschicht die Mehrheit der Wähler im Land. Wer es schafft, ihre Belange glaubwürdig zu seiner Sache zu machen, hätte gute Chancen, bei den anstehenden Wahlen zu profitieren.

Und schließlich wäre eine Politik, die sich an den Interessen der abhängig Beschäftigten orientiert, auch ökonomisch von Vorteil. Würde der überhöhte Arbeitnehmeranteil an der Sozialstaatsfinanzierung gesenkt, könnten die Gewerkschaften leichter jene Lohnpolitik fortsetzen, die eine der Hauptursachen für das jüngste Wiedererstarken der deutschen Wirtschaft war.

KAPITEL EINS

Der ausgebeutete Arbeitnehmer

Das Lohnkostenwunder

Am späten Vormittag wirkt die öde Plattenbausiedlung am Rand der Dresdner Altstadt wie ausgestorben. Kaum ein Passant überquert die Straße, kein Auto ist zu hören, viele Jalousien hinter den Fenstern der Hochhausfronten sind heruntergelassen. Auf dem winzigen Balkon eines grauen Wohnturms steht ein Mann. Er raucht. Matthias Rolle ist gerade von der Arbeit in einer nahe gelegenen Großmetzgerei nach Hause gekommen. Ein wenig hat er noch in der Zeitung geblättert, jetzt lehnt er an der Brüstung und pafft den Rauch seiner Zigarette in langen Zügen in die milde Spätsommerluft.

Der gelernte Fleischer hat sich mit vielem arrangiert in seinem langen Berufsleben: Die quälenden Nachtschichten von abends elf bis morgens um sieben, das stundenlange Stehen mit Wollpullover und Thermoweste in einer fünf Grad kalten Kühlhalle, der ständige Blutgeruch von frischem Fleisch. Auch dass er als Schichtarbeiter während der Woche Frau und Kind kaum sieht, hat er gelernt zu ertragen. »Das Familienleben«, sagt er, »findet eben am Wochenende statt.«

Man gewöhnt sich an alles, so lautet sein Wahlspruch. Doch mit einem mag er sich nicht abfinden. Er arbeitet nicht selten 40 Stunden die Woche und mehr, aber es kommt immer weniger dabei heraus.

Matthias Rolle legt einen dreifach gefalteten DIN-A4-Zettel auf den weißen Campingtisch. Es ist seine Verdienstbescheinigung. Brutto bekommt er im Monat rund 1600 Euro. Nach allen Abzügen bleiben unter dem Strich gut 1200 Euro übrig. Das ist kaum mehr, als mancher Hartz-IV-Empfänger nach Hause bringt. Sein Gehalt ist schon seit Jahren nicht gestiegen, gleichzeitig werden Strom und Lebensmittel immer teurer. Er fährt einen elf Jahre alten Mazda, und wenn die Heizkostennachzahlung über 400 Euro ins Haus flattert, reißt das ein tiefes Loch in die Familienkasse. »Wohlstand ist ein Traum«, sagt er, »der mit ehrlicher Arbeit nicht mehr zu verwirklichen ist.«

Und so setzt sich Rolle mehrmals die Woche an den billigen Schulcomputer seines Sohnes und informiert die Welt in einem Internet-Tagebuch (www.hungerloehner.de) über die Nöte der arbeitenden Unterschicht in Deutschland: Wie sich mit dem Einbau von Energiesparlampen und Heizthermostaten Kosten sparen lassen, weshalb er einen Besuch in der Stammkneipe inzwischen als Luxus verbucht, warum der geplante Griechenlandurlaub mal wieder verschoben werden muss. »Man kann sich den Arsch aufreißen, wie man will«, sagt er, »es wird einfach nicht besser.«

Die triste Bilanz des Dresdner Metzgers deckt sich mit der Erfahrung von Millionen Menschen im Land. Sie arbeiten hart und kommen doch kaum über die Runden. Was sie verdienen, reicht immer weniger zum Leben. Wie nie zuvor in der Nachkriegsgeschichte haben die Arbeitnehmer in den vergangenen Jahren materielle Einbußen hinnehmen müssen.

Bei den meisten stagniert der Verdienst seit Jahren. Immer mehr müssen wieder 40 Stunden oder mehr die Woche arbeiten, immer weniger haben Anspruch auf betriebliche Sonderleistungen wie Urlaubs- oder Weihnachtsgeld. Seit 15 Jahren sind die realen Bruttoverdienste der Arbeitnehmer praktisch nicht mehr gewachsen.

Wie kaum eine andere Bevölkerungsgruppe haben die abhängig Beschäftigten das vergangene Jahrzehnt als Verlustphase erlebt. Einkommen, Jobs, Abgaben: überall stand ein dickes Minus vor der Bilanz.

Das galt besonders für jene Werktätigen, die als Bauhelfer, Bandarbeiter oder LKW-Fahrer auf den unteren Etagen der Verdienstskala angesiedelt waren. Sie mussten mitansehen, dass sie am Monatsende oft kaum mehr im Portemonnaie hatten als mancher Fürsorgebezieher. Sie mussten erleben, wie sich ihre einst mit Tarifverträgen und Betriebsvereinbarungen geregelte Arbeitswelt in eine partiell rechtsfreie Wildwest-Ökonomie verwandelte, in der es oft nur darum zu gehen schien, das Lohnniveau weiter zu drücken. Sie mussten hinnehmen, dass sie in vielen Berufen nur noch als Zeitarbeiter, Minijobber oder Scheinselbstständige gefragt waren.

Der Niedriglohnsektor, der lange Zeit als unterentwickelt galt, wächst seit Jahren. Mittlerweile arbeiten nach einer Studie der Nürnberger Bundesagentur für Arbeit fast vier Millionen Deutsche zu Löhnen, die weniger als zwei Drittel des Durchschnittsverdiensts erreichen. Das ist ein Zuwachs von zehn Prozent innerhalb weniger Jahre. Bei manchen Armutslöhnern reicht das Gehalt nicht mal mehr aus, wenigstens das Existenzminimum zu decken. Fast eine halbe Million Bundesbürger verdienen mit ihrer Vollzeitstelle so wenig Geld, dass sie zusätzliche finanzielle Unterstützung in Form von Arbeitslosengeld II benötigen.

Nicht nur, dass immer mehr Deutsche in die Zone materieller Bedrängnis abrutschen, sie finden auch immer seltener wieder heraus. Wer einmal in die Verliererregion aus Niedriglohnjobs und Hartz IV eingetaucht ist, bleibt ihr mit einiger

Sicherheit dauerhaft erhalten, zeigt eine Studie des Instituts für Arbeitsmarkt- und Berufsforschung. Zwei Drittel aller Armutslöhner sind auch fünf Jahre später noch Armutslöhner, lediglich ein Drittel schafft den Sprung zu einem besser bezahlten Job. Der Exportweltmeister darf sich damit einer weiteren, eher fragwürdigen internationalen Spitzenstellung rühmen: In keinem anderen Land Europas finden Geringverdiener so schlechte Aufstiegschancen vor wie hierzulande.

Längst hat die Erosion der Arbeitnehmereinkommen das soziale Klima im Land verändert. In der Unterschicht breitet sich das Gefühl aus, dauerhaft von der wirtschaftlichen Entwicklung abgekoppelt zu sein. Von einem »abgehängten Prekariat« kündete vor Jahresfrist eine Studie der SPD-nahen Friedrich-Ebert-Stiftung: Mehr als acht Prozent der Bevölkerung, im Osten sogar 25 Prozent, sind danach geprägt von »sozialem Ausschluss und Abstiegserfahrungen«.

In der Mittelschicht wiederum fürchten viele, möglicherweise bald selbst in die gesellschaftliche Verliererregion abzusteigen. Von einem »Klima der Verunsicherung« sprechen Soziologen, seit die Entlassungswellen der großen Konzerne auch die Büroflure entvölkern und sich vermehrt Angestellte oder kleine Unternehmer in den Büros der Schuldnerberatungen drängen. 72 Prozent der Deutschen beunruhigt, dass selbst in Firmen, denen es gut geht, die Arbeitsplätze nicht mehr sicher sind.

Es geht um mehr als um ein paar Euro zusätzlich in der Lohntüte. Es geht um das Vertrauen in die ökonomische und gesellschaftliche Grundordnung der Republik. Noch vor wenigen Jahren galt die soziale Marktwirtschaft als Garant für ökonomisches Wachstum und gesellschaftlichen Ausgleich. Heute glauben nach Erkenntnissen der Meinungsforscher nur noch 28 Prozent der Bundesbürger, dass es gerecht zugeht im Land.

Wo die Ursachen für die verbreitete Unzufriedenheit zu suchen sind, verrät die amtliche Lohn- und Verteilungsstatistik. Mitten im stärksten weltwirtschaftlichen Aufschwung seit Jahrzehnten sind Deutschlands Arbeitnehmer einer Zangenbewegung ausgesetzt, die viele als Anschlag auf den eigenen Lebensstandard erleben. Zum einen nimmt der Staat den Arbeitnehmern erhebliche Teile ihres Einkommens in Form von Steuern und Beiträgen ab, um seine Sozialsysteme zu finanzieren. Das mindert den Nettoverdienst.

Zum anderen schwächt der globale Kapitalismus die wirtschaftliche Position der abhängig Beschäftigten. Was Karl Marx bereits vor 150 Jahren als »rasende Jagd der Bourgeoisie über die ganze Erdkugel« beschrieb, hat heute eine neue Etappe erreicht. Die Opfer sind die Arbeitnehmer in den alten Industrieländern, die ohnmächtig mitansehen müssen, wie sie die neue Weltwirtschaftsordnung einer bislang unbekannten Konkurrenz aussetzt – und ihre Bruttolöhne drückt.

So verteilen die weltweit operierenden Hedgefonds, Investmentbanken und Wertpapierbörsen ihr billionenschweres Anlagekapital heute strikt unter dem Gesichtspunkt der höchstmöglichen Rendite. Produzenten, die sich im weltweiten Vergleich der Standorte und Gewinnmargen als zu teuer erweisen, werden von der überlebenswichtigen Zufuhr an frischem Investitionskapital einfach abgeschnitten. Den Nachteil haben die Beschäftigten, deren Arbeitsplätze nicht mehr produktiv genug sind, um die gewohnten Lohnsteigerungen hervorzubringen.

Der wirtschaftliche Aufstieg Chinas und Indiens sowie der Fall des Eisernen Vorhangs führen dem Weltmarkt zudem ein Millionenreservoir billiger Arbeitskräfte zu. Konkurrenz belebt das Geschäft, aber sie drückt die Preise – auch diejenigen für die Ware Arbeitskraft. Wer bislang als einfacher Arbeiter in der Textil-, Elektronik- oder Gebrauchsgüterindustrie

Europas oder Nordamerikas sein Auskommen fand, sieht sich nun oft vor eine höchst unangenehme Alternative gestellt: Entweder er akzeptiert einen niedrigeren Lohn – oder sein Job wandert ins Ausland.

Der rasante Fortschritt der Informations- und Kommunikationstechnologie ermöglicht es nicht nur, riesige Datenmengen zu minimalen Kosten um den ganzen Globus zu transferieren, sondern auch die dazugehörigen Arbeitsplätze. Selbst hoch qualifizierte Stellen in den Entwicklungs-, Marketing- oder Softwareabteilungen großer Konzerne, die bislang vor einem Job-Export vergleichsweise sicher schienen, geraten mittlerweile in den Sog eines weltweiten Verlagerungs- und Lohnsenkungswettlaufs.

In vielen der alten Industrienationen erwies sich die Globalisierung für die Arbeitnehmer so als »giftiges Gemisch aus Ungleichheit und niedrigen Löhnen«, wie der liberale Londoner *Economist* feststellt. Kaum irgendwo aber war der Anpassungsdruck so groß wie in der Bundesrepublik, wo die Arbeitskosten im Gefolge der deutschen Vereinigung auf ein weltweites Spitzenniveau geklettert waren.

Es begann jener Prozess, den Ökonomen auf den verniedlichenden Begriff der »Lohnzurückhaltung« getauft haben. Das klingt nach vornehmer Bescheidenheit und einsichtsvollem Verzicht. Tatsächlich büßten die Arbeitnehmer weit mehr von ihrem Lebensstandard ein, als die Formeln des ökonomischen Lehrbuchs vorgeben. Danach dürfen die Löhne in etwa demselben Umfang wachsen wie die Produktivität der Wirtschaft. Steigen die Löhne schneller, könnten Arbeitsplätze verloren gehen. Legen sie mit geringerer Rate zu, fahren die Firmen Extragewinne ein.

Nach dieser Faustregel wäre im vergangenen Jahrzehnt ein Verdienstplus von 2,5 Prozent pro Jahr wirtschaftlich vertretbar gewesen. Um diesen Wert nämlich legte die Wirtschaftsleistung zu, die ein Beschäftigter im Schnitt erzeugte. Tatsächlich aber sanken die realen Nettoverdienste pro Arbeitnehmer im Schnitt um 0,5 Prozent jährlich. Die Differenz strichen die Unternehmen und der Staat ein. Ihr Gewinn addierte sich, über das gesamte zurückliegende Jahrzehnt gerechnet, auf die ansehnliche Summe von rund 250 Milliarden Euro.

Der erste Faktor, der zum Verdienstschwund der Arbeitnehmer beitrug, war dabei jener heimliche Reichtumsvernichter, mit dem das Volk schon seit alters her um die Früchte seiner Arbeit betrogen wird: die Geldentwertung. Rund 1,4 Prozentpunkte betrug sie im jährlichen Durchschnitt. Daran war nicht zuletzt der Staat beteiligt, der sich mit höheren Steuern und Gebühren als einer der verlässlichsten Preistreiber der vergangenen Jahre erwies. Den zweiten Rückschlag auf dem Weg vom Plus zum Minus mussten die Arbeitnehmer während der Tarifverhandlungen hinnehmen. Obwohl die Gewerkschaften im letzten Jahrzehnt ähnlich kämpferisch auftraten wie früher und teils wochenlange Streiks in der Bau- und Metallindustrie sowie im öffentlichen Dienst anzettelten, blieben die Ergebnisse weit hinter den Forderungen zurück. In den zwölf Jahren seit 1995 schlossen IG Metall und Co. fünfmal oberhalb des sogenannten Verteilungsspielraums ab, siebenmal blieben sie darunter – im Schnitt aber lagen sie jährlich um einen halben Prozentpunkt niedriger.

Den dritten Schwundfaktor schließlich bezeichnen die Experten als Lohndrift. Sie gibt die Spanne an zwischen dem Tarifabschluss und dem, was die Beschäftigten unter der Zeile »Gehaltsbrutto« tatsächlich auf ihrer Verdienstbescheinigung finden. Die Differenz wurde in den vergangenen Jahren immer größer. In manchen Branchen schlossen die Arbeitgeber erst gar keine Tarifverträge mehr ab, in anderen handelten sie spezielle Firmenabkommen aus, in wieder anderen kehrten sie reihenweise den Unternehmerverbänden den Rücken.

Viele Firmen drückten ihre Personalkosten zudem durch den Einsatz billiger Leihkräfte. Je nach Bedarf wurden feste Zeitarbeiterbrigaden in die Stammbelegschaften integriert oder wieder nach Hause geschickt.

Eine weitere Möglichkeit, sich von den lästigen Tarifen zu befreien, bot das sogenannte Outsourcing. Das ging so: War einem Unternehmer das Lohnniveau in einem Teil seiner Firma zu hoch, so gliederte er die entsprechende Abteilung aus und verkaufte sie an ein externes Unternehmen, das keinem oder einem anderen Arbeitgeberverband angehörte. Die Löhne neu eingestellter Mitarbeiter konnten dann sofort gedrückt werden. Für die Altbelegschaft dauerte es etwas länger, weil die bisherigen Tarife noch eine Zeit lang weiter galten.

Zu welch tiefen Abstürzen das führen kann, weiß niemand besser als Christian Sellmann, der als LKW-Fahrer für eine private Entsorgungsfirma im Berliner Norden arbeitet. Noch vor wenigen Jahren gehörte er mit seiner Kolonne zum größten Müllkonzern der Stadt. Gezahlt wurde nach Tarif, es gab Weihnachts- und Urlaubsgeld, und auf den Betriebshöfen ging es fast so gemütlich zu wie im öffentlichen Dienst.

Dann wurde die Abteilung verkauft, und der neue Eigentümer drückte die Bedingungen Schritt für Schritt auf Tagelöhnerniveau. Heute verdient Sellmann 30 Prozent weniger als damals, arbeitet acht Stunden pro Woche länger und liegt mit seinem Monatsnetto nur 250 Euro über Hartz IV. Der Chef nennt seine Angestellten »Kulis«, und wenn sich einer von ihnen über die miese Bezahlung beschwert, antwortet er nur: »Sie müssen hier ja nicht arbeiten.«

Die Auslagerung ganzer Betriebsteile wurde in den vergangenen Jahren nicht zuletzt im öffentlichen Dienst zum Mittel der Wahl, um große Teile des Personals aus dem bisherigen Tarifgefüge herauszulösen. In jenen Wirtschaftszweigen hingegen, in denen die Tarife weiterhin galten, sorgten Ausnahmeregeln und Öffnungsklauseln dafür, dass die Abweichung von der Norm bald zur Regel wurde. Quer durch die Branchen machte in den zurückliegenden Jahren über die Hälfte aller Betriebe von den Möglichkeiten der Tarifsenkung Gebrauch, ergab eine Studie des Wirtschafts- und Sozialwissenschaftlichen Instituts der gewerkschaftsnahen Hans-Böckler-Stiftung. Von einer »Auflockerung des Flächentarifs« spricht Institutsforscher Reinhard Bispinck. Viele Beschäftigte dagegen fühlten sich eher an Radio Eriwan erinnert: Im Prinzip gilt der Tarifvertrag, in der Praxis wird weniger gezahlt.

Wie kein anderer Vorgang in den vergangenen Jahren machte die sogenannte Lohndrift offenbar, wie schwach die Arbeitnehmer und ihre Interessenvertreter geworden waren. Welchen Einfluss hatten die Gewerkschaften noch, wenn nicht einmal die mächtige IG Metall ihre Abschlüsse für alle verbindlich durchsetzen konnte? Wie sollten sich Betriebsräte wehren, wenn ihnen der Chef den nächsten Lohnverzicht mit Verweis auf die frisch vereinbarte Öffnungsklausel aus dem Tarifvertrag abverlangte? Warum streiken, wenn der Unternehmer am Ende doch zahlte, was er wollte?

Nicht nur der Gesichtsverlust wog schwer. Auch die materiellen Einbußen waren erheblich. Die Differenz zwischen dem Wachstum von Tarif- und tatsächlichen Bruttolöhnen machte im letzten Jahrzehnt einen vollen Prozentpunkt aus, ein jährliches Verdienstminus von rund neun Milliarden Euro.

Immerhin: Was die Beschäftigten einbüßten, nutzte der Wirtschaft insgesamt. So gering war der Lohnanstieg in den vergangenen Jahren, dass er dauerhaft hinter dem Wachstum der Produktivität zurückblieb; ganz anders als in Ländern wie Frankreich, Italien oder die USA.

Entsprechend wurden die deutschen Unternehmen auf den Weltmärkten immer wettbewerbsfähiger. Maschinenbau, Chemie, Autoindustrie: die Vorzeigebranchen der Republik nutzten die günstige Entwicklung der heimischen Arbeitskosten, um von einem Exportrekord zum nächsten zu eilen. Erst wuchsen die Umsätze im Auslandsgeschäft, dann legten die Investitionen im Inland zu, und mittlerweile zeigt auch der notorisch erstarrte Arbeitsmarkt ungewohnte Lebenszeichen. Vom Mittelstand bis zur Großindustrie kündigen die Unternehmen mittlerweile an, wieder neues Personal einstellen zu wollen.

Von einem »Lohnkostenwunder« sprechen mittlerweile die Ökonomen und signalisieren damit zweierlei: Erstens, die jüngste wirtschaftliche Erholung kommt kaum weniger überraschend als der mirakulöse Wiederaufstieg Deutschlands nach dem Weltkrieg. Zweitens, die Belebung ist vor allem jenen zu verdanken, die mit ihrem Konsum- und Wohlstandsopfer die Kostenseite der heimischen Unternehmensbilanzen wieder in Ordnung gebracht haben. Ausgerechnet die deutschen Arbeitnehmer, die jahrelang als zu bequem, zu unflexibel und zu teuer verspottet wurden, gelten plötzlich wieder als Standortvorteil.

Ein Trost ist das nicht – zu ungleich sind die Früchte des Aufschwungs verteilt. Während Aktienkurse, Gewinne und Managergehälter explodieren, haben die Lohnzuwächse in den vergangenen Jahren vielfach nicht einmal die Preissteigerung ausgeglichen. »Wenn wir es klassenkämpferisch ausdrücken, haben wir in den letzten Jahren eine Umverteilung von Arbeit zu Kapital gesehen«, sagt der Frankfurter Commerzbank-Volkswirt Ralph Solveen.

Was die Arbeitnehmer nicht weniger erboste: Die sogenannte Deregulierung der Wirtschaft fand vor allem bei ihnen statt. Mehr Zeitarbeit, mehr befristete Beschäftigung, weniger Kündigungsschutz: die Regeln für das abhängige Beschäftigungsverhältnis wurden in den vergangenen Jahren auf vielerlei Weise gelockert. Bei Freiberuflern wie Architekten oder

Anwälten dagegen gelang es nicht einmal, die staatlichen Preis- und Honorarordnungen abzuschaffen. Nirgends herrsche so wenig Wettbewerb wie in den privilegierten Schutzzonen akademischer Berufe, pflegte etwa der frühere Wirtschaftsminister Wolfgang Clement zu klagen.

Kein Wunder, dass sich selbst in den Vorzeigeunternehmen der Republik viele Arbeitnehmer betrogen fühlen. Der Informationselektroniker Andreas Millert zum Beispiel arbeitet seit vielen Jahren bei Siemens in Berlin, zuletzt als Systembetreuer im Spandauer Messgerätewerk. Die Fabrik gilt als hochprofitabel, nur die Löhne hinken hinterher. Inklusive Überstunden verdient Millert gerade mal 1800 Euro netto, kaum mehr als vor fünf Jahren.

Dass sein Lohn stagniert, während alles teurer wird, nimmt er inzwischen achselzuckend hin. Das ist er seit Jahren gewöhnt. Aufgebracht aber hat ihn, dass der frühere Siemens-Boss Klaus Kleinfeld im letzten Jahr die eigenen Bezüge sowie die seiner Vorstandskollegen um volle 30 Prozent nach oben schrauben wollte – zur gleichen Zeit erfuhren die Mitarbeiter des ehemaligen Siemens-Handy-Werks in Kamp-Lintfort, dass ihr Betrieb dichtgemacht werden sollte.

»Früher saßen alle in einem Boot«, sagt Millert. »Heute fordern die Vorstände Managergehälter wie in Amerika, aber die Arbeitnehmer sollen sich an den Löhnen in China orientieren.«

Kürzlich fuhr der Facharbeiter mit dem Nachtzug nach München zur Siemens-Hauptversammlung. Er wollte hören, wie Kleinfeld die Forderung nach höheren Managergehältern rechtfertigt. Aber der frühere Chef sagte kein Wort dazu. »Die da oben verlieren die Bodenhaftung«, sagt Millert, »und die Schere in der Gesellschaft geht immer weiter auseinander.«

Niedrige Lohnabschlüsse, Inflation, Tarifflucht: Die Einbußen der Arbeitnehmer waren zu einem guten Teil der schlechten Konjunktur und der Globalisierung geschuldet. Für den vierten Schwundfaktor aber sorgte der Staat.

Um das ausgedehnte Netz der sozialen Sicherung zu finanzieren, erhöhte er die Beiträge für die Renten-, Kranken- und Pflegeversicherung und bat die Bevölkerung zusätzlich durch höhere Umsatz- und Mineralölsteuern zur Kasse. Wie ein Keil schoben sich die staatlichen Abgaben zwischen die Brutto- und Nettoverdienste und sorgten dafür, die ohnehin geringen Lohnzuwächse weiter einzudampfen. So legten in den vergangenen 15 Jahren die Bruttolöhne um 0,1 Prozent pro Jahr zu – die Nettolöhne dagegen gingen um 0,4 Prozent zurück. Aus dem ansehnlichen Plus, das die Arbeitnehmer in den zurückliegenden Jahren erwirtschaftet hatten, war nach dem Eingriff des Staates endgültig ein Minus geworden.

Schlimmer noch, die staatliche Umverteilungsmaschine benachteiligte die Arbeitnehmer zusätzlich. Die Beschäftigten trugen zur Finanzierung des Wohlfahrtsstaates mehr bei als andere Bevölkerungsgruppen – und schnitten finanziell oft schlechter ab als diejenigen, die von ihren Beiträgen lebten.

In der Arbeitswelt mussten die abhängig Beschäftigten die Kosten der Globalisierung tragen. Noch bitterer aber war für sie die Erkenntnis, dass sie auch im Sozialstaat über den Tisch gezogen wurden.

Die wahre Unterschicht

Für den Sachverständigenrat der Bundesregierung erforschen die Berliner Wirtschaftswissenschaftler Gert Wagner und Markus Grabka regelmäßig die Einkommensverteilung in Deutschland. Die beiden Ökonomen am Deutschen Institut für Wirtschaftsforschung messen, wie weit der Lebensstan-

dard in den oberen und unteren Etagen der Gesellschaft aus-
einanderklafft, wer die Unterschicht bildet und wie viel in der
Einkommenselite verdient wird. Sie erheben »Median-Ein-
kommen«, berechnen »perzentile Verhältniszahlen«, bilden
»Verteilungskoeffizienten« und werten jenen Datensatz zur
Einkommenslage des Landes aus, der als einer der aussage-
kräftigsten in der ganzen Republik gilt: das institutseigene
»sozio-oekonomische Panel«, das jedes Jahr in gut 10 000
deutschen Haushalten die finanziellen Verhältnisse erhebt.

Jüngst legten sie eine Sonderuntersuchung vor. In einer
Langzeitstudie haben sie verglichen, wie sich in den vergangenen zwei Jahrzehnten die Nettoeinkünfte von Bevölkerungsgruppen entwickelt haben, die in unterschiedlicher Weise am
Sozialsystem des Landes beteiligt sind. Betrachtet wurden
Arbeitnehmer, die Mitglieder der gesetzlichen Sozialkassen
sind; Selbstständige, die sich überwiegend privat versichern;
sowie verschiedene Empfänger staatlicher Transferzahlungen:
Rentner, Pensionäre und Arbeitslose.

Für alle Gruppen ermittelten die Berliner Forscher die Er-
werbseinkommen, zählten sonstige Einkünfte wie Kapital-
erträge oder Mieten hinzu und addierten die staatlichen Sozialleistungen. Davon zogen sie die gezahlten Steuern und
Beiträge ab. Unter dem Strich erhielten sie so das verfügbare
Haushaltsnettoeinkommen, aus dem sich ablesen ließ, wie
sich der Lebensstandard der verschiedenen Bevölkerungsgruppen im Schnitt entwickelt hatte.

Was sie ermittelten, war überraschend und brisant zugleich. Die Resultate zeigten, welch beträchtliche Folgen die
unterschiedliche Beteiligung am Sozialstaat hatte, wer den
Löwenanteil seiner Leistungen erhielt und wer sich als Gewinner betrachten durfte. Sie zeigten, dass sich das soziale Gefüge
im Land ganz anders entwickelt hatte als vielfach gedacht.
Und sie demonstrierten, dass die Jahre seit der Wiederverei-

nigung vor allem einer gesellschaftlichen Gruppe Verluste brachten: den Arbeitnehmern.

Das erweist sich vor allem im Vergleich mit jenen erwerbstätigen Bundesbürgern, die das Glück haben, als Selbstständige nicht in die Sozialkassen einbezogen zu sein. Anfang der Neunzigerjahre überstiegen ihre Nettoeinkünfte den bundesweiten Durchschnitt um 40 Prozent. Rund 15 Jahre später war der Abstand schon auf zirka 50 Prozent angewachsen. Die Einkommen der Arbeitnehmer dagegen stagnierten dauerhaft knapp fünf Prozent über dem Durchschnitt.

Die Ursache lag nicht nur darin, dass sich die Bruttoeinkommen von Freiberuflern, Unternehmern und Gewerbetreibenden besser entwickelten als die von abhängig Beschäftigten. Die Ursache lag vor allem in einer unterschiedlichen Belastung mit Steuern und Abgaben.

So sank der Betrag, den die Selbstständigen an den Staat abführen mussten, seit Anfang der Neunzigerjahre um rund sechs Prozent; derjenige der Arbeitnehmer dagegen stieg im selben Zeitraum um fast drei Prozent an. Als Folge konnten sich diejenigen, die als Freiberufler oder Unternehmer ihre Existenz bestreiten, nicht unerhebliche Einkommensvorteile verschaffen. Ein Arbeitnehmerhaushalt führt heute gut 26 Prozent des Einkommens an den Staat ab, ein Selbstständigenhaushalt dagegen nicht einmal 15 Prozent.

Die vergangenen Jahrzehnte, so erwies die Untersuchung, haben zu einer geradezu bizarren Verteilung staatlicher Lasten geführt. Arbeitnehmer, die im Schnitt deutlich schlechter verdienen als Selbstständige, mussten deutlich steigende Abgaben verkraften. Die besser verdienenden Selbstständigen dagegen konnten ihre Zuwendungen an die Gemeinschaft beträchtlich abbauen. Solidarität paradox.

Nicht weniger überraschende Resultate förderte der Vergleich zwischen den Einkünften von Arbeitnehmern und den

Einkommen von Transferempfängern zutage. Nach der Logik des bundesdeutschen Wohlfahrtsstaates sollte sich die Einkommensentwicklung der Beschäftigten mit jenen von Rentnern oder Arbeitslosen in etwa im Gleichschritt bewegen. Doch das war nicht der Fall. Im Gegenteil: Viele Empfänger öffentlicher Zuwendungen haben in den vergangenen Jahren deutlich besser abgeschnitten als die Arbeitnehmer. Die Leistungsgesellschaft präsentierte sich, zumindest bis zu einem gewissen Grad, als Sozialleistungsgesellschaft.

Während die Einkommensposition von Arbeitern und Angestellten stagnierte, haben die gut 22 Millionen Rentner ihre Einkünfte in den zurückliegenden zwei Jahrzehnten um gut zwölf Prozent gesteigert. Mitte der Achtzigerjahre erreichten ihre Nettoeinkünfte 82 Prozent des Durchschnittseinkommens. 20 Jahre später war der Wert auf 92 Prozent gestiegen. Mit anderen Worten: Der Lebensstandard von Senioren entspricht heutzutage praktisch dem von Arbeitnehmern. »Keiner anderen Rentnergeneration ist es materiell je so gut gegangen wie der heutigen«, sagt Einkommensforscher Wagner.

Im Seniorenparadies Deutschland schnitt nur eine Gruppe noch besser ab: die Pensionäre. Die durchschnittlichen Einkünfte der knapp eine Million Ruhestandsbeamten lagen schon immer deutlich über denen des aktiven Teils der Bevölkerung – worüber sich nur derjenige wundert, der die rentierlichen Prinzipien der deutschen Beamtenversorgung nur vom Hörensagen kennt.

In den letzten Jahrzehnten jedoch hat die Distanz geradezu atemberaubende Ausmaße angenommen. Mitte der Achtzigerjahre überstiegen die Pensionärseinkommen den gesellschaftlichen Durchschnitt noch um bescheidene 18 Prozent. Mitte dieses Jahrzehnts aber ist der Abstand schon auf fast 40 Prozent angewachsen. Keine andere der untersuchten Bevölkerungsgruppen hat im Vergleichszeitraum finanziell besser abgeschnitten, keine andere hat ihre Einkünfte schneller gesteigert als das Heer der ausgemusterten Amtsräte, Staatsanwälte oder Studiendirektoren.

Geht die Entwicklung weiter wie bisher, werden die Pensionärsbudgets schon in wenigen Jahren die Einkünfte jener Selbstständigen toppen, die sich mitten im Erwerbsleben befinden. Kein Zweifel, die Neunzigerjahre werden einst als das goldene Jahrzehnt der Pensionäre in die Annalen des deutschen Staatsdienstes eingehen.

Selbst die Arbeitslosen sind lange Zeit im deutschen Sozialstaat gar nicht schlecht gefahren, so geht aus der Untersuchung hervor. Zwar lagen ihre Einkünfte stets deutlich niedriger als die aller anderen Gesellschaftsgruppen. Doch in den späten Achtziger- und frühen Neunzigerjahren holten sie deutlich auf; zeitweise wuchs ihr Lebensstandard sogar schneller als derjenige der Arbeitnehmer. Erst in jüngster Zeit sind die Einkünfte der Jobsuchenden nach zahlreichen Sparpaketen und Reformen regelrecht abgestürzt. Seit 2000 verloren sie gegenüber den Beschäftigten gut 17 Prozent ihrer Einkommensposition.

Das Fazit der Untersuchung ist ein Alarmruf an alle Anhänger des deutschen Sozialmodells: Je weniger die Bürger mit der Finanzierung des hiesigen Wohlfahrtsstaates zu tun hatten, desto günstiger entwickelte sich ihr Haushaltsbudget. Am besten schnitten diejenigen ab, die wie Pensionäre oder Selbstständige weitgehend von den Solidarsystemen abgenabelt sind. Auch die Rentner, die von den Beiträgen der aktiven Arbeitnehmer leben, fuhren nicht schlecht. Verlierer dagegen waren die abhängig Beschäftigten, die den Wohlfahrtsstaat finanzieren mussten. Sie bilden die wahre Unterschicht.

Das Ergebnis zeigt mehr als die Verteilungsgewinne und -verluste der vergangenen Jahre. Es verweist auf den Kern des Problems im deutschen Sozialsystem.

Wie in kaum einem anderen Land Europas hat die Bundesrepublik die Finanzierung des Wohlfahrtsstaates an den Faktor Arbeit gekoppelt – und die Verbindung trotz aller Beteuerungen kaum gelockert. Zum einen speisen sich von der Rente bis zur Gesundheitsversorgung alle großen Sozialsysteme vornehmlich aus Beiträgen auf den Lohn der Arbeitnehmer. Zum anderen machen die gesetzlichen Mega-Versicherungen einen größeren Anteil des Hilfs- und Unterstützungswesens aus als in vielen anderen Ländern, wo die Sozialsysteme stärker aus Steuern und über die öffentlichen Haushalte bezahlt werden.

Während vieler Nachkriegsjahrzehnte erwies sich der deutsche Sonderweg als Erfolgsmodell. Solange Wirtschaft und Beschäftigung wuchsen, war der Faktor Arbeit ergiebig genug, um von der Kassen-Kur bis zur Lohnfortzahlung immer neue soziale Bedürfnisse zu finanzieren. Ob Ludwig Erhards »Wohlstand für alle« oder Helmut Schmidts »Modell Deutschland«: Die wirtschaftspolitischen Konzepte der Fünfziger-, Sechziger- und Siebzigerjahre setzten im Kern auf jenes sozialversicherungspflichtige Beschäftigungsverhältnis, das ökonomisches Wachstum und sozialen Ausgleich gleichermaßen zu garantieren schien.

Doch dann geschah, was mit Erfolgsmodellen häufiger geschieht, wenn die Erfolge immer größer werden: Sie werden überdehnt und übersteuert, ausgereizt und totgeritten. Das Netz sozialer Leistungen wuchs und wuchs – auch dann noch, als Konjunktur und Arbeitsmarkt zu schwächeln begannen und sich jene demografische Krise ankündigte, deren volle Wucht die Wohlfahrtssysteme erst in einigen Jahren erreichen wird. Schließlich halste das Kabinett Kohl auch noch die Kosten der deutschen Einheit zum größten Teil dem Faktor Arbeit auf und verwandelte damit das einstige Fortschrittsprinzip endgültig in einen Sanierungsfall.

Eng verkettet wie sie waren, nährte nun jede Steigerung der Arbeitslosenzahlen die Misere der Sozialkassen, und umgekehrt. Eine Todesspirale zu Lasten von Wachstum und Jobs kam in Gang, die sich Umdrehung für Umdrehung nach dem gleichen Prinzip voranfraß: Wenn irgendwo in der Kranken- oder Rentenversicherung die Kosten stiegen, musste die Regierung die entsprechenden Sozialbeiträge anheben. Das verteuerte viele Jobs, die bei nächster Gelegenheit gestrichen wurden. Die Entlassenen wiederum verstärkten die Armee der Transferempfänger auf Kosten der Sozialkassen – und lösten die nächste Umdrehung der unheilvollen Spirale aus.

Allein seit Anfang der Neunzigerjahre sind auf diese Weise in der Bundesrepublik fast vier Millionen sozialversicherungspflichtige Beschäftigungsverhältnisse weggefallen, vor allem in der Industrie. Eine historisch einmalige Vernichtung produktiver Kapazitäten war zu besichtigen, die *Spiegel*-Autor Gabor Steingart als »Kernschmelze im Energiezentrum der Volkswirtschaft« bezeichnet hat.

Der Job-Exodus ist jedoch nur die erste Fehlfunktion, die das einseitige Finanzierungssystem auslöst. Sie ist dafür verantwortlich, dass hierzulande Beschäftigung und Wirtschaftsleistung im vergangenen Jahrzehnt viel langsamer gewachsen sind als in anderen Ländern – und auch der jüngste Konjunkturaufschwung die Verluste an sozialversicherungspflichtigen Vollzeitstellen erst teilweise wieder ausgeglichen hat.

Der zweite Defekt, um den es im Folgenden gehen wird, betrifft die sogenannte Verteilungsseite der Volkswirtschaft – und hat nicht weniger schädliche Folgen für Konjunktur, Beschäftigung und Sozialgefüge. Er führt dazu, dass die Arbeitnehmer die Lasten im Sozialstaat nahezu allein schultern. Er schmälert ihre Einkünfte und sorgt dafür, dass sie die großen Versicherungssysteme zunehmend als Verlustgeschäft empfinden. Er löst eine unheilvolle Umverteilung von unten nach oben aus.

Die einseitige Kopplung der Sozialkosten an den Faktor Arbeit bewirkt, dass die Beschäftigten nicht nur die Nachteile der Globalisierung und die Kosten der Wirtschaftskrise zu tragen haben. Sie sind auch die Geprellten in den großen Versicherungssystemen des Landes. Sie müssen hinnehmen, dass andere Bevölkerungsgruppen vom sogenannten Solidarprinzip weitgehend ausgenommen bleiben. Sie müssen akzeptieren, dass sie aus den Wohlfahrtssystemen nur noch bescheiden bedient werden. Sie müssen erleben, wie ihre Sozialkassen für alle möglichen politischen Zwecke geplündert und zur Beglückung anderer Bevölkerungsgruppen eingesetzt werden.

Hundert Jahre, nachdem die gesetzlichen Versicherungen in Deutschland eingeführt wurden, fühlen sich nicht wenige Arbeitnehmer wieder einer Klassengesellschaft ausgesetzt – diesmal im Sozialstaat selbst.

KAPITEL ZWEI

Der unsoziale Ständestaat

Das durchlöcherte Solidarprinzip

Auf den ersten Blick deutet wenig darauf hin, dass in der bescheidenen Büroetage unweit des Berliner Reichstags ein exklusiver Club vermögender Pensionsfonds seine Hauptstadtvertretung unterhält. Kein marmornes Empfangsportal beeindruckt den Besucher, kein leuchtendes Firmenlogo weist den Weg, keine dezent gekleideten Investmentbanker blockieren den Aufzug. Stattdessen verströmen die spärlich möblierten Räume den Charme einer frisch eröffneten Zahnarztpraxis: Grauer Teppichboden, halbrunder Empfangstresen, Grünpflanzen. Viele Grünpflanzen.

Auf einem schwarzen Ledersofa sitzt ein freundlicher älterer Herr in Tweedsakko und Cordhosen. Er lächelt. Ulrich Kirchhoff hat sich neben seinen wichtigsten Mitarbeiter in eine Ecke der viel zu engen Couch gequetscht und verströmt jene überlegene Unauffälligkeit, die zu den wesentlichen Merkmalen seiner Organisation gehört. Auf ihrer Homepage verzeichnet die Arbeitsgemeinschaft berufsständischer Versorgungswerke für die jüngste Zeit drei vermeldenswerte Ereignisse: Einen Freundschaftsvertrag mit der österreichischen Tierärztekammer, das Verdienstkreuz am Bande für einen ehemaligen Funktionär der bayerischen Apotheker-Versorgung, ein Statement zur aktuellen Sozialstaatsdebatte. »Wir machen ja nicht das operative Geschäft«, sagt Verbandspräsident Kirchhoff. »Wir sind nur eine Dachorganisation.«

Wäre der Verbandschef Engländer, würde man es Understatement nennen. Der Anwalt aus Hannover leitet eine Vereinigung von 85 Pensionskassen, die mit gut 100 Milliarden Euro mehr Vermögenswerte verwaltet als die gesamte Privatkundenabteilung der Dresdner Bank.

Seine Mitgliedsinstitute organisieren die Altersversorgung für rund 850 000 Ärzte, Apotheker oder Anwälte. Sie besitzen Bürogebäude und Wohnimmobilien in allen großen Städten des Landes. Sie beschäftigen eigene Finanzanlageteams, handeln mit Aktien und Rentenpapieren im Wert von 40 Milliarden Euro, und wenn sie Aufträge zur Anlage ihrer Vermögenswerte ausschreiben, bewerben sich die größten Banken des Landes um den Zuschlag. »Wir sind gute Kunden«, sagt Kirchhoff, und ein weiteres Lächeln huscht über sein Gesicht.

Dabei plagen den Verbandschef durchaus Sorgen. Auch Ärzte und Anwälte werden älter, und die jüngeren Berufsjahrgänge sind neuerdings auch bei Apothekern oder Wirtschaftsprüfern schwächer besetzt. Weil die Wirtschaft zudem lange Zeit lahmte, konnte Kirchhoff den 145 000 Pensionären seiner Mitgliedsorganisationen in den vergangenen Jahren nur noch bescheidene Zuwächse vermelden, und demnächst werden wohl auch die Inhaber von Notariaten oder Steuerbüros bis 67 arbeiten müssen.

Von einer Finanzierungskrise jedoch, wie sie seit Jahren die gesetzliche Alterskasse heimsucht, kann im Pensionswesen der selbstständigen und angestellten Freiberufler keine Rede sein. Die Versorgungswerke erzielen eine durchschnittliche Kapitalrendite von zuletzt gut fünf Prozent, die Rentenausgaben der Kassen sind überwiegend kapitalgedeckt, teure

Frühverrentungsprogramme sind genauso wenig bekannt wie kostspielige Finanztransfers in die neuen Länder.

Stattdessen fließen die Einnahmen nahezu vollständig in die Altersvorsorge, die mit aktuell 700 Euro Durchschnittsbeitrag und 1900 Euro durchschnittliche Altersrente eine weit bessere Relation aufweist als die Konkurrenz der gesetzlichen Rentenversicherung. Obendrein teilen Ärzte, Apotheker und Juristen auch noch das renditesteigernde Schicksal, vier Jahre später dahinzuscheiden als der normal arbeitende Rest der Bevölkerung. »Unsere Organisationen«, sagt Kirchhoff, »sind wirtschaftlich gesund.«

Was sich für die Angehörigen freier Berufe als geldwerter Vorteil auszahlt, gilt unter Wirtschaftswissenschaftlern und Sozialpolitikern als eine der fragwürdigsten Besonderheiten im deutschen Wohlfahrtsstaat. Wer von den geltenden Sozialgesetzen profitiert und wer benachteiligt wird, hängt hierzulande vor allem vom beruflichen Status ab. Selbstständige, Freiberufler und Beamte dürfen entweder privat vorsorgen oder werden vom Staat unterstützt. Arbeiter und Angestellte sind von jener Sekunde an, in der sie ihren Arbeitsvertrag unterzeichnen, an die gesetzlichen Sozialversicherungen gekettet.

Der Grad der Gefangenschaft wiederum hängt vom Einkommen ab. Wer gut verdient, darf eine private Krankenversicherung abschließen und genießt das Privileg, Sozialabgaben nur bis zur sogenannten Beitragsbemessungsgrenze abführen zu müssen. Gering- und Normalverdiener dagegen müssen auf ihren Verdienst vom ersten bis zum letzten Euro den vollen Obolus zur Kranken-, Pflege- und Rentenversicherung zahlen.

Auch unter den Beschäftigten schafft das Finanzierungsprinzip also eine Zweiklassengesellschaft. Je besser ein Arbeitnehmer verdient, desto mehr Teile seines Einkommens darf er vor dem Zugriff der Solidarsysteme in Sicherheit bringen. Normal- und Geringverdiener dagegen müssen praktisch ihren gesamten Lohn als Beitragsbasis opfern.

»Gegliedertes System der sozialen Sicherung« nennen das die Fachleute – und gegliedert wird hier in der Tat. Diejenigen, die ohnehin durch Bildung, Beruf und Einkommen privilegiert sind, werden im Sozialsystem zusätzlich begünstigt. Die Nachteile dagegen konzentrieren sich auf die breite Masse der Arbeitnehmerschaft.

»Die starken Schultern sollen mehr tragen als die schwachen«, so formuliert etwa Gesundheitsministerin Ulla Schmidt ihr sozialpolitisches Leitbild – und die meisten Bürger werden zustimmend nicken. In der Realität des nach Berufszweigen und Einkommensklassen geordneten Versicherungssystems der Bundesrepublik aber läuft es nach einem geradezu entgegengesetzten Prinzip: Die Starken dürfen für sich selber sorgen – und die Schwachen müssen die Schwächeren stützen.

Wie wenig ein solches System dem Anspruch von Solidarität und Fairness entspricht, hat jüngst ein Team renommierter Ökonomen aufgezeigt. Im Auftrag der wirtschaftsliberalen Gemeinschaftinitiative Soziale Marktwirtschaft haben die Professoren den bundesdeutschen Sozialstaat mit jenem Gerechtigkeitskriterium verglichen, das der amerikanische Philosoph John Rawls Mitte des vorigen Jahrhunderts entwickelt hat. Es gilt heute als weithin akzeptierter Maßstab, um die Fairness sozialer Verhältnisse zu überprüfen.

Rawls geht davon aus, dass sich die Bürger in der wirklichen Welt nicht auf gemeinsame Gerechtigkeitsvorstellungen einigen können – zu gegenläufig sind ihre Interessen: Wer von den geltenden Regeln profitiert, will sie beibehalten. Wer benachteiligt ist, dringt auf Änderungen.

Der Ausweg des Philosophen geht so: Um einen fairen Ausgleich zu erzielen, müssen die Kontrahenten in eine Art künstlichen Urzustand versetzt werden, in dem sie ihre spätere gesellschaftliche Stellung und ihre persönlichen Eigenschaften nicht kennen. Worauf sich die Gesellschaftsmitglieder hinter diesem »Schleier der Unwissenheit« (Rawls) verständigen, darf als fair gelten. Ungerechten Regeln dagegen würde niemand zustimmen: schließlich müsste er befürchten, dass er darunter zu leiden hätte.

Wird Rawls' Gedankenexperiment auf den Sozialstaat angewendet, so hat die Kommission in ihrem dicken Gutachten ausgeführt, sind viele Varianten denkbar: Der Wohlfahrtsstaat kann groß oder klein ausfallen, viel oder wenig Risiken abdecken, stark oder weniger stark umverteilen. Auf ein Prinzip aber werden sich die Bürger, die noch nicht wissen, ob sie später als Beamte oder Angestellte, als Millionäre oder Hartz-IV-Empfänger enden, auf jeden Fall verständigen: Die Grundregeln müssen für alle gleichermaßen gelten. Niemand darf wegen seiner beruflichen Stellung oder seines Einkommens diskriminiert werden.

Was das für die Beurteilung der gesellschaftlichen Realität des 21. Jahrhunderts bedeutet, liest sich in der trockenen Diktion der Ökonomen so: »Eine Spielregel, nach der Personen mit mittlerem Einkommen Zwangsbeiträge zahlen, während solche mit höherem Einkommen ein Wahlrecht besitzen, lässt sich aus einer vertragstheoretischen Sicht des Sozialstaates nicht herleiten.« Auf deutsch: Sie ist zutiefst ungerecht.

Und doch wird sie hierzulande seit Jahrzehnten praktiziert. Ärzte und Anwälte, Berater und Beamte, Unternehmer und Manager genießen im hiesigen Sozialsystem jede Menge Freiheiten und Entscheidungsrechte, bis hin zur Möglichkeit, sich auch gesetzlich versichern zu können, wenn sie es denn unbedingt wollen. Arbeiter und Angestellte dagegen werden behandelt wie Unmündige. Sie können aus den staatlichen

Zwangsversicherungen nur aussteigen, wenn sie ihren Job aufgeben und sich selbstständig machen, auswandern, sich entleiben – oder ihren öffentlichen Arbeitgeber dazu überreden, ihnen eine Beamtenurkunde auszustellen. Nicht mal der Gang zum Sozialamt hilft. Neuerdings sind auch Hartz-IV-Empfänger pflichtversichert.

Dass im hiesigen Wohlfahrtsstaat einige gleicher sind als andere, mochte noch angehen, solange die Arbeitnehmer-Kassen ein halbwegs konkurrenzfähiges Angebot führten. Heute, wo die Beitragssätze beständig steigen und die Leistungen nach unten gefahren werden, beschleicht nicht wenige Beschäftigte das Gefühl, nur deshalb in die Sozialkassen gezwungen zu werden, weil sich freiwillig niemand mehr dort versichern würde.

Wenn der materielle Gegenwert kaum noch überzeugt, müssen die Politiker umso eifriger an den Gemeinsinn appellieren – wollen sie Akzeptanz für Rente, Pflege und Co. schaffen. Und so lässt beispielsweise Arbeitsminister Franz Müntefering derzeit keinen Auftritt verstreichen, ohne dass er die Sozialkassen nicht wenigstens einmal als »organisierte Solidarität« gerühmt hätte.

Dass die Resonanz regelmäßig dürftig ausfällt, ist leicht erklärlich. Die Bereitschaft der Versicherten, für die weniger Begüterten Opfer zu bringen, schwindet erheblich, wenn allgemein bekannt ist, dass Bessergestellte weit kleinere Beiträge zu leisten haben. Es passt schlecht zu einem demokratischen Gemeinwesen des 21. Jahrhunderts, wenn ausgerechnet seine Sozialsysteme im Kern Prinzipien aus dem Ständestaat des frühindustriellen Zeitalters folgen. Solidarität? Ja, aber bitte nur innerhalb der eigenen Gesellschaftsschicht. Wahlfreiheit? Ja, aber bitte nur für die Privilegierten. Gleichheit? Ja, aber nicht für alle.

Kein Wunder, dass die hiesige Zweiklassenordnung Auslän-

dern kaum klarzumachen ist. Das Nebeneinander von gesetzlicher und privater Krankenversicherung beispielsweise ist ein
deutsches Unikum. In fast allen anderen zivilisierten Ländern
gibt es ein staatliches Pflichtsystem für alle Bürger; wer Luxus
oder besonderen Service verlangt, muss eine private Zusatz-
versicherung abschließen.

Das deutsche Verfahren dagegen, das den Zugang zur
Medizinversorgung nach Berufs- und Einkommenskriterien
staffelt, gibt es sonst nur noch in Chile. Wer beispielsweise
einem Briten oder Dänen verständlich machen soll, dass im
angeblich so sozialen Deutschland ausgerechnet die Bestver-
diener nicht ins allgemeine Solidarsystem einzahlen, wird in
aller Regel nur ein verständnisloses Kopfschütteln ernten. »In
Deutschland ist die Mittelschicht mit der Unterschicht solidarisch«, sagt der Wirtschaftsweise Peter Bofinger. »Die Oberschicht darf sich ausklinken.«

Die Folgen sind vor allem im Gesundheitswesen unübersehbar. Anstatt sich darum zu kümmern, allen Bürgern eine
bezahlbare medizinische Versorgung auf hohem Niveau zu
sichern, betreibt der Gesetzgeber mit seiner Regulierung des
Krankenkassenwesens lieber Wirtschafts-, Familien- und Ver-
teilungspolitik. Das Ergebnis ist entsprechend: Eine wirre
Paragrafenmixtur, die mal die private Assekuranz schützen,
mal das Kinderkriegen fördern und mal für sozialen Ausgleich sorgen soll, setzt eine milliardenschwere Umverteilung
in Gang, die zu Lasten jener Bevölkerungsgruppe geht, die alle
Parteien doch zu ihrer angeblich wichtigsten Zielgruppe
erklärt haben: der breiten Masse normal verdienender Arbeitnehmer.

Hervorgerufen wird das Ergebnis durch eine Reihe von
Unterschieden zwischen den beiden Kassensystemen:

In der gesetzlichen Kasse sind alle Rentner versichert sowie
jene Arbeitnehmer, die weniger als 3975 Euro im Monat ver-

dienen. Sie zahlen umso höhere Beiträge, je besser sie bezahlt werden. Nichtverdienende Ehegatten und Kinder sind beitragsfrei mitversichert.

Die Privatkassen dagegen dürfen Selbstständige, Beamte sowie Angestellte mit höheren Einkünften aufnehmen. Die Prämien werden nach dem jeweils individuellen Risiko kalkuliert und liegen in jüngeren Jahren deutlich niedriger als im Alter. Haben die Privatversicherten Ehegatten und Kinder, müssen sie für jedes Familienmitglied eine eigene Police abschließen.

Eingeführt wurden die Regeln einst, um nur die wirklich Bedürftigen in die gesetzliche Kasse zu zwingen. Heute aber wirken sie wie ein gigantisches Einkommenserhöhungsprogramm für Besserverdienende, unter dem Motto: Optimieren Sie Ihren Krankenversicherungsschutz. Die entsprechenden Tipps finden die Privilegierten der Republik in Zeitschriftenartikeln, auf Dutzenden von Internetseiten sowie in den Infoschriften und Werbebroschüren der Versicherungsmakler. Meist gehen sie so: Wer jung und ledig ist, sollte in die Privatkasse wechseln. Denn dort zahlt er jährlich oft viele 100 Euro weniger als sein gleichaltriger Kollege, der das Pech hat, mit seinen Einkünften ein paar Euro unter der Versicherungsgrenze zu liegen. Die etwas Älteren dagegen, die Ehefrau oder Ehemann und Kinder zu versorgen haben, bleiben besser in der gesetzlichen Kasse – schließlich zahlen sie nur Beiträge bis zur Bemessungsgrenze, und für ihre Angehörigen kommt kostenlos die Solidargemeinschaft auf.

So lässt sich das eigene Konto bestens aufbessern, wie ein einfacher Zahlenvergleich zeigt: Ein berufstätiges Ehepaar, bei dem beide je 50 000 Euro im Jahr verdienen, zahlt 6327 Euro Krankenkassenbeitrag – für zwei Personen. Ein leitender Angestellter mit Frau und drei Kindern, der mit 100 000 Euro genauso viel verdient, führt lediglich 3163 Euro ab – für fünf Personen.

Das berufstätige Ehepaar wird sich also eher privat versichern, während die Familie mit Kindern in der gesetzlichen Kasse bleibt. Die Begüterten sparen Geld, die gesetzliche Krankenversicherung verliert Milliarden. Mit jedem gut verdienenden Single, der zur privaten Konkurrenz wechselt, verliert die Kasse eine ergiebige Beitragsquelle. Mit jeder Großfamilie, die bleibt, erhöht sich ihr Kostenrisiko. Kaum eine andere Regel zehrt so an der Substanz der Kassenfinanzen wie das Wechselrecht der Bessergestellten.

Die Dummen sind jene durchschnittlich und gut verdienenden Arbeitnehmer, die in der gesetzlichen Kasse gefangen sind. Sie sind die Lastesel des Systems. Sie zahlen für die Rentner und Geringverdiener, die höhere Gesundheitskosten verursachen, als sie selbst Beiträge liefern. Sie zahlen für die beitragsfrei versicherten Familien ihrer Kollegen. Sie zahlen für die Kinder des Chefs und die Ehefrau des Abteilungsleiters. Sie zahlen für die Minijobber, die mit geringsten Beiträgen den vollen Kassenschutz erwerben. Sie zahlen für die Beschäftigten in Altersteilzeit, die nur den halben Beitrag beisteuern. Und sie zahlen für die Hartz-IV-Empfänger, für die der Bund viel zu geringe Zuschüsse an die gesetzliche Krankenversicherung abführt.

Wie sehr der Staat mit seinen skurrilen Finanzierungsregeln den Mittelbau der Arbeitnehmerschaft belastet, hat jüngst der Sachverständigenrat errechnet. Von jedem Euro, den ein 30-jähriger Gutverdiener an AOK und Co. abführt, gehen fast 80 Cent als Solidarbeitrag an andere Kassenmitglieder drauf. Lediglich ein Fünftel des Beitrags dient dem eigenen Versicherungsschutz.

Weitere Nachteile kommen hinzu. So geht es Privatversicherten in der Regel nicht nur finanziell besser als Kassenmitgliedern, sie sind auch gesünder. Wer gebildet und begütert ist, ernährt sich besser, bewegt sich mehr und ist auch im Job nicht so stark belastet wie ein Normalverdiener, so lautet die gängige Erklärung.

Doch sie stimmt nur zum Teil. Dass der Privatpatient in der Regel fitter ist als sein Kassenkollege, hängt nicht zuletzt mit einem weiteren lukrativen Sonderrecht für die kommerziellen Versicherungsunternehmen zusammen: Die Privatkassen dürfen Behinderte, Dauerkranke und Invalide entweder ablehnen – oder ihnen mit Hilfe kräftiger Prämienzuschläge klarmachen, dass sie in der Business-Class des deutschen Gesundheitswesens nicht erwünscht sind. So darf sich die Oberschicht auch biologisch separieren, und der morbide Teil der Bevölkerung wird in der gesetzlichen Kasse konzentriert.

Eine Analyse des wissenschaftlichen Instituts der Ortskrankenkassen hat ergeben: Unter den Kassenversicherten leiden knapp 44 Prozent an einer chronischen Krankheit, unter den Privatversicherten sind es nur 36 Prozent. 47 Prozent des Kassenklientels nehmen regelmäßig Medikamente ein, unter den Privatkunden sind es nur 42 Prozent. Pro Quartal melden sich 45 Prozent der Kassenmitglieder mindestens einmal krank, bei Privatversicherten sind es nur 40 Prozent. »Risikoselektion« nennen das die Fachleute – und liefern damit eine wenig freundliche Umschreibung für die Tatsache, dass der breiten Masse der Arbeitnehmerschaft neben allen sonstigen Lasten auch noch ein überproportional großer Teil des Gesundheitsrisikos der Gesamtgesellschaft aufgebürdet wird.

Solange sie gesund sind, nehmen viele Kassenmitglieder die Ungleichbehandlung klaglos hin. Schließlich, so denken sie, bekommen sie dafür im Ernstfall auch eine optimale Versorgung.

Sie täuschen sich. Spätestens wenn sie das erste Mal ernsthaft krank werden, lernen sie unausweichlich die zynische

Welt der deutschen Zweiklassenmedizin kennen: Im Herzen des angeblich modernsten Wohlfahrtsstaates der Welt werden sie plötzlich einem apartheid-ähnlichen Regime ausgeliefert, in dem sich gewöhnliche Arbeitnehmer nicht selten vorkommen, als wären sie mit der falschen Hautfarbe geboren. Unter Umständen kann sogar ihr Überleben davon abhängen, ob sie auf die Frage »Kasse oder privat« die richtige Antwort geben können.

Lediglich zehn Prozent der Bevölkerung sind privat versichert, genießen aber 90 Prozent der Vorteile – so erscheint es zumindest vielen Kassenpatienten. Bei jedem Arztbesuch und jedem Klinikaufenthalt müssen sie erleben, wie Privatversicherte bevorzugt werden, finanziell und immer häufiger auch medizinisch.

Fragt der Kassenpatient nach einem Arzttermin, muss er oft Wochen warten. Der Privatpatient kommt sofort dran. Der Kassenpatient muss zehn Euro Praxisgebühr zahlen. Der Privatpatient wird gratis behandelt. Viele ärztliche Zusatzleistungen muss der Kassenpatient aus eigener Tasche bezahlen. Beim Privatpatienten übernimmt alles die Versicherung. Manche Laboruntersuchungen oder Medikamente werden Kassenpatienten nicht mehr verschrieben. Privatpatienten darf in der Regel alles verordnet werden.

Und so geht es weiter, quer durch alle Abteilungen des Gesundheitswesens: In der Apotheke müssen Kassenpatienten viele Medikamente selbst kaufen oder bis zu zehn Euro Eigenbeteiligung leisten – Privatpatienten dürfen alles ihrer Versicherung in Rechnung stellen. Im Krankenhaus werden Privatpatienten vom Chefarzt behandelt und liegen im Einzel- oder Doppelzimmer, Kassenpatienten müssen sich oft mit drei oder mehr Leidensgenossen den Waschraum teilen. Beim Heilpraktiker erhalten Privatpatienten die Akupunktur kostenlos – Kassenpatienten darf sie vielfach nur dann verschrieben werden, wenn sie zuvor sechs Monate nachweislich unter Schmerzen gelitten haben.

Noch fataler wirken sich jene versteckten Differenzen aus, die sich aus der Sparpolitik der vergangenen Jahre sowie aus dem undurchsichtigen Bewilligungs- und Abrechnungssystem im Gesundheitswesen ergeben. So dürfen Ärzte ihren Kassenpatienten vielfach nur noch dann Medikamente, Hilfsmittel oder Massagen verschreiben, wenn sie dabei die Leitlinien eines bürokratischen Expertengremiums namens Gemeinsamer Bundesausschuss beachten und ihr Budget nicht überschreiten. Privatpatienten dagegen unterliegen solchen Beschränkungen nicht. Als Folge stellen viele Ärzte ihren Kassenpatienten keine Rezepte mehr für innovative Blutdruck-, Diabetes- oder Krebsmedikamente aus, die Privatpatienten weiter anstandslos erhalten. Wer bei einem kommerziellen Unternehmen versichert ist, so ergab jüngst eine Untersuchung der privaten Krankenversicherung, kommt weit schneller an innovative Arzneimittel als das Kassenpublikum.

Am häufigsten haben die Ungleichbehandlungen jedoch einen noch naheliegenderen Grund: Niedergelassene Ärzte, Klinik-Mediziner und Therapeuten dürfen Privatpatienten ein Vielfaches der Honorarsumme in Rechnung stellen, die sie für einen Kassenversicherten erhalten. Entsprechend groß ist der Anreiz für nahezu sämtliche Medizinberufe, sich die Gunst der wertvollen Mehrzahler durch echte oder scheinbare Besserstellungen zu sichern.

Es ist dieser monetäre Einfluss auf das Verhältnis von Arzt und Patient, der als die vielleicht unerfreulichste Konsequenz des bundesdeutschen Zweiklassensystems gelten darf. Gern reden die Vertreter der Medizinerzunft über ärztliches Ethos und sozialen Auftrag. Weniger gern räumen sie ein, dass in der Praxis ein nicht unerheblicher Teil ihrer Entscheidungen davon abhängt, ob sie den Kassensatz oder das 3,5-Fache davon abrechnen können. Kein Wunder, dass die organisierte Ärzteschaft noch vor der Assekuranz und den Selbstständigenverbänden zu den entschiedensten Verteidigern des deutschen Privatversicherungsprivilegs zählt.

Dass sie damit einer Medizinversorgung nach Berufs- und Gehaltsklassen das Wort reden, weisen die Medizinervertreter natürlich weit von sich. Schließlich schreiben die Sozialgesetze vor, allen Versicherten unabhängig von ihrem Status eine gleich gute Behandlung zu gewähren. Ärztefunktionäre wie der Vorsitzende des Hartmannbundes, Kuno Winn, bestreiten denn auch strikt, dass in Deutschland eine Zweiklassengesellschaft existiere. Es gebe, sagt er, »vielleicht Service-Unterschiede«.

Die Patienten wissen es besser. Fast 70 Prozent der Deutschen fürchten laut einer Allensbach-Umfrage, dass sich das Gesundheitswesen zu einer Zweiklassenversorgung entwickelt. Zwei Drittel der Bundesbürger halten es für wahrscheinlich, dass die gesetzlichen Krankenkassen künftig nur noch eine Grundversorgung bieten.

Dass sie im Gesundheitssystem heute meist die hinteren Plätze belegen, erleben Arbeitnehmer regelmäßig, wenn sie in einer Arztpraxis nach einem Termin fragen: Erst kommen die Privatversicherten dran. Dann werden die chronisch Kranken bedient, für die Ärzte oft besondere Vergütungssätze abrechnen können. Dann wird das Stammpublikum im Seniorenalter drangenommen. Und wenn dann noch ein Termin frei ist, dürfen sich auch diejenigen melden, die mit ihren Beiträgen noch immer den größten Teil des Budgets im Gesundheitswesen liefern.

Der Unmut über die Privilegien der Privatversicherten ist im selben Umfang gewachsen, in dem sich die Leistungen der gesetzlichen Kassen verschlechtert haben. Solange die Sozialversicherungskunden das Gefühl hatten, im Kern

Anspruch auf dieselbe medizinische Versorgung zu haben wie Erste-Klasse-Patienten, nahmen sie deren Extraservice mit Blumen am Bett und Eis zum Nachtisch klaglos hin.

Heute aber, wo manch gesetzlich Versichertem aus Kostengründen die modernste Krebstherapie verweigert wird, ist der kleine Luxus zum großen Thema geworden. Mit kaum einer anderen Klage lässt sich derzeit auf einem Linksparteien-Kongress oder einer Gewerkschaftsversammlung besser Stimmung machen als mit einer Tirade gegen die Privatversicherung.

Paradies der Pensionäre

Ganz ähnlich ist es auch beim zweiten großen Sondersystem, mit dem der bundesdeutsche Wohlfahrtsstaat Privilegien zulasten der Arbeitnehmer verteilt: der Beamtenversorgung. Noch bis in die Achtzigerjahre galten die üppigen Altersgelder der Staatsdiener nicht als Skandalfall der Sozialpolitik – sondern als Ansporn. Unter der Überschrift »Harmonisierung der Alterssicherung« strebten Vertreter von Union wie SPD allen Ernstes an, die gesetzliche Rente möglichst bald auf das Niveau der Beamtenpension anzuheben.

Das Konzept hat sich erledigt. Heute wird das Rentenniveau drastisch nach unten gefahren – und die Versorgung von Studienräten, Finanzinspektoren oder Ministerialdirigenten ist zum bevorzugten Ärgernis für jenen Teil der Bevölkerung geworden, der keine Verbeamtungsurkunde über dem Schreibtisch hängen hat.

In regelmäßigen Abständen wird der Unmut öffentlich. Zum Beispiel, wenn irgendwo in der Republik mal wieder ein Staatssekretär oder Behördenleiter in den Ruhestand geschickt wird. Dann lässt es sich keine Boulevardzeitung nehmen, ihren normal verdienenden Lesern aufs Genaueste vorzurechnen, wie viele 100 Jahre sie selbst arbeiten müssten, um als Rentner einen vergleichbaren Pensionsanspruch zu erwerben.

Oder in Fällen wie dem des früheren Bundesbankpräsidenten Ernst Welteke. Der oberste Währungshüter war von seinem Amt zurückgetreten, nachdem er sich einen Luxus-Aufenthalt im Berliner Hotel Adlon von der Dresdner Bank sponsern ließ. Nun sollte er eine Monatspension von 8000 Euro bekommen. Doch damit sei sein bisheriger Lebensstandard nicht aufrechtzuerhalten, beschwerte sich der Banker. Er klagte – und bekam recht. Nach einem Urteil des Frankfurter Verwaltungsgerichts musste die Bundesbank seine Pension erheblich aufstocken. Welteke aber reichte das noch immer nicht. Eigentlich, so argumentierte der Spitzenbeamte, hätte der Staat seine Pension verdoppeln müssen.

Der Fall Welteke markiert den Extrempunkt eines Transfersystems, mit dem der Staat Milliardenbeträge aus den Taschen der Arbeitnehmer in die Portemonnaies eines anderen Bevölkerungsteils, diesmal der Beamten, pumpt. Auf Kosten der normal verdienenden Steuerzahler stellt der Staat einem Großteil seines Personals eine Altersversorgung bereit, von der selbst gut verdienende Arbeitnehmer nicht einmal zu träumen wagen.

Schon die sogenannte Mindestpension, auf die jeder Beamte nach kurzer Dienstzeit Anspruch hat, ist mit gut 1200 Euro höher als die sogenannte Standardrente eines Durchschnittsverdieners mit 45 Berufsjahren. Und das ist erst der Anfang. Die kleinen und großen Versorgungsprivilegien addieren sich zu einer Liste, die sich unmöglich vollständig wiedergeben lässt: Bei Pensionären beträgt der Versorgungssatz knapp 72 Prozent vom Brutto, beim Rentner sind es rund 48 Prozent. Der Pensionär erreicht seinen vollen Anspruch nach 40 Berufsjahren, der Rentner erst nach 45. Der Pensionär erhält eine jährliche Sonderzahlung, der Rentner nicht. Beim Pensionär wird das Altersgeld nach den hoch dotierten letzten drei Dienstjahren berechnet, beim Rentner zählt der Durchschnitt des gesamten Erwerbslebens. Der Pensionär erhält Ansprüche für seine Studienzeit, der Rentner nicht. Und so weiter und so fort.

Die Vielzahl der offenen und versteckten Vergünstigungen summiert sich zu einem beträchtlichen Versorgungsvorsprung. Mit gut 2600 Euro monatlich liegt das durchschnittliche Altersgeld eines Westbeamten bei Bund, Ländern und Gemeinden mehr als dreimal so hoch wie das eines Arbeitnehmers. Drei Viertel aller Pensionäre erhalten Bezüge, die jenseits der theoretisch möglichen Höchstrente von gut 2000 Euro liegen. Rund 26 Prozent der Staatsdiener im Seniorenalter bekommen mehr als 3000 Euro, knapp fünf Prozent mehr als 4000 Euro. Kein Zweifel: Für Beamte ist das Wort vom »goldenen Ruhestand« auch heute noch alles andere als leeres Gerede.

Zumal das Pensionärsdasein sich in der Regel zu einer beträchtlichen Zeitspanne dehnt. Beamte leben im Schnitt länger als sonstige Erwerbstätige und beenden ihr Berufsleben meist viele Jahre vor dem Erreichen des offiziellen Pensionsalters – nicht selten unter kräftiger Mithilfe ihres jeweiligen Dienstherren.

Während der Staat die Altersgrenze für normal sterbliche Arbeitnehmer gerade auf 67 Jahre angehoben hat, hält er sein eigenes Personal vielfach mit beträchtlichem finanziellem Aufwand dazu an, sich schon mit Anfang oder Mitte Fünfzig aufs Altenteil zurückzuziehen. Bei Post und Telekom erließ die Bundesregierung ein eigenes Gesetz, um den »goldenen Handschlag« für Zehntausende Mitfünfziger zu ermöglichen. In Nordrhein-Westfalen dürfen ältere Landesbeamte in die freie Wirtschaft wechseln – und erhalten den Rest ihres Berufslebens als volle Dienstzeit pensionssteigernd anerkannt. Ausgerechnet die Rentenversicherungsträger haben in den vergangenen Jahren ganze Kohorten von Beamten zu Luxuskonditionen in die Frührente entsorgt, den jüngsten mit 38 Jahren.

Kein Wunder, dass viele Staatsdiener auf das Angebot ihres Arbeitgebers nicht mehr warten wollen und ihr eigenes Vorruhestandsprogramm auflegen: je jünger, je lieber. Der Berliner Rechnungshof etwa stellte kürzlich fest, dass sich auffällig viele Hoheitsträger neuerdings schon kurz nach ihrer Verbeamtung dienstunfähig melden; nach dem Vorbild eines 29-jährigen Justizbeamten, der sich wenige Tage nach Erhalt seiner Diensturkunde mit den Worten »mit mir ist nicht mehr zu rechnen« als pensionsreif abgemeldet hatte. In Hessen sicherte sich ein 48-jähriger Berufsschullehrer nach dieser Methode sogar ein Zweiteinkommen. Nachdem er wegen der nervlichen Belastung im deutschen Schuldienst in Pension gegangen war, arbeitete er weiter als Berufsschullehrer in der Schweiz. Das Gehalt kassierte er doppelt, unter ausdrücklicher Billigung des zuständigen Landgerichts in Gießen.

Was sozialversicherungspflichtig Normalbeschäftigte an solchen Fällen erbittert ist nicht nur das Ausmaß, in dem Beamte versorgungsrechtlich bessergestellt sind. Sprachlos macht vor allem, wie das Ganze finanziert wird.

Um die Exklusiv-Versorgung seiner Bediensteten zu bezahlen, macht es sich der Staat nämlich so einfach wie kein anderer Arbeitgeber in der Republik. Er zahlt nicht in die gesetzliche Rentenversicherung ein und bildet keine Finanzreserven. Er baut keine Betriebsrenten auf und schließt keine Lebensversicherungen ab. Er verlangt keine Arbeitnehmerbeiträge und fordert keine Pflichtvorsorge. Alles, was er für die Pensionszahlungen benötigt, entnimmt er dem laufenden Steueraufkommen. Er spart nichts an und legt nichts zurück. Er lebt von der Hand in den Mund.

Für den Staat ist das die beste aller denkbaren Varianten.

Welcher Arbeitgeber würde nicht gern die kompletten Rentenbeiträge sparen und seine Gehälter fast brutto wie netto auszahlen? Wer möchte sich nicht die besondere Loyalität seiner Angestellten sichern, indem er ihnen den eigentlichen Lohn für ihre Arbeitsleistung erst am Ende des Berufslebens auszahlt? Welches Unternehmen würde nicht gern mehr Personal einstellen, als es bei vollständiger Rechnung aller Lohn- und Lohnnebenkosten jemals unterhalten könnte? Kein anderes Transfersystem im deutschen Sozialstaat ist derart intransparent aufgebaut, derart unsolide finanziert und derart belastend für künftige Generationen wie die Beamtenversorgung.

Bezahlen müssen es die Arbeitnehmer der Privatwirtschaft. Wenn sie ihre Lohn- und Verbrauchssteuern abführen, bringen sie zugleich den Löwenanteil jenes Finanzvolumens auf, aus dem die öffentlichen Personalkosten gedeckt werden. Schon heute geben Bund, Länder und Gemeinden fast 26 Milliarden Euro für den Unterhalt ihrer Pensionäre aus.

Dabei wird es nicht bleiben. Auf die öffentlichen Haushalte rollt mit unaufhaltsamer Wucht jene Versorgungs- und Ausgabenlawine zu, die im Wachstums- und Machbarkeitswahn der Siebziger- und Achtzigerjahre losgetreten wurde. Begünstigt von jener fatalen Kostenillusion, die im Beamtenverhältnis angelegt ist, wurden damals Zigtausende neue Lehrer, Professoren oder Architekten eingestellt und alsbald zu staatlichen Hoheitsträgern ernannt: Warum auch nicht, so lautete damals das Kalkül, die Pensionskosten fallen ja erst in 50 Jahren an.

So schnell kann es gehen. Was damals nach ferner Zukunft klang, ist heute fast schon Gegenwart. Und niemand kann mehr etwas ändern. Alle Beamten sind seit Jahren eingestellt. Sie können nicht entlassen werden und auch nicht zurückgestuft. Jahr für Jahr rücken sie dem Pensionsalter ein Stückchen näher, Jahr für Jahr steigern sie nach dem Prinzip der Regelbeförderung ihren Gehalts- und Pensionsanspruch.

Wird die Generation Studienrat dann innerhalb der kommenden beiden Jahrzehnte in den Ruhestand versetzt, wird es fürchterlich. Jahr für Jahr werden sich 24 000 Staatsdiener zusätzlich aufs Altenteil zurückziehen, ohne dass eine ausreichende Zahl von Pensionären wegstirbt. Im Ergebnis wird die Zahl der Ruhestandsbeamten von heute rund 900 000 auf 1,6 Millionen im Jahr 2030 zulegen.

Für die steuerzahlenden Arbeitnehmer bedeutet das gleich eine dreifache Alterslast: Sie müssen ein wachsendes Heer von Pensionären unterhalten. Sie müssen ihnen ein überdurchschnittlich bemessenes Versorgungsniveau finanzieren. Und sie müssen das Sonderopfer genau dann erbringen, wenn auch in der gesetzlichen Rentenversicherung steigende Beiträge fällig werden.

Schon in wenigen Jahren wird die Welle mit beständig steigendem Pegelstand über die Deutschen hereinschwappen. Allein in den Bundesländern werden sich nach den Vorausberechnungen der Bundesregierung die Versorgungskosten von heute 18 Milliarden Euro auf rund 72 Milliarden Euro im Jahr 2050 vervierfachen. Bereits heute fließt jeder zehnte Euro, den die Länder an Steuern einnehmen, an die Pensionäre. In 15 Jahren wird es jeder achte sein.

Es ist keine schöne Wahl, vor der die Landesregierungen stehen: Um das ehemalige Amtspersonal mit den standesgemäßen Versorgungsbezügen ausstatten zu können, müssen sie entweder die Ausgaben für Schulen, Forschung oder Kriminalitätsbekämpfung herunterfahren oder die Abgaben erhöhen. Was sie auch tun, es trifft die steuerzahlenden Arbeitnehmer.

Eigentlich müsste das unfinanzierbare Pensionssystem eher heute als morgen abgeschafft werden. Doch daran ist nicht zu denken. Das Leitungspersonal der zuständigen Regierungen, praktischerweise selbst alles Beamte, hat bislang allenfalls symbolische Reformen auf den Weg gebracht. Die Landesregierungen haben sogenannte Pensionsfonds eingerichtet – und oft nur wenig später wieder abgeschafft. Die Bundesregierung in Berlin hat den Beamten zwar das Weihnachtsgeld gekürzt sowie den Zuwachs von Gehältern und Pensionen beschnitten. Doch zugleich wurden angekündigte Reformen so lange hinausgezögert und verwässert, dass der Abstand zwischen der beamteten und der nicht beamteten Seniorenschaft im Land weiter gewachsen ist. Eine »sich vergrößernde Einkommensdiskrepanz« diagnostizieren die Kölner Ökonomen Ralph Brügelmann und Winfried Fuest in einer Studie für das Institut der deutschen Wirtschaft in Köln.

So läuft es immer, wenn es um die Sozialstaatsprivilegien von Beamten und Selbstständigen geht. Keine anderen Berufsgruppen verfügen über ein so dicht geknüpftes Netz natürlicher Verbündeter in allen Gesetzgebungsorganen, keine anderen können auf so viel ehrlich empfundenes Verständnis in den Zentren der Macht hoffen. Von den Abgeordneten des Deutschen Bundestags ist ein Großteil entweder Beamter oder Freiberufler. In der Bundesregierung verteidigt das Innenministerium verbissen jedes einzelne Staatsdienerprivileg, die Kollegen aus dem Wirtschaftsressort wiederum kämpfen für die Sonderrechte der Selbstständigen. Die Bundesländer schließlich setzen sich für die Interessen gleich beider Berufsgruppen ein, weil sie die Aufsicht über Freiberufler- wie Beamtenversorgung führen.

Noch mächtiger wird die Blockadefront, weil die Interessen der Begünstigten auch noch miteinander verflochten sind. So bilden Beamte und Selbstständige zugleich die wichtigste Kundengruppe der privaten Krankenversicherung, deren größte Unternehmen in Bundesländern wie Nordrhein-Westfalen oder Bayern beheimatet sind. Und sollte es doch einmal eng werden, so bleibt den erfahrenen Lobbyisten noch immer der Hinweis an die Abgeordneten aus Bundes- oder Landesparlamenten, dass auch die Pensionen der Volksvertreter per Gesetz an die Beamtenversorgung gekoppelt sind. Landes-, Standes- und Politikerinteressen formieren sich so zu einer Wagenburg, die bislang noch jede Reformattacke abgewehrt hat.

So ist es heute. Und so war es auch schon vor gut 100 Jahren, als jenes sogenannte Bismarck'sche System der Sozialversicherung begründet wurde, von dem sich vieles sagen lässt – nur nicht, dass es von Bismarck stammt.

Des Kanzlers Wechselbalg

Es sollte die Krönung seines innenpolitischen Reformwerks werden: eine Revolution von oben, ein Meilenstein zur inneren Einheit des Reiches, ein Schlag gegen die verhasste Sozialdemokratie. Mit neuartigen Staatshilfen für Alte und Gebrechliche wollte Reichskanzler Otto von Bismarck die verarmten Arbeitermassen mit seinem preußisch dominierten Großreich versöhnen.

Doch als der Fürst im Mai des Jahres 1889 an das Pult des Reichstags trat, um für das sogenannte Invaliditäts- und Alterssicherungsgesetz zu werben, fiel sein Auftritt merkwürdig blass und distanziert aus. Von seiner »Nichtbeteiligung an den Diskussionen im Einzelnen« sprach er, von seinem »Mangel an Kräften« und der Notwendigkeit, den Kreis seiner »Tätigkeit enger zu ziehen«. Er habe sich mit dem Thema zuletzt lediglich am Rand befasst, erläuterte er. Und nur aus einem Grund ergriff er in der Rentenfrage überhaupt noch einmal das Wort: Das Gesetz müsse unbedingt verabschiedet werden, beschwor er seine Anhänger, um sich im »Bürgerkrieg mit der Sozialdemokratie« dem »Massentritt der Arbeiterbataillone« entgegenzustellen.

Was er wirklich von der Neuerung hielt, die später mit seinem Namen verbunden bleiben sollte wie kaum eine andere, erläuterte er nach seinem Rücktritt im kleinen Kreis. Als »parlamentarischen und geheimrätlichen Wechselbalg« bezeichnete er die neue Versicherung – ein Kuckuckskind also, das ihm andere untergeschoben hatten.

Tatsächlich entsprach das Gesetz, das bis heute als Prototyp der Bismarckschen Sozialstaatskonzeption gilt, in kaum einem Punkt seinen Vorstellungen. Der Kanzler wollte keine lohnbezogenen Beiträge und keine selbstverwalteten Sozialkassen, er wollte keine Finanzierung von Arbeitgebern und Arbeitnehmern und kein Versicherungsmodell, er wollte keine Rentenstaffelung nach Lohnhöhe und schon gar kein Mitspracherecht der Länder. Was Bismarck vorschwebte war ein System, das Ökonomen heute als steuerfinanzierte Grundrente bezeichnen würden.

Lange vor der Reichsgründung, in den 1860er-Jahren, hatte sich Bismarck bereits für den Plan einer »Altersversorgung der preußischen Staatsbürger« eingesetzt. Nach dem Vorbild der Beamtenversorgung wollte der Kanzler allen Arbeitern Anspruch auf ein bescheidenes Altersgeld vom Staat verschaffen. »Warum sollte nicht der Soldat der Arbeit eine Pension haben wie der Soldat und der Beamte?«, fragte Bismarck – und hatte sogar schon konkrete Summen im Kopf. Mit einem Reichssalär im Alter von 115 bis 200 Mark pro Jahr, so glaubte er, könne bei »den Klassen, die sonst nicht viel zu verlieren haben«, eine gewisse »Anhänglichkeit an die Regierung« geschaffen werden.

Entsprechend wollte Bismarck die geplante Staatsrente nicht aus Beiträgen, sondern aus Steuern finanzieren. Das erschien ihm das entschieden gerechtere Verfahren, um die Lage der Alten und Invaliden aus der Proletarierschicht zu bessern. »Den Satz, dass man nicht die Gesamtheit der Steuerzahler zugunsten einzelner Klassen der Bevölkerung belasten dürfe, vermag ich als richtig nicht anzuerkennen«, befand er. »Wie jeder lebendige Organismus an der Erhaltung und dem Wohlbefinden eines jeden seiner Glieder ein vitales Interesse hat, so hat auch die zum Staat gefügte Gesamtheit aller Stände und Berufszweige ein Interesse daran, dass jeder Einzelne gedeihe, und darf sich nicht scheuen, dafür Opfer zu bringen.«

Auch das geeignete Instrument für seine Pläne glaubte Bismarck bereits gefunden zu haben. Eine umfassende Besteuerung aller Tabakprodukte sollte das notwendige Geld einspielen, um eine neue Reichsanstalt zur Versorgung der Arbeiterpensionäre auszustatten.

Doch Bismarcks Plan einer reichseinheitlichen Staatsbürgerrente auf Steuerbasis konnte sich weder in den eigenen Reihen noch bei der Opposition durchsetzen. Die Sozialdemokraten kritisierten die Finanzierung über indirekte Steuern, die konservativen und liberalen Parteien lehnten Bismarcks Pläne als »Staatssozialismus« ab.

In jahrelangen Diskussionen in Parlament und Regierung wurde der Plan so lange kleingeschreddert und zurechtgehobelt, bis am Ende vom Ursprungsplan des Kanzlers nichts mehr übrig blieb. Was der Reichstag dann nach Bismarcks letzter Parlamentsrede mit knapper Mehrheit verabschiedete, folgte im Wesentlichen den Prinzipien der bereits eingerichteten Sozialversicherungen: lohnbezogene Beiträge, gestaffelte Renten, Kassenorganisation.

Endgültig hatte sich damit jene Sozialstaatskonzeption durchgesetzt, die fortan in Deutschland bestimmend bleiben sollte: Keine allgemeine Grundsicherung, die von allen Bürgern solidarisch finanziert wird, sondern eine Aufspaltung nach sozialem Status: Wer von Berufsstand und Herkunft so begütert ist, dass er für sich selbst sorgen kann, darf sich privat versichern. Diejenigen dagegen, die von ihrer Hände Arbeit leben, werden in staatlich kontrollierte Pflichtsysteme gezwungen. Dort wird der Schutz vor den großen Lebensrisiken innerhalb der eigenen Versichertengemeinschaft organisiert.

Für die Wohlhabenden hat das System gleich zwei Vorteile: Erstens, Bedürftige werden zunächst von den Solidarsystemen aufgefangen, bevor sie der Allgemeinheit und damit ihnen zur Last fallen. Zweitens, der Ausgleich zwischen Arm und Reich bleibt auf die jeweilige Berufsgruppe beschränkt.

Das ständische Prinzip der deutschen Sozialkassen wurde noch verstärkt, weil sich die Versicherungen bald auch jenseits der Trennlinie gesetzlich-privat differenzierten. Ein Dschungel separat wirtschaftender Versicherungsträger entstand, dessen chaotisches Wuchern wohl nur mit den Besonderheiten des deutschen Nationalcharakters zu erklären ist.

Soziologen nennen es den »Kassenschlangeneffekt«. In angelsächsischen Ländern gehört es zu den Grundregeln der Höflichkeit, sich vor den Supermarktkassen in einer einzigen Warteschlange aufzustellen, damit jeder der Reihe nach drankommt. In Deutschland dagegen bildet sich pro Kasse eine eigene Schlage – und jeder versucht, diejenige zu erwischen, bei der die Wartezeit am kürzesten ist.

Nach diesem Prinzip lief es bald auch im Sozialstaat. Noch die kleinste Berufsgruppe versuchte, sich ein eigenes Versicherungssystem aufzubauen, um sich spezielle Vorteile und Vergünstigungen zu verschaffen. In der Krankenversicherung gab es bald eine unüberschaubare Zahl von Betriebs-, Innungs-, Orts- und Ersatzkassen. In der Rentenversicherung entstanden eigene Versorgungssysteme für Arbeiter und Angestellte, Handwerker und Bahnarbeiter, Landwirte und Bergleute. Wer in welchem System wie viel an Beiträgen zahlte, wie hoch die Leistungen waren und wie sich die öffentliche Hand beteiligte, war selbst für Experten bald nicht mehr zu überblicken.

Das System führte nicht nur dazu, dass sich die einzelnen Berufsgruppen in einen ewigen Lobbykampf um die finanzielle Gunst des Staates verbissen. Es trug auch dazu bei, die Privilegien der begünstigten Selbstständigen- und Beamtenschichten zu sichern.

Seit der ständisch organisierte Sozialstaat am Ende des 19. Jahrhunderts entstand, gehörte es zu den Zielen von Arbeiterbewegung und Sozialdemokratie, ihn durch eine allgemeine Erwerbstätigenversicherung zu ersetzen. Doch wann immer sie einen Anlauf unternahmen, immer scheiterten sie an der Uneinigkeit im eigenen Lager. Die einst revolutionäre Gewerkschaftsbewegung hatte das ständische Prinzip inzwischen selbst verinnerlicht. Wenn es darauf ankam, verteidigten die Kollegen lieber die eigenen Pfründe, als die Sonderstellung der Privatversicherten anzugreifen. So blieb die Spaltung des Sozialversicherungswesens hierzulande während der gesamten Nachkriegszeit unangetastet – mit einer Ausnahme.

Nach dem Zweiten Weltkrieg strebten die alliierten Siegermächte eine tiefgreifende Reform des deutschen Sozialkassenwesens an, mit dessen komplizierter Vielgestaltigkeit weder die Militärs aus der kommunistischen Sowjetunion noch deren langjährige Verbündete aus Großbritannien und den Vereinigten Staaten etwas anfangen konnten. Und so beauftragten sie eine Expertengruppe aus linken Gewerkschaftern, Sozialdemokraten und Kommunisten, es gründlich zu entrümpeln.

Die Kommission leistete ganze Arbeit. Was sie im Herbst 1946 als Reformentwurf vorlegte, war nichts weniger als ein vollkommener Bruch mit der deutschen Sozialstaatstradition.

Statt Hunderte von unterschiedlichen Trägern, so der Plan, sollte es für die Kranken-, Renten- und Unfallversicherung künftig nur noch eine einzige Sozialversicherungsanstalt auf Landesebene geben. Sie sollte nicht nur alle Arbeitnehmer, sondern auch sämtliche Beamte, besserverdienende Angestellte und Selbstständige umfassen. Nur Unternehmer, die selbst mehr als fünf Angestellte beschäftigten, blieben ausgenommen.

Das gegliederte System der gesetzlichen Sozialkassen, so das Konzept, sollte in eine Einheits- und Volksversicherung umgewandelt werden. Und zwar, wie Beteiligte bei Gesprächen mit den Siegern erfuhren, eher heute als morgen. Ein Vertreter der Betriebskrankenkassen, der von den zuständigen Gremien des Alliierten Kontrollrats als Sachverständiger hinzugezogen worden war, notierte: »Sie haben uns zum Zeitpunkt unserer Beerdigung eingeladen.«

Dass der Plan am Ende trotzdem scheiterte, war einem breiten Bündnis jener Kräfte zu verdanken, die auch schon Bismarcks Staatsversicherungspläne zu Fall gebracht hatten. Es begann damit, dass bürgerliche und christlich-katholische Gruppierungen auf Distanz gingen, und damit die gerade neu gegründete CDU. Entscheidend aber war, dass auch innerhalb der Gewerkschaften bald die Skeptiker die Oberhand gewannen. Erst scherten die Angestelltenorganisationen aus, weil sie um ihre Sonderstellung in der Sozialversicherung fürchteten. Dann sträubten sich auch andere Spitzengewerkschafter, sodass die Pläne am Ende nur in der sowjetischen Besatzungszone umgesetzt wurden. In den Westzonen dagegen wurde das Konzept auf die Zeit einer künftigen bundesdeutschen Regierung vertagt. Der chancenreichste Versuch, in der Bundesrepublik eine Bürgerversicherung einzurichten, war gescheitert.

Seither formierte sich der bundesdeutsche Sozialstaat wie-

der entlang der gewohnten ständischen Linien – mit leichten
Verschiebungen je nach politischer Lage. Regierten die Konservativen, wurden die Privatkassen stärker gefördert. War
die SPD am Ruder, profitierte die Sozialversicherung. Das
Prinzip aber wurde nie ernsthaft in Frage gestellt. Von der
Einführung der dynamischen Rente über den Ausbau des
Krankenkassenwesens bis zur deutschen Einheit: Bei allen
sozialpolitischen Weichenstellungen der Nachkriegszeit blieb
das Nebeneinander von privater und gesetzlicher Versicherung unangetastet.

Den Schaden hatten die Arbeitnehmer, und unter ihnen
vor allem jene, die auch in der Sozialversicherung keiner privilegierten Berufsgruppe angehörten. Die Mitglieder von
Ortskrankenkassen oder allgemeiner Rentenversicherung beispielsweise wurden doppelt bestraft: Erst mussten sie mitansehen, dass begünstigte Kollegen wie die Bergleute jahrelang höhere Leistungen einstrichen. Dann wurden sie mit in
Haftung genommen, als den Kumpels der Nachwuchs ausging. Bis heute müssen die Steuerzahler jedes Jahr Milliarden-
summen aufbringen, um die abnehmenden Mitgliederzahlen
in der Alterskasse der Bergleute auszugleichen.

Ihren arbeitnehmerfeindlichen Höhepunkt freilich erreichte die Ständeordnung im jüngsten Zweig des deutschen
Sozialstaats: der Pflegeversicherung. Noch immer feiern Sozialdemokraten und Gewerkschafter die Einführung der sogenannten vierten Säule des hiesigen Wohlfahrtssystems als
gesellschaftlichen Durchbruch und Sieg der Solidarität. In
Wahrheit war es das beste Geschäft, das die Kunden der Privatversicherung jemals gemacht haben.

Es begann, wie häufiger in der Geschichte der Sozialpolitik,
mit einer finanziellen Notlage von Städten und Gemeinden.
Immer mehr Bürger fielen in den Achtziger- und Neunzigerjahren des vergangenen Jahrhunderts der kommunalen So-

zialhilfe zur Last, weil sie zu alt und zu gebrechlich waren, um sich noch selbst versorgen zu können. Entsprechend lautstark riefen Bürgermeister und Landräte nach einem Gesetz, das sie von der Milliardenlast der Altenpflege zumindest teilweise befreien sollte.

Die Aufgabe einer neuen Sozialversicherung zu übertragen erschien den meisten Experten dabei geradezu abwegig. Was hatte das Risiko, im Alter auf fremde Hilfe angewiesen zu sein, mit dem Arbeitsverhältnis zu tun? Welchen Sinn sollte es haben, den zahlreichen existierenden Institutionen des Wohlfahrtsstaats eine weitere hinzuzufügen? Waren nicht schon genug Sozialleistungen dem Faktor Arbeit aufgedrückt worden? Und so wurde das Projekt von der Sozialbürokratie in Bund und Ländern lange Zeit in der Schublade »aussichtslose Vorhaben« versenkt.

Doch dann witterte Anfang der Neunzigerjahre der frühere Arbeitsminister Norbert Blüm die Chance, sich mit einem weiteren sozialpolitischen Großvorhaben in die Geschichtsbücher eintragen zu können. Ein paar Jahre zuvor hatte er die Idee einer Pflegeversicherung noch rundheraus abgelehnt. Da werde nur eine »neue Institution« entstehen, so fürchtete er, bei der sich »das Angebot seine eigene Nachfrage schafft«.

Nun aber erkannte er mit dem sicheren Instinkt des erfahrenen Sozialpolitikers, wie unattraktiv die Alternativen waren: Höhere Steuern für die Pflege? Angesichts der Milliardenkosten der deutschen Einheit undenkbar. Eine neue Privatversicherung? Da musste ja erst mal jahrelang Kapital angespart werden. Ganz anders dagegen bei seinem Vorschlag, so rechnete er den Abgeordneten der Unionsfraktion ungeniert vor. Würden die Kosten mittels einer neuen Sozialversicherung vor allem den Beschäftigten aufgedrückt, so Blüms zwingende Logik, gäbe es sofort Geld zu verteilen. Die Rentner, die Behinderten, die Pflegenden in den Familien: sie alle könnten sofort aus dem eingehenden Beitragsaufkommen bedacht werden.

Das leuchtete den erfahrenen Parlamentariern ein. Und so wurde den Deutschen Mitte der Neunzigerjahre die Soziale Pflegeversicherung beschert, die den Arbeitnehmern gleich einen doppelten Preis abforderte: Erstens wurde ihnen ein neuer Sozialbeitrag vom Lohn abgezogen. Zweitens mussten sie einen Tag im Jahr zusätzlich arbeiten. Um die Unternehmer zu entlasten, wurde der Buß- und Bettag als Feiertag in den meisten Bundesländern abgeschafft.

Doch das war nur der erste Schritt, die Beschäftigten bei der Einführung der neuen Versicherung zu benachteiligen. Für den zweiten Schritt sorgte der Wirtschaftsflügel von Union und FDP.

Ursprünglich wollte die Mittelstandslobby Blüms Pflegeprojekt ganz verhindern. Damit scheiterte sie kläglich. Nun verfolgte sie das Ziel, für die eigene Klientel das meiste herauszuholen. Das gelang schon besser. Während die christlich-liberale Regierung den Bürgern noch einredete, die Reform diene den Alten, Schwachen und Behinderten im Land, wurde das Projekt in den Hinterzimmern der Koalition in ein Vermögensbildungs- und Vermögensschutzgesetz für privilegierte Schichten umfunktioniert. Das brachte gleich doppelten Gewinn: Auf offener Bühne konnten sich Mittelständler und Selbstständige weiter über die leistungsfeindliche Sozialpolitik der Regierung Kohl aufregen – und hinter dem Vorhang die finanziellen Vorteile einer neuen, berufsständisch organisierten Sozialkasse einstreichen. So stellte sich der soziale Fortschritt, von dem die Erfinder der Pflegeversicherung so gern sprachen, vor allem auf den Konten der Bessergestellten ein. Ihnen brachte die Reform gleich eine ganze Serie zählbarer finanzieller Vorteile.

Vor Einführung der neuen Sozialkasse lief es so: Wer pflegebedürftig wurde, musste die Kosten zunächst aus eigener Tasche tragen. Wenn das Geld nicht reichte, sprang die Sozialhilfe ein. So war dafür gesorgt, dass am Ende die Gemeinschaft aller Steuerzahler für jene Fürsorgeleistungen aufkam, die der Einzelne nicht mehr tragen konnte.

Seit Einführung der Pflegeversicherung herrscht hierzulande eine strikte Zweiklassenordnung. Wer in der gesetzlichen Krankenversicherung ist, gehört der entsprechenden gesetzlichen Pflegekasse an. Im Gegenzug sind die Kunden der privaten Krankenkasse auch privat pflegeversichert. Die beiden Versicherungssysteme wirtschaften strikt getrennt. Was im gesetzlichen System an Beiträgen eingeht, fließt ausschließlich gesetzlich Versicherten zu, die Mittel der Privatkassen sind exklusiv für Privatversicherte reserviert.

Das klingt unschuldig, hat aber gravierende Konsequenzen. Die Kunden der kommerziellen Versicherungen nämlich sind im Schnitt jünger und gesünder als die Mitglieder gesetzlicher Kassen. Das führt schon in der Gesundheitsversorgung zu manch geldwertem Bonus für Privatkunden. Bei den Pflegeleistungen aber, die in der Regel für Hochbetagte mit chronischen Krankheiten fällig werden, wirkt sich der Unterschied erst recht aus.

Wie stark die Konsequenzen ins Gewicht fallen, zeigen die statistischen Daten: In der gesetzlichen Versicherung müssen 100 Beitragszahler fast drei Pflegefälle versorgen, in der privaten Kasse nur einen. Entsprechend ist die finanzielle Lage: Die gesetzlichen Pflegekassen haben in den vergangenen Jahren milliardenschwere Defizite aufgehäuft; und der Zeitpunkt ist absehbar, an dem sie ihre Beiträge erhöhen müssen. Genau entgegengesetzt verlief die Entwicklung in der privaten Pflegeversicherung. Ihre Mitgliedsunternehmen erzielten teils beträchtliche Überschüsse und konnten ihre Beitragssätze mehrfach senken.

Haben die Privatkassen vielleicht besser gewirtschaftet? Sind die Ansprüche ihrer Kunden geringer? Nutzen sie preiswertere Pflegedienste? Nichts von alledem. Die Leistungen der beiden Systeme sind absolut identisch. Die Unterschiede liegen ausschließlich in den Risikoprofilen der Versichertenkollektive, wie es im Fachchinesisch der Assekuranz heißt. Mit anderen Worten: Die große Mehrheit der gesetzlich organisierten Arbeitnehmer muss einen vergleichsweise größeren Anteil am gesellschaftlichen Pflegerisiko schultern als die kleine, aber feine Oberschicht der Privatversicherten.

Ein Unterschied mit Folgen: Während die Finanzreserven des gesetzlichen Systems seit Jahren schrumpfen, haben die Privatkassen ihren Kapitalstock in den vergangenen Jahren auf über 16 Milliarden Euro ausgebaut. Tendenz steigend. So war es zwar nicht gedacht, aber Selbstständige und Beamte freut es trotzdem: Die Pflegeversicherung, die eigentlich den Betreuungsnotstand in Heimen und Familien lindern sollte, erweist sich als rentierliche Sparkasse für die Privilegierten der Republik.

Entsprechend günstig fallen die Perspektiven aus. In der privaten Pflegeversicherung rechnen Experten für die nächsten Jahre mit weiteren Überschüssen und sinkenden Prämien. In der gesetzlichen Versicherung dagegen müssen die aktiven Mitglieder damit rechnen, dass sich die Beitragssätze in den kommenden zwei Jahrzehnten verdoppeln werden.

Die Pflegeversicherung trägt den Beinamen »sozial« – in Wahrheit vertieft sie die gesellschaftliche Spaltung: Sie löst einen neuen Finanztransfer von Arm zu Reich aus. Sie drückt allgemeine gesellschaftliche Risiken den Schwächeren auf. Sie verstärkt den Vermögensvorsprung der Bessergestellten.

Und das Schöne daran ist: Die Vorteile der Privilegierten stehen auch noch unter besonderem staatlichem Schutz. Der Kapitalstock, den die Privatversicherung wegen ihres günstigeren Risikoprofils aufbauen konnte, fällt unter die Eigentumsgarantie des Grundgesetzes. Selbst wenn die Bundesregierung die Privatversicherung morgen abschaffen würde: das aufgebaute Vermögen ist Beamten und Selbstständigen auf Dauer sicher.

Wie geschützt die Pflegemilliarden sind, zeigte sich bei der jüngsten Reformdiskussion. Um die Privatversicherten zu mehr Solidarität mit den Mitgliedern der gesetzlichen Kassen zu zwingen, wollte die SPD ihnen einen zusätzlichen Finanzbeitrag abtrotzen. Doch die Union hielt erfolgreich dagegen: Gutachten aus dem Innen- und Justizministerium hatten gegen das Vorhaben »verfassungsrechtliche Bedenken« erhoben.

Den Nachteil hat die aktive Arbeitnehmergeneration. Sie muss in den nächsten Jahren steigende Pflegelasten tragen. Privatversicherte dagegen werden genauso bessergestellt wie jene, die als Rentner bereits heute aus der Pflegeversicherung alimentiert werden. Sie haben häufig nie einen einzigen Cent Beitrag gezahlt, aber trotzdem Anspruch auf alle Leistungen.

Auch dies ist ein Grundmuster im hiesigen Sozialstaat: die Arbeitnehmer sind nicht nur gegenüber Beamten oder Selbstständigen benachteiligt, sondern vielfach auch gegenüber jenen, die von ihrer Arbeitsleistung leben.

Die geldwerte Rentenformel

Walter Hirrlinger liebt markige Worte. »Raubzug«, »Diskriminierung«, »Altersarmut« – wenn der Präsident des Seniorenverbandes VdK über die Reformpolitik der Regierung herzieht, wissen die Zuhörer schon im Vorhinein, welche Melodie sie erwartet. Die Ruheständler, so versucht der Vorbeter der Seniorenfront den Deutschen weiszumachen, sind

eine wirtschaftlich höchst gefährdete Unterklasse der Ausgebeuteten und Entrechteten, die von der Politik in den vergangenen Jahren geschröpft und abgezockt wurde wie keine
andere gesellschaftliche Gruppe.

Der typische Hirrlinger-Auftritt geht so: Gestützt auf seine
grauen Gehhilfen, die er selbst sein »Markenzeichen« nennt,
beklagt sich der 80-jährige Verbandsfunktionär erst über die
»undifferenzierten Leistungskürzungen« und »überpropor-
tionalen Belastungen« für die Senioren. Dann erinnert er die
Politiker an das Gewicht von 20 Millionen Rentnerstimmen,
um zum Schluss die entsprechende Strafe bei den nächsten
Wahlen anzukündigen. Es werde, so droht er, »einen Sturm
der Entrüstung« geben.

Die Litanei des Lobbyisten kontrastiert auffällig mit der
Lebenswirklichkeit seiner Schützlinge. Rund 60 Jahre nach
Gründung der Bundesrepublik leben die meisten Senioren in
einer »relativ günstigen Einkommensposition«, wie der
jüngste Armuts- und Reichtumsbericht der Bundesregierung
feststellt. Rentner verfügen im Schnitt über eine höhere Kaufkraft als Erwerbstätige, sie besitzen einen steigenden Anteil an
den Privatvermögen im Land, die Zahl älterer Fürsorgebezieher ist verschwindend gering. In kaum einer anderen Bevölkerungsgruppe, so der Regierungsreport, ist das Armutsrisiko
so gering wie in der Generation jenseits der 65.

Die Marketingfachleute der Konsumindustrie wissen das
schon länger – und haben die wohlhabenden Senioren zu einer
ihrer bevorzugten Zielgruppen erklärt. Von der rundum
betreuten Hochseekreuzfahrt bis zum altersgerechten Fertig-
haus bieten sie den sogenannten Best Agern mittlerweile einen
ganzen Katalog hochpreisiger Luxusprodukte, deren Ver-
kaufserfolge die Einbrüche im margenarmen Familiengeschäft
mittlerweile mehr als wettmachen. Mehr als die Hälfte aller
Älteren, so ermittelte die Gesellschaft für Konsumforschung,

identifiziert sich inzwischen mit dem Satz: »Ich mache mir lieber ein schönes Leben, als immer nur zu sparen.«

Dass sie finanziell oft gut gestellt sind, haben die Senioren nicht zuletzt eigener Leistung zu verdanken. Sie haben das Land aus den Trümmern des Zweiten Weltkriegs wieder aufgebaut und sich durch Arbeit und Disziplin ein oft ansehnliches Vermögen zusammengespart. Vor allem aber haben sie in den Fünfziger- und Sechzigerjahren jene geburtenstarke Generation der Babyboomer gezeugt, die heute als Erwerbstätige die Basis für ihre Renten liefert.

Zusätzlich aber begünstigen die Sozialsysteme die Ruheständler in mehrfacher Hinsicht: Rentner zahlen nur den halben Krankenversicherungsbeitrag; die andere Hälfte zahlen die Arbeitnehmer über den Umweg der Rentenkasse. Rentner haben Anspruch auf die vollen Leistungen der Pflegeversicherung, obwohl ein Großteil von ihnen in der aktiven Zeit nie eingezahlt hat. Rentner profitieren davon, dass ihre Einkünfte geringer besteuert werden als die von Erwerbstätigen.

Die zahlreichen offenen und versteckten Vergünstigungen führen zu einem paradoxen Resultat. Nach den deutschen Rentengesetzen sollen die Altersgelder den Löhnen folgen. Tatsächlich war es in den vergangenen Jahren häufig umgekehrt: Die Einkünfte der Rentner eilten den Verdiensten der Erwerbstätigen voraus.

Die Ursache liegt nicht zuletzt in einem gravierenden Konstruktionsfehler jenes Rechenverfahrens, das in Deutschland Altersgelder und Arbeitseinkommen aneinanderkoppelt: der sogenannten Rentenformel. Sie schreibt fest, dass die aktuelle Lohnentwicklung die Grundlage für die Rentenanpassung des kommenden Jahres liefert. So sollen die durchschnittlichen Einkommen der Ruheständler im Prinzip denen der Beschäftigten folgen.

Das klingt logisch, greift aber in einem entscheidenden

Punkt zu kurz. Der Lebensstandard der Rentner nämlich wird nicht nur von der Entwicklung der Altersgelder bestimmt, sondern noch von einem zweiten Faktor. Er ist in der Rentenformel aber gar nicht enthalten.

Jedes Jahr verändert sich die Zusammensetzung der Rentnerschaft im Land. Von den Älteren jenseits der 75 oder 80 sterben viele weg. Dafür kommt ein kompletter Jahrgang neuer Ruheständler im Alter von 60 bis 65 hinzu.

Die Auswirkungen auf den durchschnittlichen Lebensstandard der Senioren sind immens. Die Älteren haben ihr aktives Berufsleben während des Zweiten Weltkriegs oder in den Fünfzigerjahren begonnen, als die Verdienste niedrig und die Arbeitslosigkeit noch hoch war. Die Jüngeren dagegen können auf ein langes Erwerbsleben in den goldenen Sechziger-, Siebziger- und Achtzigerjahren zurückblicken, als es jede Menge immer besser bezahlter Jobs gab. Was daraus folgt, liegt auf der Hand: Diejenigen, die sich derzeit aus dem Rentenbezug ins Jenseits verabschieden, haben vergleichsweise niedrige Bezüge gehabt. Diejenigen, die neu aufgenommen werden, haben im Schnitt weit höhere Ansprüche.

Hinzu kommt, dass in den Aufschwungsjahren der Bundesrepublik auch Frauen immer häufiger berufstätig wurden. Waren Seniorinnen früher fast ausschließlich von der Rente ihres Ehemanns abhängig, so haben sie heute vielfach selbst 30 oder mehr Arbeitsjahre vorzuweisen. Entsprechend üppig fallen ihre Altersgeldansprüche aus.

Beide Effekte zusammen hatten in den vergangenen Jahren beträchtliche Auswirkungen auf den tatsächlichen Lebensstandard der Rentner. Jedes Jahr kommt ein etwas reicherer Jahrgang als der vorhergehende ins Rentenalter – und treibt damit den Durchschnitt in die Höhe. Bis die Rentenformel den Vorgang erfasst, vergehen Jahre – zum Glück für die

Rentner, zum Schaden für die Arbeitnehmer. »Kohorteneffekt« nennen das die Ökonomen.

Besonders nachhaltig wirkte er sich in Ostdeutschland aus. In der alten Bundesrepublik war es während vieler Jahrzehnte eine bedauerliche Ausnahme, zeitweise ohne Job dazustehen. Im Sozialismus aber wurde überhaupt niemand arbeitslos. Stattdessen gehörte es zur Staatsideologie, dass Männer und Frauen von frühester Jugend an als Werktätige des Kopfes und der Hand am Aufbau der neuen Gesellschaft mittaten.

Richtig auszahlen sollte sich die flächendeckende Teilnahme am Erwerbsleben freilich erst, als die ostdeutschen Senioren nach der Wende in die neue gesamtdeutsche Rentenversicherung überführt wurden. Über Nacht erhielten die Arbeitsbiografien aus den Kombinaten und Volksbetrieben der untergegangenen DDR-Wirtschaft nun den Adel des westdeutschen Rentenrechts – und in den neuen Ländern entwickelte sich eine bislang unbekannte Form der Klassengesellschaft.

Während die ostdeutsche Erwerbsbevölkerung auf einen Schlag alle Schattenseiten des Kapitalismus samt Massenentlassung, Lohnkürzung und Arbeitslosigkeit kennenlernte, erhielten die Senioren den späten Lohn für ihre entbehrungsreichen Jahre im Sozialismus, ganz nach der komplizierten Arithmetik des neuen gesamtdeutschen Rentenrechts.

Danach werden Arbeitsjahre in Ostdeutschland zwar etwas niedriger bewertet als vergleichbare Zeiten im Westen. Doch der Nachteil wird locker ausgeglichen: Weil die Senioren jenseits der Elbe so viele Beschäftigungsjahre aufzuweisen haben, schneiden sie unter dem Strich besser ab als die Altersgenossen aus der alten Bundesrepublik. Die Durchschnittsrenten von ostdeutschen Männern liegen inzwischen knapp und die von Frauen deutlich über den Werten im Westen.

Und so kam es, dass sich der durchschnittliche Lebensstandard der Rentner jahrelang weit besser entwickelte, als es die Rentenformel anzeigte. Auch wenn die laufenden Erhöhungen bescheiden ausfielen, der stete Zuwachs wohlhabender Neuzugänge drückte das Durchschnittseinkommen nach oben.

Noch schlimmer freilich ist: Die Rentenformel bildet auch den Lebensstandard der Arbeitnehmer falsch ab, bloß mit dem genau entgegengesetzten Resultat. So wie die Gleichung den realen Wohlstand der Senioren unterschätzt, so überzeichnet sie ihn bei den abhängig Beschäftigten.

Insbesondere blendet sie aus, dass jedes Jahr Millionen von Arbeitnehmerfamilien erhebliche Einkommenseinbußen hinnehmen müssen, wenn die Arbeitsmarktlage schlecht ist: Der Vater wird entlassen und muss ein paar Monate stempeln gehen, die Mutter verliert ihren Job als Aushilfssekretärin, der Sohn findet keinen Ausbildungsplatz. Alles schädlich für die Haushaltskasse – aber nichts davon berücksichtigt die Rentenformel. Sie misst stur, wie sich die Löhne je Arbeitskraft entwickeln, ganz gleich, wie viele davon in der Volkswirtschaft beschäftigt sind.

Wie sehr das die tatsächlichen Verhältnisse verzerrt, zeigt ein Gedankenexperiment: Mal angenommen, die Unternehmen würden morgen sämtliche Arbeitnehmer des Landes bis auf einen entlassen, erhöhten diesem aber den Lohn um 100 Prozent, so würden nach der gültigen Rentenformel ein Jahr später allen 20 Millionen Rentnern die Bezüge um annähernd 100 Prozent erhöht. Dabei wären die tatsächlichen Einkommen der Arbeitnehmerschaft im selben Zeitraum nahezu auf null gefallen.

Die Rentenformel aber erkennt das nicht. Sie ist fehlerhaft. Sie führt dazu, dass die Arbeitnehmer vor allem in Zeiten der Massenarbeitslosigkeit doppelt bestraft werden: Zum einen müssen diejenigen, die ihren Job verlieren, erhebliche Einkommensausfälle hinnehmen. Zum anderen werden sie zur Kasse gebeten, weil die Rentenformel die Wohlstandsverluste durch Arbeitslosigkeit nicht berücksichtigt.

Und so trug das fragwürdige Anpassungsverfahren dazu bei, dass sich die Einkünfte der Ruheständler in den vergangenen Jahrzehnten oft besser entwickelten als die der Arbeitnehmer. Den Vorteil hatten die Rentner, aber auch die Beschäftigten waren über viele Jahre darüber nicht unglücklich – jedenfalls so lange nicht, solange sie Aussicht hatten, einst im Ruhestand selber von der altersmilden Rentenformel profitieren zu können.

Das ist ja das Verführerische an der deutschen Methode, den Sozialstaat zu finanzieren: Jede Begünstigung der Leistungsempfänger kann den Einzahlern mit dem Argument schmackhaft gemacht werden, im Fall der Fälle davon selber zu profitieren. So lässt sich den Versicherten auch leichter verkaufen, warum mal wieder die Beiträge erhöht werden müssen.

Niemand hat das besser begriffen als die deutschen Sozialpolitiker. Sie wussten schon immer, warum es für sie günstiger ist, wenn sie nicht auf allgemeine Haushaltsmittel, sondern auf die Sozialkassen zurückgreifen konnten. Steuer: das klingt nach Zwang, Staat und Abkassieren. Sozialbeitrag: das klingt nach Gerechtigkeit, Versichertengemeinschaft und Schutz.

Kein Wunder, dass sich die großen Parteien hierzulande das Finanzierungsverfahren ungeniert zunutze gemacht haben. Dies ist der zweite große Defekt im beitragsfinanzierten Wohlfahrtssystem der Republik: Die Politiker haben sich den Sozialstaat zur Beute gemacht.

KAPITEL DREI

Der Sozialstaat – eine Beute der Politik

Die Versicherungslüge

Wenn deutsche Politiker über den Sozialstaat reden, geht es in der Regel nicht ohne Pathos und große Worte ab. Helmut Kohl sprach von der Rente stets als »Lohn für Lebensleistung«. Gerhard Schröder beschwor die »Teilhabe am gesellschaftlichen Haben und Sagen«. Und seine Nachfolgerin sieht in den öffentlichen Wohlfahrts- und Versicherungssystemen des Landes nichts weniger als »das Markenzeichen der Bundesrepublik Deutschland«.

Beim Sozialstaat, so beteuert Kanzlerin Angela Merkel, gehe es um die »Solidarität zwischen den Generationen«, um den Ausgleich zwischen »den Starken und den Schwächeren«, ja sogar »um unser gemeinsames Verständnis von Nation«. Die staatlichen Sicherungssysteme gegen Krankheit, Alter und Gebrechlichkeit begründeten eine »Schicksalsgemeinschaft«, so die CDU-Chefin, in der sich die Menschen »füreinander verantwortlich fühlen«.

Wo so viel politische Lyrik waltet, keimt beim Publikum das Misstrauen. Nach sechs Jahrzehnten Nachkriegsdemokratie wissen die Bürger genau: Je hehrer die Begriffe sind, derer sich die Regierenden bedienen, desto trister ist oft der Inhalt.

So ist es auch beim Sozialstaat. In keinem anderen Politik-
feld ist so viel von Gerechtigkeit, Solidarität und Gemeinsinn
die Rede wie im Hoheitsgebiet der Renten- und Gesundheitsexperten. Ganz gleich, ob im Berliner Reichstag über Altersarmut oder Jugendarbeitslosigkeit gestritten wird: stets nehmen die Redner von links bis rechts für sich in Anspruch, für
die Schwachen und Zukurzgekommenen einzutreten und für
das allgemeine Wohl zu kämpfen.

Tatsächlich geht es bei jenen Fragen, die mit dem Beiwort
»sozial« versehen werden, in erster Linie um das politische
Kerngeschäft: Es geht um das Profil der Partei, die Vorherr-
schaft im öffentlichen Meinungskampf und das Bedienen der
eigenen Wählerklientel. Kurz: Es geht um Stimmenfang.

Kein anderes Instrument ist dabei so nützlich wie die Sozialversicherung. Durch die Bücher von Renten-, Kranken-
oder Arbeitslosenkassen fließt mit rund 460 Milliarden Euro
fast doppelt so viel Geld wie durch den Bundeshaushalt. Die
Versicherungen umfassen rund 90 Prozent der Bevölkerung
und beschäftigen mit rund 250 000 Angestellten mehr inlän-
disches Personal als Großkonzerne wie Siemens oder VW.
Sie werden zwar offiziell durch eine sogenannte Selbstverwaltung aus Arbeitnehmern und Arbeitgebern gesteuert, tatsächlich aber trifft alle wichtigen Entscheidungen die Politik.

Der Versuchung, sich die gigantische Finanzmasse des
Sozialstaats für die eigenen parteipolitischen Interessen nutz-
bar zu machen, hat praktisch keine Bundesregierung der vergangenen 50 Jahre widerstehen können. Von der Rente bis zur
Pflege wurden die Sozialversicherungen im Lauf der Jahre zu
Zweigstellen der gerade herrschenden Koalition degradiert.
Sie wurden als Versorgungsanstalten für ausgemusterte Regierungsmitglieder missbraucht und als parteipolitische Propa-
gandastellen eingesetzt. Sie wurden mit staatlichen Aufgaben
überfrachtet und für Wahlkampfzwecke manipuliert.

Den Nachteil hatten die Arbeitnehmer. Ihre Interessen rückten beim Management der gesetzlichen Versicherungen sichtbar an die zweite Stelle. Ein ausgewogenes Verhältnis von Beitrag und Leistung? Die Regierung fragte eher, mit welcher Wohltat sich die nächste Landtagswahl gewinnen ließe. Die langfristige Sicherung der Finanzen? Was nutzt es, wenn die momentane politische Stimmung in den Keller geht. Gerechtigkeit zwischen den Generationen? Der Regierung war das Verhältnis zwischen Arbeitgeberverbänden und Gewerkschaften wichtiger. Sozialpolitik mit langem Atem? Wen interessiert das schon, wenn eine Legislaturperiode nach vier Jahren vorbei ist. Kein Wunder, dass ein wachsender Teil der Beitragsgelder für Zwecke eingesetzt wurde, für die er nicht gedacht war.

Um das Ausmaß des Missbrauchs zu verschleiern, haben die Sozialpolitiker zudem rund um die Versicherungssysteme riesige Tarngebilde errichtet. Systematisch versuchen sie bis heute, die Bürger über den wahren Charakter und die tatsächlichen Kosten der gesetzlichen Versicherungen zu täuschen. Die staatlich organisierte Schönfärberei dient nur einem Ziel: Die Arbeitnehmer sollen nicht merken, wie sehr sie in den vergangenen Jahren über den Tisch gezogen wurden – insbesondere bei der Altersversorgung.

Es geht schon damit los, dass die Rentenpolitiker gern den Eindruck zu erwecken versuchen, beim staatlichen Altersgeld handele es sich um eines der üblichen Versicherungsprodukte der privaten Assekuranz. Sie reden von »Rentenkonten« und »Versicherungsverläufen«, von »Anwartschaftszeiten« und »Ertragsanteilen«. Sie berechnen »interne Renditen« und führen aufwendige Verfahren zur »Kontenklärung« durch. Sie nennen die Leiter ihrer Rentenbehörden »Vorstände« und schicken ihren Versicherten in regelmäßigen Abständen sogenannte Renteninformationen ins Haus, die mindestens ebenso schwer verständlich sind wie die Gewinnmeldungen der privaten Lebensversicherungs-Konkurrenz.

Eine aufwendige Tarnung haben sich die Rentenbehörden ausgedacht, und fast scheint es, als wären sie selbst am meisten überrascht, wie gut sie verfängt. Nach Erkenntnissen der Meinungsforschung denken viele Deutsche bis heute, ihre Beiträge würden auf ein eigenes Konto eingezahlt, dort verzinst und im Alter zusammen mit dem Kapitalgewinn wieder ausgeschüttet.

Welch ein Irrtum! Es wird nichts zurückgelegt, nichts gespart. Was die Versicherten heute als Beiträge an die Rentenanstalten bei Bund und Ländern abführen, landet schon morgen auf dem Girokonto eines Seniorenhaushalts. Umlageverfahren nennen das die Fachleute. Es bedeutet, dass die vorgebliche Versicherung gar keine Versicherung ist, sondern eine staatliche Umverteilungsmaschine. Es bedeutet, dass die Rentenversicherung von der Hand in den Mund lebt. Es bedeutet, dass die schöne Begriffswelt der Sozialpolitiker nichts anderes ist als ein Trugbild zur Täuschung der Arbeitnehmer.

Nicht weniger geschickt führen die Rentenpolitiker die Bevölkerung mit der Behauptung in die Irre, ihre Versicherung funktioniere wie der finanzielle Austausch zwischen Eltern, Kindern und Großeltern: als Generationenvertrag. »Was die Großfamilie früher unter einem Dach schaffte«, so formulierte es etwa der frühere Arbeitsminister Norbert Blüm, »das muss heute der Sozialstaat organisieren.«

In Wahrheit wies der gesetzlich verordnete Alt-Jung-Transfer von Beginn an eine Schieflage auf. In der bäuerlichen Großfamilie früherer Jahrhunderte nämlich mussten die Eltern immer zwei Generationen gleichzeitig ernähren: die eigenen Eltern, von denen sie einst großgezogen wurden, und ihre Kinder, von denen sie später selbst Unterstützung erwarteten.

Im gesetzlichen Rentensystem dagegen fließen die Leistungen immer nur in eine Richtung: von jung zu alt. Haben die Arbeitnehmer ihren Obolus abgeführt, wird er umgehend und in voller Höhe an die Senioren weitergeleitet. Vorsorge für Familie und Kinder? Nicht vorgesehen. Der Generationenvertrag, der doch angeblich die Solidarität zwischen den verschiedenen Altersgruppen der Republik stärken will, hat einen Geschäftspartner glatt ausgeschlossen. Die Kinderförderung mit Hilfe sogenannter Erziehungszeiten, die vor ein paar Jahren eingeführt wurde, verbessert die Bilanz nur unwesentlich – und mit jahrzehntelanger Verzögerung.

Die Legende vom Generationenvertrag, das Märchen vom Versicherungsprinzip: den Rentenpolitikern ist allerhand eingefallen, um die Beschäftigten über den wahren Charakter der Alterskassen zu täuschen. Am kunstvollsten aber haben sie es verstanden, die wahren Kosten ihres Systems zu vernebeln. Genau 9,95 Prozent seines Bruttolohns zahlt ein Durchschnittsverdiener heute laut Gehaltszettel in die Alterskasse ein, monatlich gut 248 Euro, aufgelistet unter der Rubrik »Arbeitnehmeranteil an der gesetzlichen Rentenversicherung«. Ein echtes Schnäppchen, so soll der Beschäftigte denken, schließlich sichert der Betrag später einmal viele Jahre lang den Großteil seines heutigen Lebensstandards.

Aber wie es so ist mit Sonderangeboten, die wahren Kosten verbergen sich im Kleingedruckten. Wer nachliest, stellt fest: Die Rente speist sich aus vielen weiteren Einnahmepositionen, denen vor allem eines gemeinsam ist: Sie sollen auf mehr oder weniger trickreiche Weise verschleiern, dass am Ende stets einer die Zeche zahlt – der Arbeitnehmer.

Der erste Trick ist der sogenannte Arbeitgeberanteil. Hat der Betrieb den Rentenbeitrag des Arbeitnehmers überwiesen, leitet er als nächste Buchung dieselbe Summe noch einmal an die Alterskasse, diesmal unter der Überschrift »Arbeitgeberbeitrag«. Das soll den Eindruck erwecken, als würde der

Unternehmer die Hälfte der Rente mitbezahlen, als soziale Leistung für seinen Angestellten, aus der eigenen Tasche.

Das klingt zu schön, um wahr zu sein – und so ist es auch. In der Realität des betrieblichen Rechnungswesens muss der Arbeitnehmer den vollen Rentenbeitrag Euro für Euro selbst erwirtschaften. Wäre er das Geld nicht wert, hätte ihn der Unternehmer gar nicht erst eingestellt.

Betriebswirtschaftlich betrachtet ist der Arbeitgeberbeitrag somit nichts anderes als ein Teil des Lohns, und der tatsächliche Kostenträger ist der Arbeitnehmer. Dass sein Rentenbeitrag auf dem Gehaltszettel in zwei Teile gespalten wird, dient einzig der Verwirrung des Publikums.

Das war lange Zeit nirgendwo stärker bewusst als in der politischen Linken. »Das finanztechnische Splitten der Sozialbeiträge erweckt zwar den Eindruck, auch der Arbeitgeber zahle Sozialbeiträge, faktisch zählt er sie aber selbst zu den Lohnkosten«, stellten Anfang der Achtzigerjahre die von linken Gewerkschaftern und Sozialdemokraten getragenen Sozialistischen Studiengruppen fest, eine Keimzelle der heutigen Linkspartei. Entsprechend, so die Analyse weiter, seien auch die Arbeitgeberbeiträge als Bestandteil des Bruttoeinkommens aus unselbstständiger Arbeit zu behandeln. Doch die einstige Erkenntnis ist in Vergessenheit geraten. Heute pflegen die Gewerkschaften die Illusion, der Arbeitgeber trage die Hälfte der Soziallast mit, und sprechen vom »bewährten Prinzip der paritätischen Finanzierung«.

Der zweite Trick ist der Steuerzuschuss. Rund ein Drittel der Renten wird heutzutage nicht aus Beiträgen bezahlt, sondern aus dem Bundeshaushalt. Das entlastet die Arbeitnehmer, so suggerieren die Sozialpolitiker, denn die entsprechende Summe müssen nicht sie aufbringen, sondern die Steuerzahler.

Verschwiegen wird dabei, dass die Steuerzahler zum Großteil selbst wieder Arbeitnehmer sind, die nicht nur die komplette Lohnsteuer von 120 Milliarden Euro jährlich aufbringen, sondern auch den Löwenanteil etwa von Mehrwert-, Mineralöl- oder Stromsteuern. Würde der Anteil korrekt ausgewiesen, wäre mit einem Schlag erkennbar, dass die tatsächlichen Rentenbeiträge der Arbeitnehmer um weitere 30 Prozent über den angegebenen Werten liegen.

Der dritte Trick ist die Riester-Rente. Damit die Arbeitnehmer ihren gewohnten Lebensstandard im Alter halten können, sollen sie rund vier Prozent ihres Bruttolohns in eine private Altersvorsorge einzahlen. Auch dieser Posten müsste bei korrekter Kalkulation den Arbeitnehmerbeiträgen zugeschlagen werden. Inklusive der staatlichen Förderung fallen sie somit vielfach um weitere zehn Prozent höher aus.

Unter dem Strich beträgt der vollständige Rentenbeitrag eines Durchschnittsverdieners somit knapp 700 Euro, fast das Dreifache des offiziell ausgewiesenen Wertes. Würde ein privates Unternehmen den Preis seines Produkts ähnlich verschleiern wie die gesetzliche Rentenversicherung, so hätte es umgehend sämtliche Verbraucherverbände der Republik auf dem Hals.

In der Politik aber gibt es keine Verbraucheranwälte. Und so haben die wechselnden Regierungen der Republik ihr Täuschungswerk nach und nach auf alle Zweige der Sozialversicherung ausgedehnt. Die Rente ist ihr unumstrittenes Meisterwerk, aber auch in der Pflege-, Kranken- oder Unfallversicherung haben die Politiker inzwischen ansehnliche Lügengebäude errichtet. Das Ziel ist stets das Gleiche: Die Arbeitnehmer sollen nicht merken, wie sehr sie belastet sind.

So wird der Beitragssatz zur Pflegeversicherung in allen Broschüren, Regierungspapieren und Versicherteninformationen mit 1,7 Prozent ausgewiesen. Richtig gerechnet ist er deutlich höher; denn um die Arbeitgeber zu entlasten, müssen die Beschäftigten in den meisten Bundesländern einen Tag länger arbeiten. Der Buß- und Bettag wurde als Feiertag gestrichen.

In der Krankenversicherung haben die Sozialpolitiker von Union und SPD ein besonders dreistes Täuschungsmanöver vorgeführt. Laut offizieller Statistik des Gesundheitsministeriums ist der Krankenkassenbeitrag im Jahr 2005 durchschnittlich von 14,2 Prozent auf 13,7 Prozent gesunken, angeblich ein Erfolg der gemeinsamen Gesundheitsreform. Was das Ministerium verschweigt: Im Gegenzug wurde ein sogenannter Zusatzbeitrag von 0,9 Prozent des Bruttolohns eingeführt, der die Arbeitnehmerlasten entsprechend nach oben treibt. Statt bei 13,9 Prozent, wie offiziell ausgewiesen, liegt der durchschnittliche Kassenbeitrag heute tatsächlich bei 14,8 Prozent.

Glatt unterschlagen wird in den meisten Bilanzen der Beitrag zur Unfallversicherung, derzeit im Schnitt rund 1,3 Prozent der Bruttolöhne. Ihn zahlen nur die Arbeitgeber, und so wird er in den Belastungsrechnungen für die Arbeitnehmer einfach weggelassen. Tatsächlich aber zählt er genauso zu den Lohnkosten wie der Rentenbeitrag der Arbeitgeber – und müsste entsprechend verbucht werden. Alles in allem liegt der vollständige Beitrag der Arbeitnehmer zu den Sozialkassen, die Steuern nicht mitgerechnet, somit bei knapp 43 Prozent des Bruttolohns. Offiziell ausgewiesen werden dagegen knapp 20 Prozent.

Das Versteckspiel um die Sozialabgaben ist nur der Auftakt für ein viel weitergehendes Täuschungsmanöver: Viele Milliarden an Beitragsgeldern werden Jahr für Jahr in den Sozialkassen korrekt verbucht – dort aber dienen sie ganz anderen Zwecken als jenen, für die sie eigentlich gedacht sind.

Der Beitrags-Klau

Nichts ist angesehener unter Renten- oder Gesundheitspolitikern, als eine neue Sozialleistung zu begründen. Wem es gelingt, dem Volk oder Teilen desselben eine zusätzliche staatliche Wohltat zu verschaffen, sichert sich in aller Regel freundliche Schlagzeilen, die Sympathie der Begünstigten und den Respekt der eigenen Partei. Mitunter verschafft es dem Erfinder ein Stück Unsterblichkeit, wie dem ehemaligen Arbeitsminister Walter Riester, der die gleichnamige Privatrente erschuf. Manchmal hilft es auch, einen politischen Flop zu überdecken.

So war es beispielsweise, als die Große Koalition ihre jüngste Gesundheitsreform verabschiedete. Das Werk galt selbst in den eigenen Reihen als weitgehend verkorkst: Steigende Beiträge und ein neues Bürokratenmonster namens Gesundheitsfonds – damit war weder das eigene Parteivolk noch das Publikum zu überzeugen.

Umso glücklicher waren Sozial- wie Christdemokraten, dass sich in dem viele 100 Seiten starken Gesetzespaket auch Paragrafen fanden, die ein wenig soziale Wärme abstrahlten. Zwischen schwer verdaulichem Reformchinesisch aus kassenindividuellen Zusatzbeiträgen und morbiditätsorientiertem Risikostrukturausgleich versteckten sich Passagen, in denen in schlichtem Deutsch eine neue Versicherungsleistung geboren wurde – noch dazu für eine Bevölkerungsgruppe, die sich seit jeher dem größten Ansehen und Zuspruch im Lande sicher sein kann: den Müttern.

Wenn sich Erziehende künftig gestresst, erschöpft oder ausgebrannt fühlen, muss ihnen ihre Krankenkasse auf Antrag eine sogenannte Mutter-Kind-Kur bewilligen. So bestimmen es die entsprechenden Paragrafen. Gemeinsam mit ihren Kleinen dürfen abgespannte Eltern dann drei Wochen lang in einer idyllischen Reha-Klinik an der Ostsee oder im Mittelgebirge »frei von Verpflichtungen Abstand vom Alltag gewinnen« und sich wieder »selbst als Hauptperson entdecken«, wie es in den Broschüren der einschlägigen Anbieter heißt.

Hatten die Koalitionäre für ihre Gesundheitsreform vornehmlich Hohn und Spott geerntet, gab es für die neue Mütterleistung einhelliges Lob: Kurkliniken, Familienverbände und Frauenorganisationen zeigten sich erfreut; das Müttergenesungswerk bedankte sich für die »deutliche Verbesserung«, und die zuständigen Fachkräfte der Großen Koalition sahen einen willkommenen Anlass, endlich einmal wieder richtig stolz auf sich zu sein. Es sei »sehr wichtig, dass sich erschöpfte Mütter erholen können«, befand Gesundheitsministerin Ulla Schmidt. Von einem »gesundheitspolitischen und gesellschaftspolitischen Signal« sprach der zuständige Unions-Verhandlungsführer Wolfgang Zöller.

Und wer zahlt dafür? Die Große Koalition bittet mit ihrem großherzigen Mütterprogramm einmal mehr ausschließlich die Arbeitnehmer zur Kasse. Nichts gegen Urlaub für Erziehende. Es mag sinnvoll, ja sogar ein Gebot der Gerechtigkeit sein, Mütter regelmäßig in Kur zu schicken. Aber es ist keine Aufgabe der gesetzlichen Krankenversicherung. Wären die Eltern nämlich krank, müssten sie medizinisch behandelt werden – und dafür würde ohnehin die Kasse aufkommen.

Es geht also nicht um Medizin und Krankenschutz. Es geht darum, Müttern Anspruch auf Erholungsurlaub zu verschaffen. Es geht um Familienpolitik. Die aber ist nach herrschender Auffassung Sache der Allgemeinheit, nicht der Krankenkasse. Denn warum sollten nur Kassen-Eltern erholungsbedürftig sein, nicht aber privat Versicherte, deren Policen heute zumeist keinen Kuranspruch enthalten? Warum sollten Mütterurlaube nur von den Arbeitnehmern bezahlt werden und nicht von allen Steuerzahlern, wie es sich gehört für staatliche Aufgaben aller Art?

Stattdessen drückt die Regierung den gesetzlich Krankenversicherten einseitig einen neuen Kostenblock auf. Jahr für Jahr, so schätzen Experten, werden die Mütterkuren die Beitragszahler mit rund 300 Millionen Euro zusätzlich belasten.

Nach diesem Muster läuft es seit Jahrzehnten in der deutschen Sozialpolitik. Wann immer es ihnen gelegen kam, haben die Bonner und Berliner Regierungen allgemeine Staatsaufgaben auf die Sozialkassen abgewälzt. So routiniert erfolgt inzwischen der Zugriff, dass der eigentliche Zweck der Versicherungen oft kaum noch zu erkennen ist.

Dabei scheint es doch so einfach: Die Rente soll im Alter den Lebensstandard sichern, die Krankenversicherung die Kosten medizinischer Leistungen begleichen, die Arbeitslosenversicherung Jobverluste abfedern.

Tatsächlich aber haben die Regierungen den Sozialkassen in den vergangenen Jahrzehnten einen derart umfangreichen Katalog allgemeiner Leistungen aufgenötigt, dass selbst Experten den Überblick verloren haben. Die Alterskasse wird für finanz-, außen- und sicherheitspolitische Zwecke in Dienst gestellt, in der Arbeitslosenversicherung geht es um Wirtschafts-, Regional- und Bildungspolitik, die Krankenversicherung wurde zum Tummelfeld der Familien- und Industriepolitiker.

Im Gefolge entarteten die Sozialversicherungen zu einer Art Reservekasse für den Bundeshaushalt. Die Beitragsgelder wurden für Zwecke eingesetzt, für die sie nicht gedacht waren. Sie flossen an Empfänger, die niemals eingezahlt hatten. Sie stützten staatliche Etats, mit denen sie nichts zu tun hatten.

Wer beispielsweise seinen Obolus an die Nürnberger Bundesagentur für Arbeit entrichtet, finanziert keineswegs nur das Stempelgeld für seine arbeitslosen Kollegen. Er bezahlt auch die Hauptschulabschlüsse lernbehinderter Jugendlicher, die Deutschkurse für Ausländer sowie die Berufskleidung von Auszubildenden. Er alimentiert Hunderttausende von ABM-Kräften in städtischen Bibliotheken, Betriebshöfen und Pflegeheimen. Er bezahlt den Bau städtischer Straßen in Ostdeutschland, die Berufsberatung in Schulen und die Arbeitsvermittlung von Behinderten. Er beteiligt sich daran, ältere Arbeitnehmer erst per Vorruhestand aus den Betrieben herauszulotsen und sie anschließend mit speziellen Lohnkostenzuschüssen wieder hineinzubringen. Er kommt für den Kinderzuschlag an Arbeitslose auf und die Strafgelder, die Deutschlands Arbeitsagenturen für jeden nicht vermittelten Hartz-IV-Empfänger an den Bund abführen müssen.

Kaum besser ist es bei der Rente. Mit ihrem Beitrag subventionieren die Arbeitnehmer die Berufsausbildung, den Wehrdienst und die Flüchtlingspolitik. Fast sechs Milliarden Euro fließen an sogenannte Fremdrentner, die Teile ihres Berufslebens im Ausland verbracht haben. Rund 14 Milliarden Euro kostet die Frühverrentung. Knapp sieben Milliarden Euro werden für Witwen und Waisen ausgegeben. Knapp 18 Milliarden Euro gehen für Erziehungsleistungen drauf. Gut vier Milliarden Euro verschlingen sogenannte Kriegsfolgelasten. Gut neun Milliarden Euro sind für die deutsche Einheit fällig.

In der Krankenversicherung schließlich ist es vor allem ein Ziel, für das die Beitragsgelder abgezweigt werden: die Familienförderung – auch wenn die handelnden Politiker darunter etwas völlig anderes zu verstehen scheinen: Mal unterstützt der Staat das Kinderkriegen, zum Beispiel mit dem Mutterschaftsgeld. Mal fördert er mit der Kostenerstattung für Empfängnisverhütung und Schwangerschaftsabbrüche das genaue Gegenteil.

Welch gigantisches Ausmaß der staatliche Raubzug durch

die Sozialkassen inzwischen angenommen hat, zeigt eine Analyse des Sachverständigenrats. Danach beläuft sich das Volumen versicherungsfremder Leistungen in der Renten-, Kranken-, Arbeitslosen- und Pflegeversicherung alles in allem auf das unvorstellbare Volumen von 130 Milliarden Euro – mehr als das Vierfache des Bundeswehretats.

Würde eine Privatversicherung das Geld ihrer Kunden derart ungeniert veruntreuen wie die Sozialkassen, sie wäre ein Fall für den Staatsanwalt. In der politischen Realität der Berliner Republik dagegen verfolgt niemand die Sünder, schon gar nicht die Justiz. Im Gegenteil: Die Karlsruher Verfassungsrichter haben dem Gesetzgeber einen weiten Spielraum eingeräumt, den Inhalt der Sozialversicherungen nach eigenen Kriterien festzulegen. Wer den Argumenten der Karlsruher Richter folgt, müsste es wohl auch unbeanstandet lassen, wenn die Versicherungen ihre Kundengelder einfach verbrennen würden.

Dabei gibt es keine ungerechtere Methode, Staatsaufgaben zu finanzieren, als sie den Beitragszahlern aufzudrücken. Werden die Leistungen nämlich mit Hilfe von Einkommens- oder Verbrauchsabgaben beglichen, nimmt der Staat alle Steuerzahler gleichmäßig gemäß ihrer Verdienste oder ihres Konsums in Anspruch.

Eine Finanzierung über die Sozialversicherungen ist dagegen gleich doppelt unfair: Zum einen verschont sie Selbstständige, Beamte und Freiberufler, die nicht in die Kassen einzahlen. Zum anderen nimmt sie die Arbeitnehmer nur mit denjenigen Gehaltsbestandteilen in Anspruch, die unterhalb der sogenannten Beitragsbemessungsgrenze von 5250 Euro in der Renten- und 3560 Euro in der Krankenversicherung liegt. Wer also 3000 Euro im Monat verdient, finanziert die Gesundheitsleistung mit dem vollen Abgabesatz von 14,8 Prozent. Ein Gutverdiener dagegen, der ein dreimal so hohes Einkommen hat, ist lediglich mit 5,9 Prozent dabei. Mit anderen Worten: Je mehr der Staat allgemeine Aufgaben den Sozialkassen überantwortet, desto stärker belastet er Gering- und begünstigt Gutverdiener. Jede neue Fremdleistung löst eine neue Umverteilung von unten nach oben aus.

Das wissen auch die Sozialpolitiker. Und so hat sich unter den Renten- und Gesundheitsexperten des Parlaments ein beispielloser Doppelsprech eingebürgert. In öffentlichen Festvorträgen und Grundsatzreferaten beklagen die Parlamentarier wortreich die vielen versicherungsfremden Leistungen. Hinter den verschlossenen Türen ihrer Ausschusssäle und Sitzungszimmer produzieren sie fleißig neue.

Das Verlangen nach staatlichen Leistungen ist schließlich tendenziell unbegrenzt. Fast immer gibt es irgendwo ein soziales Problem, das noch nicht gelöst, einen Bevölkerungsteil, der nicht ausreichend bedacht, und einen Wirtschaftszweig, der nicht genug ausgelastet ist. In Ostdeutschland sind viele Bauarbeiter arbeitslos? Eine neue Arbeitsbeschaffungsmaßnahme für kommunalen Straßenbau muss her. Dachdecker können nicht bis 67 in schwindelnder Höhe arbeiten? Eine Ausnahme im Rentenrecht wird geschaffen. In den Kurzentren der Republik stehen die Betten leer? Ein neues Programm zur Förderung von Rehabilitation und Prävention ist fällig. So beginnt meist die erste Phase im Beitrags-Klau.

Ist der Wunsch nach einer neuen Wohltat formuliert, beginnt Stufe zwei: Sozial- und Finanzpolitiker ringen darum, ob das Programm aus dem Staatshaushalt oder einer der Sozialkassen finanziert werden soll. Ein ungleicher Kampf setzt ein, bei dem die Haushälter in Regierung und Parlament regelmäßig alle Trümpfe in der Hand halten. Ihre Kasse ist auf vielfältige Weise vor unerwünschten Zugriffen geschützt, die Schatullen der Renten- oder Krankenversicherung dagegen sind weit geöffnet. Wenn der Bundeshaushalt der Tresorraum einer Schweizer Bank ist, dann ist die Sozialversicherung die Haushaltskasse einer Wohngemeinschaft, aus der sich jedes Mitglied nach Belieben bedienen kann.

Die Unterschiede beginnen schon beim Wachpersonal. So steht der Staatsetat unter der Obhut des Finanzministers und der Haushaltspolitiker des Bundestags, für die nichts so wichtig ist wie solide Staatsfinanzen, vor allem dann, wenn es gegen die meist wenig geschätzten Kollegen aus der Sozialabteilung des Parlaments geht. Bei der Sozialversicherung dagegen sind die Sozialpolitiker in Parlament und Regierung zuständig. Die aber sind mindestens so sehr an neuen wohlfahrtsstaatlichen Leistungen interessiert wie an ausgeglichenen Finanzen.

Nicht weniger unterschiedlich sind die gesetzlichen Sicherheitsvorschriften. Um den Ausgabendrang der Politiker zu zügeln, wird der Bundeshaushalt von Finanzierungsregeln wie den sogenannten Maastricht-Kriterien oder der Verschuldensregel des Grundgesetzes geschützt. Zudem lassen sich die meisten Steuer- oder Finanzgesetze nur ändern, wenn im Bundesrat die Länder zustimmen. Werden die Ausgaben dagegen der Sozialversicherung aufgedrückt, reicht meist eine Mehrheit im Bundestag.

Vor allem aber wirkt sich aus, dass die Entscheidung zwischen Staats- und Sozialkasse einen politisch höchst unterschiedlichen Preis erfordert. Wird der Bundesetat belastet, müssen am Ende die Steuern erhöht werden. Das ist nicht nur höchst unpopulär, es ist in aller Regel auch politisch riskant. Schon häufig hat die Entscheidung, den Bürger mit Hilfe der Finanzämter zu schröpfen, den Niedergang einer Regierung eingeleitet.

Die Sozialbeiträge anzuheben lässt sich dem Volk dagegen meist viel besser verkaufen. Zum einen können die Politiker die Verantwortung zumindest teilweise den Aufsichtsgremien von Renten- oder Krankenversicherung zuschieben. Zum anderen gilt eine Beitragsanhebung vielfach als weniger belastend, weil die Arbeitgeber ja angeblich die Hälfte mitbezahlen.

Und so kommt es, dass die Debatte um eine neue Sozialleistung meist nach demselben Muster abläuft. Erst inszenieren Betroffenenverbände, Lobbyisten und die mit ihnen verbundenen Politiker eine Kampagne, warum die Renten- oder Gesundheitsleistungen dringend ausgebaut werden müssen. Dann wird monatelang um die Finanzierung gestritten. Und am Ende landet die Aufgabe fast immer bei einer der Sozialversicherungen – allen Beteuerungen zum Trotz, die Lohnnebenkosten senken zu wollen.

Nach diesem Fahrplan sind in der Nachkriegsgeschichte zahllose Staatsaufgaben den Sozialkassen aufgenötigt und Beitragsgelder in Billionenhöhe zweckentfremdet worden. Manchmal ging es darum, ein Loch im Bundeshaushalt zu stopfen, manchmal um die nächsten Wahlen. Es gab öffentliche Auseinandersetzungen und heimliche Intrigen, dreiste Erpressungsversuche und skrupellosen Lobbyismus. Vor allem aber ging es darum, aufkommenden Widerstand mit allen Mitteln der politischen Kunst zu brechen. Nicht selten wurde der Gegner am Ende mit der Frage in die Ecke getrieben: »Willst du etwa, dass wir an einer Finanzierungsfrage scheitern?«

Ein Musterbeispiel dafür war der Streit um die Fremdrenten osteuropäischer Juden Ende der Neunzigerjahre. Kanzler Helmut Kohl hatte damals der israelischen Regierung großzügige Hilfe für eine vergessene Gruppe von Nazi-Opfern zugesagt. Deutschstämmige Juden aus Lettland oder Rumänien, die vor der Wehrmacht in die USA oder nach Israel geflohen waren, sollten eine staatliche Rente erhalten.

Alle waren einverstanden, nur über die Finanzierung brach erbitterter Streit aus. Kohl sowie seine Minister Norbert Blüm (Arbeit) und Theo Waigel (Finanzen) plädierten dafür, die Zuwendungen aus der Rentenkasse zu bezahlen. Eine Gruppe einflussreicher Unions-Parlamentarier aber sträubte sich. Zu Recht monierten sie, bei den zugesagten Geldern handele es sich um eine allgemeine Staatsaufgabe, die der Finanzminister aus Bundesmitteln zu begleichen habe.

Als sich schließlich der israelische Staatspräsident zum Deutschland-Besuch ansagte, eskalierte der Konflikt. Nun musste eine Lösung her. Und zwar rasch. Die Regierung sorgte dafür, dass der Vorgang öffentlich wurde, und streute, die Proteste der Parlamentarier hätten nicht nur finanzpolitische, sondern möglicherweise auch antisemitische Motive. Zugleich setzten Kohls Abgesandte die Abweichler mit dem Argument unter Druck, ohne rasche Rentenzusage könne sich kein Regierungsmitglied mehr in Israel sehen lassen. »Spart bitte woanders«, verlangte Arbeitsminister Blüm, »aber nicht bei den Juden.«

Unter dem Druck von Öffentlichkeit und Regierung gaben die Widerständler schließlich nach. Das Programm wurde rechtzeitig vor der Präsidentenvisite in der Unionsfraktion verabschiedet – und der Alterskasse eine erneute Last in Milliardenhöhe aufgebürdet. Es habe sich »die Einsicht durchgesetzt«, so der damalige Unions-Fraktionschef Wolfgang Schäuble, dass »wir nicht ausgerechnet im Fall der Juden eine prinzipielle Finanzierungsdebatte bei der Rentenversicherung anfangen dürfen«.

So lief es immer wieder beim Streit um die Finanzierung des Sozialsystems. Nie war Zeit für eine prinzipielle Debatte. Stets waren die Projekte zu wichtig und die Ziele zu edel, um sie an der vermeintlich zweitrangigen Frage der Finanzordnung scheitern zu lassen. Stets schlossen am Ende Gutmenschen und Haushaltspolitiker ein Bündnis zu Lasten der Beitragszahler, nach der Devise: Schade, dass wir die Arbeitnehmer schon wieder schröpfen müssen, aber es ist ja für einen guten Zweck.

Dabei pflegten die Regierungen umso beruhigter in die Sozialkassen zu greifen, je mächtiger die Komplizen waren, die sie an ihrer Seite wussten. Wurde das Vorhaben von einflussreichen gesellschaftlichen Gruppen gestützt, so lautete die Erkenntnis, ließ es sich auch der Öffentlichkeit leichter verkaufen. Als die Regierungen in den Siebziger- und Achtzigerjahren den Vorruhestand zu Lasten der Rentenkasse einführten, hatten sie die Unterstützung von Arbeitgeberverbänden und Gewerkschaften. Als die Regierung Schröder mit Hilfe der Arbeitslosenkasse neue Infrastrukturprojekte im Osten startete, konnte sie auf die Bauindustrie sowie einflussreiche Regionalpolitiker aus den neuen Ländern zählen.

Auch die Große Koalition war keineswegs allein auf die Idee gekommen, Mutter-Kind-Kuren zu einer neuen Pflichtleistung der Krankenkassen zu erheben. Vielmehr hatte die einschlägige Lobby die Gesetzesinitiative mit einer monatelangen Kampagne vorbereitet. Prominente Fürsprecherinnen wie die Frankfurter Bürgermeisterin Petra Roth oder die Frau des hessischen Ministerpräsidenten, Anke Koch, warben für die »qualitativen Gesundheitsmaßnahmen«, das Müttergenesungswerk organisierte parlamentarische Abende in Berlin, Präsidentengattin Eva Köhler nahm als Schirmherrin persönlich Kanzlerin Angela Merkel und Gesundheitsministerin Ulla Schmidt ins Gebet.

Kein Wunder, dass bei so viel Druck von oben auch an der parlamentarischen Basis niemand so genau wissen wollte, welche Art von Gesundheitsleistung er da abnickte. Im allgemeinen Hochgefühl, eine soziale Großtat vollbracht zu haben, mochte kein Abgeordneter mit der kleinlichen Frage stören, ob Leistungen für gestresste Mütter nicht besser mit Steuern finanziert werden müssten.

Der Vorgang zeigt, wie empfänglich Deutschlands Sozialpolitiker für gutgemachte Lobbyarbeit sind. Ist das Anliegen in der Öffentlichkeit ausreichend populär und verspricht es steigende Umfragewerte, dann ist es den Entscheidungsträgern in Union oder SPD meist ziemlich gleichgültig, ob es mal wieder die Lohneinkommen der Arbeitnehmer schmälert.

Das gilt zumal in Wahljahren. Werden die Bürger an die Urnen gerufen, so wissen alle Sozialexperten, schweben die Finanzen der gesetzlichen Versicherungssysteme in ganz besonderer Gefahr. Zu keiner anderen Zeit sind die Regierungen williger, neue Leistungen auf Kosten von Renten-, Kranken- oder Pflegeversicherung zu beschließen, als in jenen hektischen Monaten, bevor die Bürger ihre Stimme abgeben. Muss noch irgendwo eine Wählergruppe begünstigt werden? Verlangt die Parteiführung nach raschen Finanzspritzen im Osten? Muss die Regierungsbilanz noch irgendwo aufgehübscht werden?

Wird eine der Fragen mit Ja beantwortet, dauert es meist nicht lange, bis die Regierungen ein entsprechendes Programm verabschiedet haben – selbst wenn es ihrer sonstigen Politik komplett widerspricht.

Ende der Neunzigerjahre beispielsweise hatte die Regierung Kohl den Umfang der Arbeitsbeschaffungsmaßnahmen im Osten deutlich zurückgefahren. Zu groß waren die Kosten, zu klein die Erfolge. Doch dann meldeten Kohls Kampagnenplaner im Wahlkampf gegen SPD-Kandidat Gerhard Schröder verheerende Umfrageergebnisse in den neuen Ländern. Eilig leitete die Regierung eine Kehrtwende ein. Binnen Wochen wurden mittels Ministeriums-Verordnung Zehntausende zusätzlicher ABM-Plätze in die Region östlich der Elbe gezaubert.

Das Programm brachte zwar nicht das gewünschte Wahlergebnis, dafür belastete es die Arbeitslosenversicherung mit zusätzlichen Kosten in der Größenordnung von mehreren hundert Millionen Euro. Die neue rot-grüne Regierung hatte anschließend die undankbare Aufgabe, den auf Arbeitnehmerkosten aufgeblähten Zweiten Arbeitsmarkt der Kohl-Ära unter dem Protest der begünstigten ABM-Industrie wieder zurückzufahren.

Nicht immer steht der Ruf nach zusätzlichen Leistungen am Anfang des staatlich organisierten Beitragsraubs. Manchmal läuft es genau umgekehrt: Es ist zu viel Geld in der Kasse, neue Aufgaben müssen her.

Nach diesem Muster lief es beispielsweise, als die Regierung Kohl zu Beginn ihrer Amtszeit das Arbeitslosengeld erhöhte. Zuvor erhielten Jobsuchende maximal zwölf Monate Stütze aus der Nürnberger Kasse. Anschließend gab es Arbeitslosenhilfe, die aus Steuermitteln bezahlt wurde. Und so wäre es wohl geblieben, hätte es Mitte der Achtzigerjahre nicht eine ungewöhnliche Konstellation in den öffentlichen Haushalten gegeben. Im Bundesetat klafften tiefe Löcher, die Nürnberger Arbeitslosenversicherung dagegen wies Überschüsse auf. Naheliegend wäre es gewesen, den Beitrag entsprechend zu senken und den Arbeitnehmern das Geld zurückzuerstatten. Genau das forderten auch viele Regierungsmitglieder wie beispielsweise Wirtschafts-Ressortchef Otto Graf Lambsdorff.

Doch Arbeitsminister Norbert Blüm hatte eine bessere Idee: Er setzte durch, dass ältere Erwerbslose künftig länger Arbeitslosengeld erhalten und entsprechend später zu Beziehern von Arbeitslosenhilfe werden sollten. Das Konzept versprach gleich eine mehrfache politische Rendite: Es klang sozial, war beliebt bei Gewerkschaftern und entlastete den Bundeshaushalt. Die Älteren seien im Schnitt über 16 Mo-

nate arbeitslos, argumentierte Blüm. Da sei es doch ein
Unding, nach zwölf Monaten die Versicherungsleistung zu
stoppen.

Unter dem Beifall der Öffentlichkeit missbrauchte die Regierung Kohl so erneut die Arbeitslosenkasse. 30 Jahre war es
Konsens in Deutschland, dass die Kosten der Langzeit-
arbeitslosigkeit von der gesamten Gesellschaft getragen werden müssen. Blüm bürdete sie nun Stück für Stück den Beitragszahlern auf – und verschärfte damit das Problem, das er
zu lösen vorgab. Die höheren Abgaben verteuerten den Faktor
Arbeit und trieben die Zahl der Joblosen nach oben.

Inzwischen haben die Politiker begriffen, dass es schädlich
ist, die Sozialbeiträge zu erhöhen. Wie ein Mantra wiederholen
sie deshalb heutzutage am Parlamentspult oder vor TV-Kame-
ras das Versprechen, sie wollten die Lohnnebenkosten senken.

Schön wäre es ja. Doch wenn es in den komplizierten
Finanzverhandlungen bei Steuer-, Gesundheits- oder Arbeitsmarktreformen ums Geld geht, geschieht oft genug das
Gegenteil. Das gilt vor allem dann, wenn in den meist entscheidenden Runden im Vermittlungsausschuss neben den
Finanzpolitikern des Bundes auch noch die Haushaltsexper-
ten der Länder mit am Tisch sitzen. Dann liegt es nur allzu
nahe, sich bei den meist hochkomplizierten Finanzverhandlungen zu Lasten der Sozialkassen zu einigen.

Begünstigt werden die Deals, weil ihre finanziellen Folgen
häufig selbst für Experten nur schwer erkennbar sind. Im
Geflecht der föderalen Finanzausgleiche, Mischverwaltungen
und Steuerverbünde genügen oft schon kleinste Korrekturen,
um gewaltige Folgen auszulösen. Häufig muss nur eine Zahl
verändert, ein Halbsatz eingefügt, ein Paragraf gestrichen
werden – und schon fließen Milliardenbeträge aus den gesetzlichen Versicherungen in die Staatskasse ab.

Bei den Verhandlungen über die Hartz-Reform beispielsweise stritten Bund und Länder vor einigen Jahren erbittert um die Kosten für sogenannte erwerbsfähige Sozialhilfebezieher. Zuvor waren die Ausgaben vor allem bei den Kommunen angefallen, künftig sollte der Bund einen größeren Anteil tragen.

Mehrkosten in Milliardenhöhe waren zu erwarten. Also suchte die Bundesregierung nach Wegen, wenigstens einen Teil davon an die Sozialkassen weiterzureichen. Die Berliner Finanzexperten ersannen einen geradezu diabolischen Plan. Unter dem Vorwand, die Schwächsten der Gesellschaft besser medizinisch versorgen zu wollen, zapften sie die Krankenkassen an.

Und so lief der Trick: Bislang hatten viele Sozialhilfebezieher keine gesetzliche Krankenversicherung. Musste ein Fürsorgeempfänger medizinisch behandelt werden, zahlten die Kommunen. Mit der Hartz-Reform übernahm nun der Bund die Kosten. Zugleich erklärte er die Bedürftigen zu Pflichtmitgliedern der gesetzlichen Krankenversicherung – und brüstete sich einer sozialen Großtat. Erstmals, so verkündete die Bundesregierung stolz, gebe es nun einen wirksamen Gesundheitsschutz für den ärmsten Teil der Bevölkerung. Wer wollte da etwas dagegen haben?

In Wahrheit lenkte die Bundesregierung mit ihrem vermeintlichen Gerechtigkeitsakt in beträchtlichem Umfang Krankenkassengelder in den eigenen Haushalt um. Denn der Mindestbeitrag, den der Bund seither für jeden Fürsorgebezieher abführt, reicht bei Weitem nicht aus, die Kosten zu decken. Die Differenz fällt der jeweiligen Krankenversicherung und damit den Beschäftigten zur Last.

Bei näherem Hinsehen entpuppt sich das angebliche Sozialprogramm so als einer der dreistesten Finanztransfers der vergangenen Jahre. Soll es fair zugehen in der Gesellschaft, muss der Lebensunterhalt Bedürftiger von allen Bürgern aus Steuermitteln beglichen werden. So lautet die übereinstimmende Auffassung rechter wie linker Ökonomen. In Deutschland aber tragen seit Hartz IV ausschließlich die Arbeitnehmer einen beträchtlichen Teil der Fürsorgekosten. Rund 1,4 Milliarden Euro, so schätzen Experten, saugt der Bund auf diese Weise Jahr für Jahr aus der gesetzlichen Krankenversicherung ab.

Der Zugriff auf die Sozialkassen erfolgt mittlerweile derart gewohnheitsmäßig, dass sich kaum noch jemand darüber aufregen mag. Die Beschäftigten haben sich damit abgefunden, dass die Regierung ihre Beiträge beinahe nach Belieben einsetzt. Und bei der Regierung ist das Bewusstsein, dass die Mittel der Sozialkassen eigentlich den Versicherten gehören, bis auf einen Restbestand geschwunden.

Folgerichtig betrachten die Finanzpolitiker die Renten- oder Gesundheitsetats mittlerweile als eine Art durchlaufenden Posten, wie sich etwa bei den jüngsten Finanzverschiebungen in der Nürnberger Arbeitslosenkasse zeigte. Der unerwartet kräftige Konjunkturaufschwung hatte der Versicherung in den zurückliegenden Monaten Überschüsse in zweistelliger Millliardenhöhe beschert. Eigentlich hätten Union und SPD den Beitragssatz umgehend in beträchtlicher Größenordnung senken können, so wie sie es in ihrem Koalitionsvertrag versprochen hatten.

Doch die Regierung dachte gar nicht daran, ihre Zusage zu erfüllen. Die Beiträge so weit senken, wie es möglich wäre? Da wäre das schöne Geld ja ihrem Einfluss entzogen worden. Gab es in Parteien und Ministerien nicht genug schöne Ideen, die nur darauf warteten, mit Hilfe der hereinströmenden Versichertengelder endlich umgesetzt zu werden?

Und so startete Schwarz-Rot eine ungewohnt einträchtige Gemeinschaftsoperation zu Lasten der Beitragszahler. Die Haushaltspolitiker ersannen allerlei trickreiche Wege, wie sich die Versichertengelder für den Ausbau von Krippenplätzen, die Wärmedämmung in öffentlichen Gebäuden und die Instandhaltung des ostdeutschen Wasserwegenetzes einsetzen ließen. Die Arbeitsmarktexperten stellten ein umfangreiches Paket teurer Beschäftigungsprogramme für Jugendliche, Ältere und Schwervermittelbare zusammen, von dem die Fachleute aus Wissenschaft und Praxis in öffentlichen Parlamentsanhörungen immerhin zu sagen wussten, dass es wohl »keinen zusätzlichen Schaden« anrichten werde. Und die Nürnberger Agenturzentrale wurde ermuntert, ihre Überschüsse in allerlei fragwürdigen Rücklagen zu verstecken.

Besonders stolz waren Union und SPD darauf, einen neuartigen Alterssicherungsfonds für die agentureigenen Beamten in Höhe von 2,5 Milliarden Euro aufgelegt zu haben. Erstmals, so brüsteten sich die Koalitionspolitiker, werde in einem staatlichen Haushalt ausreichend Vorsorge für die heranrollende Pensionslawine im öffentlichen Dienst getroffen. Was die Etatplaner verschwiegen: Der Fonds sollte sich ausschließlich aus Beitragsgeldern speisen, sodass die Kosten für die Luxusversorgung der Staatsdiener einmal mehr einseitig den Arbeitnehmern angelastet wurden.

Dass die Koalitionspolitiker bei ihrem Rollgriff durch die Nürnberger Kasse ein schlechtes Gewissen geplagt hätte, lässt sich nicht behaupten. Im Gegenteil: Die schwarz-rote Regierung ließ keinerlei Zweifel aufkommen, dass sie fest davon überzeugt war, mit den Überschüssen in Nürnberg anstellen zu können, was sie wollte. Schließlich, so befand Finanzminister Peer Steinbrück, sei die Arbeitslosenkasse Teil des »gesamtstaatlichen Haushalts«. Entsprechend gönnerhaft feierten es die Koalitionspolitiker schon als Ausdruck besonderer Bürgernähe, dass sie den Beitragssatz zur Arbeitslosenversicherung in den zurückliegenden Monaten wenigstens ein wenig gesenkt haben, wenn auch in viel geringerem Umfang, als es möglich gewesen wäre.

Ein unerwarteter Geldsegen oder neue sozialpolitische Forderungen: Es gibt viele Gründe, die Regierungen dazu verleiten, Beitragsgelder zweckwidrig einzusetzen. Oft beginnt es
mit den edelsten Motiven, manchmal mit einem kleinen
Buchungstrick. Mitunter werden die Politiker auch bloß zu
Gefangenen ihrer eigenen Versprechungen. Wer den Bürgern
beispielsweise leichtfertig zusagt, unter keinen Umständen die
Steuern zu erhöhen, hat oft keinen anderen Ausweg, als sich
bei den Sozialversicherten schadlos zu halten. Das Wahlver-
sprechen wird zum Paten des Beitragsraubs.

Nach dieser Logik vollzog sich der mit Abstand teuerste,
folgenreichste und schädlichste Sozialkassenmissbrauch der
Nachkriegsgeschichte: die Finanzierung der deutschen Einheit. Am Anfang standen zwei unhaltbare politische Garan-
tien Helmut Kohls. Am Ende stand ein Raubzug durch die
Sozialversicherungen in dreistelliger Milliardenhöhe.

Im Rausch des Einheitsjahres 1990 hatte der Kanzler den
Deutschen eine doppelte Zusage gegeben. Erstens: Wegen
der Einheit wird es niemandem schlechter gehen. Zweitens:
Die Steuern werden nicht erhöht.

Was folgte, ist bekannt. Nach Währungsunion und Grenz-
öffnung brach die Wirtschaft der ehemaligen DDR zusammen. Tausende Fabriken gingen pleite oder schrumpften auf
einen Bruchteil alter Größe. Millionen wurden arbeitslos.

Um seine Zusagen wenigstens im Ansatz einhalten zu
können, griff Kohl in bislang nie gekanntem Ausmaß auf
die Sozialkassen zurück. Zum einen sollten sie den Lebensstandard der Einheitsverlierer wenigstens ein Stück weit auf
Westniveau hieven. Zum anderen wurde ihnen der Kampf
gegen die Arbeitslosigkeit übertragen. Unter größtmöglicher
Schonung der Steuerzahler stellte Kohl die gesetzlichen Versicherungen so in den Dienst seiner Vereinigungspolitik. Was
im Westen das Wirtschaftswunder geschafft hatte, sollten im

Osten die Sozialkassen erledigen. Der Wohlfahrtsstaat als Ersatzökonomie – so etwas hatte es in der Geschichte noch nicht gegeben.

Als Erstes spannte die Regierung die Alterskasse für ihre Zwecke ein. Quasi über Nacht sollten mit Hilfe der Rentenversicherung die Einkommen ostdeutscher Senioren auf Westniveau und zahlreiche Sonderlasten des Vereinigungsprozesses aus dem Bundeshaushalt gehebelt werden. Die Alterskasse musste die Altlasten der früheren DDR-Rentenversicherung übernehmen, sich an den Einführungskosten für die Beamtenversorgung der neuen Länder beteiligen und eine gigantische Frühverrentungswelle in der maroden Ostindustrie finanzieren.

Dass in der früheren DDR weit mehr Frauen erwerbstätig waren als im Westen, wurde ebenfalls allein den Beitragszahlern angelastet. Im Gefolge stiegen die durchschnittlichen Zahlbeträge der Renten in den neuen Ländern bald deutlich über Westniveau, und ein ununterbrochener Geldstrom flutete aus der Rentenversicherung West in die Rentenversicherung Ost. Allein zwischen 1991 und 1995 belief sich der Umfang der wichtigsten Sozialtransfers in die neuen Länder auf rund 71 Milliarden Euro.

Im zweiten Schritt machte sich die Regierung die Arbeitslosenversicherung zum Werkzeug. Als im Gefolge der Nachwende-Rezession Hunderttausende ihre Jobs verloren, baute die Regierung in den neuen Ländern einen gigantischen Ersatzarbeitsmarkt aus Arbeitsbeschaffungs-, Fortbildungs- und Sanierungsmaßnahmen auf. Hunderttausende Ostbürger wurden in den Vorruhestand geschickt, Hunderttausende von Elektronikern zu Kaufleuten und von Kaufleuten zu Elektronikern umgeschult, Hunderttausende in den skurrilen Behelfsbetrieben der blühenden Arbeitsbeschaffungs-Ökonomie geparkt. Bald war die städtische Beschäftigungsgesellschaft

vielerorts der größte Arbeitgeber der Stadt, in manchen Ost-
ländern überstiegen die ABM-Ausgaben die Investitionssum-
men der freien Wirtschaft, in den neuen Ländern entstand
das dichteste Radwegenetz in ganz Europa.

Bezahlen mussten den aussichtslosen Versuch, reguläre
Jobs durch staatliche Behelfsstellen zu ersetzen, die Arbeitnehmer. Ihre Beiträge zur Nürnberger Erwerbslosenkasse
schnellten nach 1991 um volle 50 Prozent nach oben.

Mit aller Macht mühte sich das Arbeitsministerium,
wenigstens einen Teil der ausufernden Soziallasten an die
Steuerzahler weiterzureichen. Um Beamte, Selbstständige
und Gutverdiener stärker an den Kosten der Einheit zu beteiligen, machten die Experten Vorschläge in Serie. Mal
brachten sie eine Arbeitsmarktabgabe ins Gespräch, mal eine
Sondersteuer für alle Erwerbstätigen, mal die Übernahme der
arbeitsmarktpolitischen Kosten in den Bundeshaushalt. Kommissionen wurden gegründet, Modellrechnungen angestellt
und Gutachten in Auftrag gegeben – alles vergebens. Die
übrigen Ressorts legten sich quer, teils mit durchsichtigen
Motiven. Das Innenministerium wollte die Beamten, das
Wirtschaftsministerium die Selbstständigen und das Finanz-
ministerium seinen Haushalt schützen. Am Ende scheiterten
die Vorschläge überwiegend an verfassungsrechtlichen Bedenken und der Vorgabe des Finanzministers, der »die relativ
geräuschlose und politisch viel leichter durchsetzbare Erhöhung von Sozialversicherungsbeiträgen den notwendig mit
scharfen Spannungen verbundenen Steuererhöhungen vor-
zog«, so der Historiker Gerhard Ritter.

Als Resultat zahlten die Arbeitnehmer einen Großteil der
Einheitskosten praktisch im Alleingang. Was die Regierung
als solidarische Anstrengung der gesamten Gesellschaft ausgab, entwickelte sich in Wahrheit zu einer der größten Um-
verteilungsaktionen in der Geschichte der Republik. Nicht

nur, dass Beamte und Selbstständige weitgehend verschont blieben. Die Abwicklung der DDR-Wirtschaft wurde auch innerhalb der Arbeitnehmerschaft vornehmlich jenen angelastet, die normal oder gering verdienten. Die deutsche Einheit sei in erster Linie von den Arbeitnehmern und überproportional von unteren Einkommensschichten bezahlt worden, räumte selbst das Bundesfinanzministerium in einer Studie ein.

Der Befund ist vor allem peinlich für den ehemaligen Arbeitsminister Norbert Blüm. Kein anderer Politiker verstand sich so als Vertreter der Arbeitnehmerinteressen wie der ehemalige Opel-Arbeiter aus Rüsselsheim, kein anderer wurde von einer treuen Anhängerschaft so bedingungslos als Vater der Pflegeversicherung und Verteidiger der Rente gefeiert. Die Wahrheit ist: Nie sind die Sozialkassen stärker mit allgemeinen Staatsaufgaben beschwert worden als in seiner Amtszeit, nie wurden Arbeitnehmer einseitiger belastet.

Seinen Nachfolgern hat Blüm stets vorgehalten, den Sozialstaat an den Neoliberalismus verkauft zu haben. Die Realität sieht anders aus. Zu kaum einer anderen Zeit ist die Renten- oder Arbeitslosenversicherung stärker sachfremden Interessen ausgeliefert worden als in der Ära Blüm.

Immerhin leitete die Fehlfinanzierung der deutschen Einheit eine kleine Wende ein. Nachdem der Beitragssatz zur Sozialversicherung zeitweise auf über 43 Prozent geklettert und die Arbeitslosenzahl auf über vier Millionen gestiegen war, galt es selbst unter Sozialstaats-Traditionalisten als undenkbar, die Arbeitskosten weiter zu erhöhen.

Stattdessen begannen die Bonner und Berliner Regierungen nun damit, zusätzliches Steuergeld in die Sozialkassen zu pumpen. Der Bundeszuschuss zur Renten- und Arbeitslosenversicherung wurde mehrfach erhöht, eine neue Steuersubvention für die Krankenversicherung eingeführt.

Doch der Effekt blieb begrenzt. Noch immer übertrifft der Umfang versicherungsfremder Leistungen in den Sozialkassen die Steuerzuschüsse bei Weitem. Eine Studie des Sachverständigenrats ergab: Unter dem Strich sind die Sozialkassen weiter im Umfang von 65 bis 70 Milliarden Euro mit allgemeinen Staatsleistungen belastet. Würden die Aufgaben korrekt über Steuern finanziert, so die fünf Weisen, könnten die Sozialbeiträge um fast ein Fünftel niedriger liegen als heute.

Solange es nicht dazu kommt, haben die Arbeitnehmer den Schaden. Sie müssen mitansehen, wie ein großer Teil ihrer Beitragsgelder zweckentfremdet wird. Für versicherungsfremde Aufgaben – und für den Versuch, mit Hilfe der Sozialkassen Wählerstimmen zu angeln.

Die Rente als Wahlkampfwaffe

Die Bundesbürger haben Konrad Adenauer viel zu verdanken. Der erste Bundeskanzler hat das zerstörte Nachkriegsdeutschland zu einem geachteten Partner der westlichen Staatengemeinschaft gemacht. Er hat mit Ludwig Erhards Sozialer Marktwirtschaft das ökonomische Wachstumswunder der Fünfziger- und Sechzigerjahre geschaffen. Er hat gemeinsam mit Frankreichs Staatspräsident Charles de Gaulle die Einigung Europas vorangetrieben.

Eine weitere Erfindung des Staatsmannes aus dem rheinischen Rhöndorf dagegen genießt heute keine ungeteilte Bewunderung mehr. Mit seiner Großen Rentenreform aus dem Jahr 1957 hat Adenauer vorgeführt, wie sich die Alterssicherung als Wahlkampfwaffe missbrauchen lässt.

Was damals als gelungener Coup galt, als Jahrhundertreform im Interesse der Kriegsgeneration, genießt heute eher den Ruf eines gigantischen politischen Irrtums. Er wolle »die

Rentenfrage aus dem politischen Tagesgeschäft befreien«, so erklärte Adenauer vor Verabschiedung des Gesetzes – und lieferte damit wieder einmal ein Beispiel für seine bekannte politische Schlitzohrigkeit. Denn bewirkt hatte er das genaue Gegenteil.

Mit seiner dynamischen Rente koppelte er nicht nur die Altersgelder an die Lohnentwicklung, um die Rentner am wachsenden Wohlstand des Landes zu beteiligen. Er führte vor allem vor, wie sich mit Hilfe der Sozialversicherung Wahlgeschenke verteilen lassen – anscheinend ohne andere Bevölkerungsgruppen zu belasten. Er demonstrierte, wie sich ein langfristig angelegtes Reformkonzept für den kurzfristigen politischen Bedarf ausbeuten lässt. Er zeigte, dass es sich außerordentlich lohnen kann, wirtschaftliche Bedenken hinter sozialpolitischen Zielen zurückzustellen.

So besehen legte Adenauers Reform den Grundstein für die Fehlentwicklungen späterer Jahrzehnte: den unbekümmerten Ausbau des Rentensystems auf Kosten der Beitragszahler, seine politische Instrumentalisierung, das Verdrängen der Demografie, das Hinausschieben notwendiger Reformen. In der Konsequenz geriet Adenauers Projekt, das die abhängig Beschäftigten besserstellen sollte, zum Schadensfall: Kein anderes Sozialsystem stellt heute eine vergleichbare Hypothek für die aktuelle Arbeitnehmergeneration dar wie die gesetzliche Rente. Keine andere Versicherung nimmt jungen Beschäftigten so hohe Beiträge ab und stellt ihnen so geringe Leistungen in Aussicht. Keine andere erscheint als derart schlechtes Geschäft.

Dabei waren die Probleme, die Adenauer mit seiner Reform zu lösen versuchte, gewichtig genug. Der Wirtschaftsaufschwung nach dem Krieg hatte zwar die Löhne steigen lassen, kaum aber die Alterseinkünfte. Die Rücklagen der Rentenversicherung waren im Krieg weitgehend verloren gegangen. Das durchschnittliche Ruhegeld belief sich 1955 auf ganze 90 Mark, der Bundeszuschuss zur Rente betrug 40 Prozent.

So konnte es nicht bleiben, befand Adenauer. Um in den anstehenden Wahlen die SPD ausstechen und Westdeutschland in der Konkurrenz mit dem kommunistischen Osten attraktiv halten zu können, mussten die Renten dringend erhöht werden, und zwar nicht in kleinen Schritten, wie es in den vergangenen Jahren immer mal wieder geschehen war, sondern wuchtig, sichtbar und dauerhaft.

Monatelang hatten die Mitglieder seines Kabinetts Pläne ausgearbeitet, Kommissionen eingesetzt, Gutachten eingeholt. Doch ein tragfähiges Konzept war nicht entstanden. Vor allem Arbeitsminister Anton Storch erwies sich als Totalausfall.

Die Lösung lieferte Adenauer schließlich ein Plan des Bonner Ökonomen Wilfrid Schreiber. Sein Konzept sah nichts weniger vor als einen radikalen Bruch mit den traditionellen Prinzipien der Altersvorsorge. Bislang waren Rentensysteme aufgebaut wie ein privater Sparvertrag. Was der Einzelne an Beitrag zahlte, wurde auf individuellen Konten angesammelt und im Alter samt Zins und Zinseszins ausgezahlt.

Der Schreiber-Plan dagegen verzichtete auf das lästige Ansparen. Was die Beitragszahler abführten, sollte die gesetzliche Alterskasse ohne Umwege und Zeitverzug an die Rentner weiterleiten.

Trotzdem sollte den Arbeitnehmern die Illusion vermittelt werden, ihr Geld sei sicher angelegt. Und so ahmte der Plan trickreich die Gestaltungsmerkmale privater Sparverträge nach – Einzahlungen und Auszahlungen wurden mehrfach miteinander verkoppelt. So bemaß sich der Leistungsanspruch der Rentner zum einen an der Höhe ihrer eingezahlten Beiträge: Wer lange gearbeitet, viel verdient und hohe Beiträge abgeführt hatte, erhielt ein entsprechend höheres Altersgeld. Zum anderen sollten die Renten regelmäßig im selben Ausmaß angepasst werden wie die Löhne der Beschäftigten. So wollte Schreiber sicherstellen, dass die Senioren dauerhaft am Wachstum des allgemeinen Lebensstandards beteiligt wurden.

Adenauer wusste sofort, dass der Schreiber-Plan genau jener »neue Weg in der Sozialpolitik« war, den er den Deutschen in den vergangenen Jahren immer wieder angekündigt, aber bislang nicht geliefert hatte. Die sogenannte dynamische Rente ließ sich den Deutschen aufs Trefflichste als konsequente Weiterentwicklung des Bismarck'schen Sozialstaats verkaufen. Sie enthielt genug Leistungselemente, um sie von angeblich sozialistischen Konzepten einer steuerfinanzierten Volksrente für alle abzugrenzen. Und vor allem: Sie schaufelte umgehend beträchtliche Finanzmittel frei, mit denen die sechs Millionen Rentner der Republik reich beschenkt werden konnten. Kein Zweifel, sie war der ersehnte Wahlkampfschlager.

Anfängliche Bedenken, der Plan werde alle Risiken auf die heutigen und künftigen Beitragszahler abwälzen, wurden schnell beiseite geräumt. »Was ist, wenn's schief geht?«, wollte Adenauer wissen, als er die Reform konzipierte. »Dann sind Sie nicht mehr Bundeskanzler«, antworteten seine Berater.

Das war ein Argument, dessen Logik sich auch der Kanzler nicht verschließen konnte. Und so kämpfte Adenauer vehement wie lange nicht für die Durchsetzung seines Rentenkonzepts.

Als Erstes wurden die Bedenkenträger in den eigenen Reihen zum Schweigen gebracht. Finanzminister Fritz Schäffer etwa fürchtete, die dynamische Rente werde schon bald den Bundesetat sprengen. Und auch der populäre Wirtschaftsminister Ludwig Erhard erhob jede Menge Vorbehalte: Mal sorgte er sich, die Kopplung von Löhnen und Renten werde die Inflation anheizen. Mal warnte er, ein grenzenloser Ausbau der Sozialversicherung mache am Ende alle Bürger zu »sozialen Untertanen«.

Doch Adenauer mochte keine ordnungspolitischen Bedenken hören, er hatte Wichtigeres im Sinn. Ein Jahr vor den entscheidenden Bundestagswahlen sei die Rentenreform »von der allergrößten propagandistischen Bedeutung«, dekretierte er im CDU-Parteivorstand – und verwies auf Meinungsumfragen, nach denen vielen Bürgern die Rentenpolitik wichtiger war als beispielsweise die Frage des Aufbaus der Bundeswehr.

Im zweiten Schritt machte sich der Kanzler daran, den Plan für seine Wahlkampfzwecke gängiger zu machen. Renten-Architekt Schreiber nämlich wusste wie kein anderer um die Gefahren seines Vorschlags und hatte seine Blaupause deshalb mit jeder Menge Sicherungsvorrichtungen im Interesse der Beitragszahler versehen.

Um die Finanzbasis zu verbreitern, wollte er in die neue Rente nicht nur Arbeiter und Angestellte, sondern auch Freiberufler und Selbstständige einbeziehen. Schließlich könne »niemand wissen, wie sich das Verhältnis zwischen Arbeitnehmern und Selbstständigen in Zukunft verändern« werde, befand der Ökonom. Aus diesem Grund müssten »Veränderungen in der Struktur der Wirtschaftsgesellschaft durch Integration ausgeschaltet« werden.

Damit das System jede Arbeitnehmergeneration gleich belaste, sollte zudem der Beitragssatz dauerhaft festgeschrieben werden. »Die Entscheidung muss ein für alle Mal getroffen werden«, befand der Kanzlerberater. Sonst sei »das Prinzip der Gleichheit von Leistung und Gegenleistung« zwischen den »verschiedenen Lebensaltern« gefährdet.

Weiter forderte Schreiber, das Rentenniveau auf 50 Prozent des Bruttolohns zu deckeln. »Es wäre schlechte Sozialpolitik, wenn die Zwangsbeiträge zur sozialen Sicherheit so hoch bemessen würden, dass die zu erwartende Altersrente jede persönliche Eigentumsvorsorge überflüssig erscheinen lässt«, mahnte Schreiber. Privates Sparen und gesetzliche Rente müssten »als gleichrangige Möglichkeiten nebeneinander stehen«.

Vor allem aber wollte der Ökonom das System als echten Generationenvertrag ausgestalten. Dem Geldtransfer an die Rentner müsse unbedingt ein finanzieller Ausgleich für die Familien folgen, forderte er. Andernfalls benachteilige das System ausgerechnet diejenigen, die seine Existenz sicherten. »Wer kinderlos ins Rentenalter geht und, mit dem Pathos des Selbstgerechten, für gleiche Beitragsleistungen gleiche Rente verlangt, zehrt im Grund parasitär an der Mehrleistung der Kinderreichen«, mahnte Schreiber. Deshalb müsse das System neben der Altersrente zwingend eine Jugendrente vorsehen: als Ausgleich für jene Zeiten, in denen sich Eltern um den Nachwuchs kümmerten und dem Berufsleben fernbleiben müssten. Sonst werde Erziehung zum Verlustgeschäft.

Adenauer aber schlug die Warnungen in den Wind. Mit dem berühmten Ausspruch »Kinder bekommen die Leute sowieso« lehnte er die vorgesehene Jugendrente genauso ab wie die übrigen Sicherungen des Schreiber-Plans. »Die kommende Bundestagswahl ist verloren, wenn man das Problem der Rentenreform nicht rechtzeitig und großzügig löst«, beschwor Adenauer sein Kabinett.

Und so setzte die Regierung das Rentenniveau auf 60 Prozent fest – in den Augen der Reformer ein Zeichen für besondere finanzielle Solidität. Schließlich hatten die Sozialdemokraten gerade 70 Prozent gefordert.

Was folgte, war eine Rentenerhöhung um mehr als die Hälfte und einer der größten politischen Triumphe der Nachkriegszeit. Bei den Bundestagswahlen 1957 errang die CDU mit 50,2 Prozent der Stimmen das erste und bislang einzige

Mal in der Geschichte eine absolute Mehrheit, und das Meinungsforschungsinstitut Allensbach fasste in einem schlichten Satz zusammen, was Adenauer die Stimmen der Deutschen vor allem anderen zugetrieben hatte: »Bisher ist kein Beispiel dafür bekannt, dass irgendein Gesetz, eine Institution oder sogar Verfassung und Symbole des Staates auch nur annähernd so positive Resonanz gehabt haben wie die Rentenreform.«

Wer im neuen System gewinnen und wer verlieren würde, war damals schon absehbar. Um das Wahlpräsent für die Senioren zu finanzieren, wurden die Beiträge von elf auf 14 Prozent heraufgesetzt. Zugleich wurden die Renten berechnet, als hätten die Alten während ihres Erwerbslebens ebenfalls 14 Prozent Beiträge bezahlt. Tatsächlich lagen die Sätze vor 1957 jedoch meist bei lediglich fünf oder sechs Prozent. Die Differenz veredelte den Wert der eingezahlten Gelder um über 200 Prozent – und sicherte den damaligen Senioren einen Extragewinn, wie ihn keine andere Rentnergeneration je wieder erreichen sollte.

Die Reform stärke »die Solidarität der im Erwerbsleben Stehenden mit den durch Alter oder Arbeitsunfähigkeit bereits Ausgeschiedenen«, jubelte die Unionsfraktion. Tatsächlich hatte Adenauer den Volksparteien mit einem Schlag vor Augen geführt, wie hervorragend sich die staatliche Rentenversicherung zur politischen Manipulation eignete: Den Senioren, aber auch anderen Wählergruppen konnten gezielt beträchtliche Einkommenszuwächse verschafft werden. Die Kosten dagegen fielen oft erst in der Zukunft an, verteilten sich auf die breite Masse der Arbeitnehmer und wurden optisch noch dadurch verkleinert, dass sie angeblich zur Hälfte von den Unternehmern beglichen wurden. Ein System war geboren, in dem fast alle Schecks auf die Zukunft ausgestellt wurden und die Regierenden ihre Politik im schönen

Bewusstsein betreiben konnten, für die Auswirkungen ihrer Beschlüsse in aller Regel nicht mehr verantwortlich zu sein.

Ein bizarrer Wettlauf begann, in dem sich SPD und Union gegenseitig darin überboten, neue Wohltaten für Rentner zu fordern. Nach dem Motto »wer bietet mehr« wurden die Kriegsopferrenten angepasst, die Altersgelder für Auslandsdeutsche erhöht, die Leistungen für Bergleute verbessert. Die Quittung ging, mit jahrelanger Verzögerung, an die Arbeitnehmer. 1970 wurde der Rentenbeitrag bereits auf 17 Prozent angehoben.

Skeptiker wie der einstige Finanzminister Franz Josef Strauß mahnten zwar, der ständige Ausbau des staatlichen Rentensystems sei angesichts des wachsenden Wohlstands der Bevölkerung kaum zu rechtfertigen. Weil die Masseneinkommen stiegen, so Strauß, müsse es gelingen, »die Umverteilungsprozesse in unserem sozialen Sicherungssystem zurückzudrängen« und stärker »das im Markt erzielte Leistungseinkommen zur Grundlage der Sicherung des Einzelnen zu machen«.

Doch im Wirtschaftsboom der frühen Siebzigerjahre mochte solche Warnungen niemand hören. Im Gegenteil – die Volksparteien entdeckten nun eine neue, noch ergiebigere Finanzierungsquelle: sie verteilten Beitragseinnahmen, die es noch gar nicht gab.

Mitte 1971 verkündete der damalige SPD-Arbeitsminister Walter Arendt, jüngste Prognosen wiesen in der Rentenkasse kurzfristig Überschüsse von bis zu 50 Milliarden Euro aus. Bis zur Mitte der Achtzigerjahre werde das Plus sogar auf über 70 Milliarden Euro angewachsen sein.

Das Geld existierte zwar nicht wirklich, sondern nur in den fiktiven Vorausberechnungen des Bonner Sozialministeriums. Doch das hielt die Parteien nicht davon ab, konkrete Pläne zu schmieden, was mit dem vermeintlichen Milliardensegen zu geschehen habe.

Auf die Idee, die Mehreinnahmen für schlechte Zeiten zurückzulegen oder sie gar in Form niedrigerer Beitragssätze den Arbeitnehmern zu erstatten, kam niemand. Je deutlicher sich abzeichnete, dass die sozialliberale Regierung unter Willy Brandt im Streit um die Ostverträge ihre parlamentarische Mehrheit verlieren könnte, desto stärker bereiteten sich die Parteien auf einen möglichen Wahlkampf vor. Und nach dem erfolgreichen Beispiel Konrad Adenauers bedeutete das: Sie planten Wohltaten für Rentner.

Die Union forderte, die Altersgelder der rund zehn Millionen Ruheständler außerplanmäßig zu erhöhen. Die sozialliberale Regierungskoalition konterte mit einem Reformpaket, das bessere Leistungen für Kleinrentner, Hausfrauen und Selbstständige vorsah. Keines der beiden Lager hatte im Bundestag eine Mehrheit; und um beide Programme gleichzeitig umzusetzen, fehlte das Geld. Also mussten sich Union und SPD auf einen Kompromiss einigen, wollten sie mit ihren Wohltaten noch rechtzeitig vor die Wähler treten.

Monatelang wurde gefeilscht, gepokert und verhandelt. Im Bundestag jagten sich Anträge und Gegenanträge der Parteien in einem solchen Tempo, dass selbst die Fachpolitiker nicht mehr durchblickten, welcher gerade verhandelt wurde.

Dann sorgte das Bundesarbeitsministerium für eine verblüffende Lösung: Seine Beamten hatten noch einmal nachgerechnet und dabei festgestellt, dass sich die Wirtschaft, welche Überraschung, voraussichtlich noch günstiger entwickeln werde als bislang gedacht. Die neue Prognose spülte weitere 25 Milliarden Euro in die Rentenkasse, zufälligerweise gerade genug, dass die Parteien nun den Großteil der Maßnahmen aus beiden Programmen umsetzen konnten.

Am selben Tag, als die Union ihr Misstrauensvotum gegen Willy Brandt einbrachte, verabschiedete der Bundestag Rentensteigerungen im Umfang von fast 90 Milliarden Euro. Die regulären Altersgelder wurden außerplanmäßig um zehn Prozent erhöht, niedrige Renten wurden aufgestockt sowie eine flexible Altersgrenze eingeführt, Hausfrauen und Selbstständige durften sich kostengünstig in der gesetzlichen Alterskasse nachversichern.

Alle jubelten – nur einer mochte nicht mitmachen. Wirtschaftsminister Karl Schiller, der das Ganze für ökonomischen Wahnsinn hielt, blieb der Abstimmung demonstrativ fern.

Am Ende stimmte der Bundestag dem Gesetz einstimmig zu. Im anschließenden Wahlkampf ging es dann nur noch um die Frage, wer sich das gigantische Ausgabenpaket an die Brust heften durfte. Sprachen die einen von der »konsequenten Fortentwicklung der fortschrittlichen Rentenpolitik der Union«, redeten die anderen von einer »weiteren großen Reform der sozialliberalen Koalition«. Einig aber waren sich die Politiker, eine soziale Großtat vollbracht zu haben.

Tatsächlich handelte es sich um eines der teuersten Wahlgeschenke in der Geschichte der Republik – ausgeteilt zu Lasten der Arbeitnehmer und mit höchst fragwürdigen sozialpolitischen Folgen. Die Möglichkeit beispielsweise, mit 63 Jahren ohne finanzielle Abstriche in Rente zu gehen, nutzten weit mehr Deutsche als vorausgesagt. Statt 60 Prozent eines Jahrgangs, wie von den Parlamentariern geschätzt, gingen bald nahezu 100 Prozent aller Berechtigten vorzeitig in Rente. Wer bis 65 weiterschaffte, galt entweder als dumm oder arbeitswütig. Was die große Koalition der Rentenreformer als neuen Generationenvertrag feierte, war wahrscheinlich ein weit nachhaltigerer Beitrag zur Senkung der Arbeitsmoral als sämtliche Hippie-Manifeste der damaligen Zeit zusammen.

Nicht weniger zweifelhafte Folgen zeitigten jene Bestimmungen, nach denen sich Selbstständige oder Hausfrauen nachträglich in die gesetzliche Rente einkaufen durften. Millionen Bundesbürger, die zuvor nur kurze Zeit als abhängig

Beschäftigte gearbeitet hatten, zahlten damals nachträglich Beiträge in die Alterskassen ein – und erwarben dafür zu günstigsten Konditionen stattliche Rentenansprüche. Finanziert aus den Beitragsgeldern normal verdienender Arbeitnehmer strichen gut situierte Anwälte, Ärzte oder Beamte bald Zusatzpensionen ein, die eine weit höhere Verzinsung abwarfen als die meisten privaten Kapitalanlagen. Unter dem Banner der Solidarität setzte die Rentenreform des Jahres 1972 so nichts anderes in Gang als eine gigantische Umverteilung von unten nach oben.

Die Zeche zahlten die Arbeitnehmer. Um die sozialpolitischen Wohltaten für Selbstständige, Hausfrauen oder Kleinverdiener zu finanzieren, zogen Regierung und Opposition ungeniert die Gelder der Versicherten heran. Der Zusammenhang zwischen Beitrag und Leistung, den die Sozialpolitiker gern als wichtigstes Fundamentalprinzip der Rentenversicherung preisen, war im Zuge der Strukturreform weitgehend aus dem Blick geraten.

Dabei war schon damals absehbar, dass die staatliche Alterskasse vor erheblichen Problemen stand. 20 Jahre, nachdem Konrad Adenauer mit eisernem Willen jene Rentenreform durchgepaukt hatte, die fortan »die Große« hieß, zeichneten sich die Grenzen des Systems bereits deutlich ab.

Das wirtschaftliche Wachstum, das in den Sechzigerjahren noch durchschnittlich neun Prozent betragen hatte, war im Gefolge der Ölkrise auf nur noch vier Prozent abgestürzt. Die Arbeitslosigkeit krallte sich fest im Land und stieg auf über eine Million. Unübersehbar war der Motor, der die Sozialstaatsmaschine jahrelang vorangetrieben hatte, ins Stocken geraten.

Das Grundprinzip der dynamischen Rente, nach dem die Altersgelder genauso steigen wie die Bruttolöhne der Beschäftigten, wirkte sich bereits seit Jahren zu Lasten der Arbeitnehmer aus. Der beständige Ausbau des Sozialstaats fraß immer

mehr Steuern und Sozialabgaben, und so wuchsen die Nettoeinkünfte der Beschäftigten inzwischen deutlich langsamer als
jene der Rentner.

Dagegen war das sogenannte Nettorentenniveau seit Anfang der Sechzigerjahre von 60 Prozent auf über 73 Prozent
gestiegen. Der Zeitpunkt war absehbar, an dem ein durch-
schnittlicher Rentnerhaushalt über dieselben Einkünfte verfügen würde wie eine Arbeitnehmerfamilie.

Vor allem aber setzte jene Entwicklung ein, die Soziologen
bald als »demografischen Wandel« bezeichnen sollten und die
das System endgültig aus dem Gleichgewicht brachte. In den
ersten beiden Nachkriegsjahrzehnten war Deutschland noch
ein kinderreiches Land. Zwischen 1950 und 1970 bekamen
die Frauen hierzulande im Schnitt zwischen zwei und drei
Kinder. Die Gebärfreude füllte zunächst die Kindergärten,
dann die Schulen und erreichte eine Generation später Fabriken und Büros. Der beständige Zustrom junger Arbeitskräfte
nutzte nicht zuletzt der gesetzlichen Rentenversicherung. Den
meisten Zeitgenossen Adenauers erschien es deshalb wie ein
Naturgesetz, dass immer genug Beitragszahler vorhanden
sein würden, um die Rentner zu ernähren.

Anfang der Siebzigerjahre aber brachen die Geburtenraten
regelrecht ein. Das Wort »kinderreich« wurde zu einem Syno-
nym für »asozial« und nicht wenige Paare begnügten sich
fortan damit, nur noch einen Sohn oder eine Tochter zur
Welt zu bringen. Weniger Geburten aber bedeuten nach wenigen Jahren unausweichlich: weniger Erwerbstätige. Als Adenauers Rente 1957 startete, kamen auf einen Rentner noch
acht Beitragszahler. 50 Jahre später hat sich das Verhältnis
auf eins zu zwei verschlechtert. In 30 Jahren muss ein Beitragszahler annähernd für einen Rentner aufkommen.

Zugleich wurden die Pensionäre dank besserer Medizin
und steigendem Wohlstand immer älter – und bezogen ent-

sprechend länger Altersgeld. Überwiesen die Rentenkassen einem Senioren im Jahr 1960 durchschnittlich zehn Jahre Rente, waren es 1980 schon über zwölf Jahre. Allein diese Entwicklung bedeutete eine heimliche Rentensteigerung von über 20 Prozent.

Immer längerer Rentenbezug bei immer weniger Beitragszahlern: Dass diese Rechnung nicht aufgehen kann, erkannten in den späten Siebziger- und frühen Achtzigerjahren immer mehr Experten. Wenn nichts geschehen würde, so lautete die Kernbotschaft zahlreicher Studien, Prognosen und Expertisen, kletterten die Beiträge irgendwann nach dem Jahr 2025 in astronomische Höhen.

Nur die Sozialpolitiker weigerten sich beharrlich, den Zusammenhang zur Kenntnis zu nehmen. Was an Beitragszahlern fehlt, so gaben sie als Parole aus, müsse eben durch steigende Beitragssätze wieder hereingeholt werden.

Nach dieser Melodie begann die nächste Etappe in der Rentengeschichte der Republik: die Zeit der Verdrängung. Anstatt die fehlkonstruierte Versicherung rechtzeitig auf die neuen Verhältnisse einzustellen, machten die sozial- oder christdemokratisch geführten Regierungen weiter, als wäre nichts geschehen. Ob die Minister nun Walter Arendt, Herbert Ehrenberg oder Norbert Blüm hießen: Die obersten Brandschützer des Sozialsystems gaben umso lauter Entwarnung, je heller das Haus schon in Flammen stand.

In immer kürzeren Abständen geriet die Rentenversicherung in immer ärgere Finanznöte. Doch für grundlegende Veränderungen sahen die wechselnden Regierungen keinen Anlass. »Die Renten werden weiter dynamisch mit der Wirtschaftsentwicklung steigen«, textete die SPD in den Siebzigerjahren in ihren Wahlkampfbroschüren. »Das verfügbare Einkommen der Rentner soll in gleichem Maße steigen wie das der Arbeitnehmer«, versprach die CDU.

Tatsächlich musste die angeblich so krisenfeste Rentenformel, nach der Altersgelder genauso steigen wie die Bruttolöhne, in immer kürzeren Abständen manipuliert werden. Mal wurden fällige Rentenerhöhungen ausgesetzt oder willkürlich verkleinert. Mal wurden neue Versichertengruppen ins System gelotst oder betriebliche Lohnaufschläge für beitragspflichtig erklärt. Und nicht selten wurden still und heimlich jene Vergünstigungen und Sonderleistungen wieder kassiert, die das Allparteienregiment der Sozialpolitiker zuvor mit großer Geste vergeben hatte.

Zum Running Gag der Rentenpolitik entwickelte sich eine unendliche Serie halsbrecherischer Finanztransaktionen zwischen den verschiedenen Sozialkassen und dem Bundeshaushalt. Je nach Finanzbedarf wurden im einen Jahr Staatsgelder in die Sozialkassen gepumpt, um im nächsten mit einem trickreichen Verfahren zurückgeleitet zu werden. Mal wurden die Rentner zu Pflichtzahlern der gesetzlichen Krankenkassen erklärt, dann im Gegenzug die Bezieher von Krankentagegeld rentenpflichtig gemacht.

Anfangs versuchten die Regierungen noch, ihre milliardenschweren Verschiebeaktionen mit wohlklingenden Begründungen zu versehen. Als die Regierung Mitte der Siebzigerjahre die Nürnberger Bundesanstalt für Arbeit verpflichtete, Rentenbeiträge für Arbeitslose zu zahlen, versuchte sie die Finanzaktion noch als sozialpolitische Heldentat schönzureden. Mit den Beiträgen würden die Arbeitslosen Rentenansprüche erwerben, die sie im Alter vor Armut schützen würden. Doch so wichtig kann der Regierung das Argument nicht gewesen sein. Wenig später wurden die Beiträge schon wieder drastisch gekürzt.

Im Geflecht der sozialpolitischen Verschiebeaktionen verloren selbst Experten bald den Überblick. Wer wofür welche Gelder zahlte und ob die Alterskasse gerade die Arbeitsverwaltung oder die Arbeitsverwaltung die Alterskasse subventionierte, wusste niemand mehr zu sagen.

Sicher war nur, dass am Ende die Arbeitnehmer stets die Geprellten waren. War in irgendeiner der Sozialversicherungen mal ein Überschuss aufgelaufen, wurden nie die Beiträge gesenkt, sondern stets die Finanzlöcher eines anderen Staatsetats gestopft. Der Zusammenhang zwischen Beitrag und Leistung war in vielen Unterabteilungen des Wohlfahrtsstaates kaum noch zu erkennen.

In der Welt der Konsolidierungsgesetze und Sanierungspakete änderte sich auch das politische Spiel. Hatten sich Union und SPD zuvor in einen milliardenschweren Wettlauf gesteigert, wer die Rentenleistungen am üppigsten aufpumpen konnte, überboten sie sich nun in trickreichen Verschleierungsaktionen. Es galt, den tatsächlichen Zustand der Rentenkasse möglichst kunstvoll und möglichst lange vor dem Volk geheim zu halten, zumal in Wahlkampfzeiten. Die jeweilige Regierung hatte schon aus Selbsterhaltungstrieb kein Interesse, den Arbeitnehmern die tatsächliche Finanzlage ihrer Alterskasse zu offenbaren. Aber auch die Opposition wollte es oft nicht so genau wissen: schließlich hätte sie dann sagen müssen, was zu ändern war.

Und so ging es in der Rentenpolitik bald zu wie im Krieg: Das erste Opfer war die Wahrheit. Vor den Wahlen wurde die Finanzlage der Alterskasse regelmäßig beschönigt, verschwiegen und frisiert – die echten Zahlen folgten hinterher. Bestritten die Parteien ihre Rentenwahlkämpfe früher wie Schönheitskonkurrenzen, wurden nun Versteckspiele um Bilanzen und Prognosen aufgeführt. Aus den sozialpolitischen Wohltätern der Nachkriegszeit wurden die Schönrechner, Finanzjongleure und Buchungstrickser der Siebziger- und Achtzigerjahre. Die Gesundbeter betraten die Bühne, und das Zeitalter der Rentenlügen begann.

Den Auftakt machte der sozialdemokratische Bundeskanzler Helmut Schmidt. Obwohl die Wirtschaft Mitte der Siebzigerjahre in die Rezession gestürzt war und die Rentenbehörden von Monat zu Monat dringlicher vor Finanzengpässen warnten, sprach der Kanzler im Wahlkampf 1976 verniedlichend von »einem Problemchen mit der Rücklage«. Es galt, Helmut Kohl aus dem Feld zu schlagen. Da waren keine Wahrheiten gefragt, sondern Wohltaten. Und so unterwarf Schmidt die Rentenversicherung ohne Rücksicht auf die Kassenlage seiner Wahlkampfstrategie.

Als sich im Frühjahr die Geldnot in den Alterskassen bereits deutlich abzeichnete, erhöhte die Regierung die Renten turnusgemäß um elf Prozent. Im Sommer wies Schmidt Warnungen vor einer Finanzkrise als »unchristliche Angstmache« zurück. Im September schließlich gab er das heilige Versprechen ab, die Altersgelder auch im nächsten Jahr wie die Bruttolöhne anzupassen. »Auf Sozialdemokraten ist Verlass«, hieß es in ganzseitigen Zeitungsanzeigen, »vor allem, wenn es um die soziale Sicherung und den sozialen Frieden geht.«

Wenige Wochen später, nach gewonnener Bundestagswahl, hatte sich das angebliche Problemchen offenbar binnen kürzester Zeit in ein erhebliches Problem gewandelt. Neue Gutachten hätten ergeben, dass die Rentenversicherung dringend konsolidiert werden müsse, räumte der Regierungschef nun ein – und kündigte scharfe Einschnitte an. Wegen der schwierigen Finanzlage müsse die zugesagte Anpassung im nächsten Jahr leider ausfallen.

Die Kanzlerrede löste eine Wutwelle aus, wie sie die Republik noch nicht erlebt hatte. Opposition, Seniorenverbände und Gewerkschaften sprachen von »Wählerbetrug«, in den sozialdemokratischen Parteibüros gingen quer durch die Republik waschkörbeweise Protestbriefe und Austrittsdrohungen ein. In Bonn rebellierte die SPD-Fraktion, der Koalitionspartner

FDP ging auf Distanz, der überforderte Arbeitsminister Walter Arendt trat zurück, und sogar der Kanzler räumte ein, dass er »die heftigen Reaktionen von Bürgern, Abgeordneten und der öffentlichen Meinung nicht erwartet hatte«.

Am Ende musste Schmidt seine Kürzungspläne deutlich abschwächen. Statt des angekündigten Rentenstopps im nächsten Jahr strich die Regierung die Rücklagen der Alterskasse zusammen. Die Einbußen für die Senioren wurden auf die zweite Hälfte der Legislaturperiode verschoben, die Sozialbeiträge für besser verdienende Angestellte erhöht. Schmidt hatte seine Kanzlerschaft gerettet, doch dafür haftete ihm fortan das Etikett der »Rentenlüge« an.

Das Debakel des erfahrenen Regierungschefs, Weltökonomen und Außenpolitikers Helmut Schmidt hätte Anlass bieten müssen, über die Tragfähigkeit des Adenauer'schen Rentensystems neu nachzudenken. Konnten die Leistungen der Alterskasse angesichts sinkender Wachstumsraten wirklich weiter ausgebaut werden? War die Bruttolohnformel in Zeiten ständiger Steuer- und Abgabenerhöhungen noch zeitgemäß? Und wie war auf den Geburtenrückgang zu reagieren, der nun schon zehn Jahre lang anhielt?

Doch solche Fragen stellte damals niemand in der politischen Elite der Republik. Ein System ändern, das wie kein anderes als Instrument der Wählerbeeinflussung erprobt war? Das Konrad Adenauer die absolute Mehrheit und Willy Brandt einen furiosen Wahlsieg beschert hatte? Das Millionen Bürger zu Empfängern staatlicher Wohltaten machte? Das kam der Sozialpolitiker-Generation der Siebziger- und Achtzigerjahre nicht in den Sinn. Wer erlebt hatte, wie nach Bonn gereiste Rentnerdelegationen dem gerade regierenden Sozialminister dankbar um den Hals fielen, wenn dieser mal wieder die Altersgelder erhöht hatte, musste wissen, dass die Zeit für grundlegende Reformen noch nicht reif war.

Das Führungspersonal der Volksparteien zog aus dem Rentendesaster der sozialliberalen Koalition deshalb andere Lehren: Den Senioren die ungeschminkte Wahrheit über die Alterssicherung zu offenbaren galt weiter als schwerer politischer Fehler. Aber sie so offenkundig zu belügen wie Helmut Schmidt hatte sich ebenfalls als unvorteilhaft erwiesen.

Und so entwickelten die Rentenpolitiker in den Folgejahren beträchtliche Fertigkeiten darin, sich bei ihren Manipulationen möglichst nicht erwischen zu lassen. Vor den Wahlen wurden die Senioren wie gehabt mit Versprechungen und Beruhigungsformeln umgarnt. Danach galt es, erforderliche Korrekturen so geschickt zu bemänteln und zu kaschieren, dass sie den Zusagen aus dem Wahlkampf nicht widersprachen, jedenfalls nicht offensichtlich.

Wie das geht, demonstrierte beispielsweise CDU-Arbeitsminister Norbert Blüm. 1983 hatte er den Senioren im Bundestagswahlkampf versprochen, auf keinen Fall die fällige Rentenerhöhung des Jahres 1984 zu verschieben. Nach der Wahl aber klafften in der Alterskasse erneut riesige Löcher. Finanzminister Gerhard Stoltenberg und Wirtschaftsminister Otto Graf Lambsdorff forderten deshalb genau das, was Blüm ausgeschlossen hatte: die Rentenanpassung zu verschieben.

Doch der Arbeitsminister scheute den Vorwurf des Wählerbetrugs und setzte schließlich ein anderes Sparkonzept durch: Die Renten wurden zwar turnusgemäß aufgestockt, doch dafür fiel die Erhöhung deutlich niedriger aus. Zugleich kürzte Blüm bei Erwerbsunfähigkeitsrentnern und Witwen, verlagerte Rehabilitationskosten auf die Krankenkassen und erhöhte die Beiträge. Unter dem Strich sparte Blüm so die geforderte Summe ein – und konnte sich gegenüber den Rentnern sogar noch damit brüsten, die schlimmsten Kahlschläge verhindert zu haben.

So lief es fortan immer, wenn die sozial- oder christlich-liberalen Regierungen in diesen Jahren ihre sogenannten Konsolidierungsgesetze auflegten. Um Einnahmen und Ausgaben in den Sozialversicherungen auszugleichen, teilten sie die Lasten je nach politischer Opportunität zwischen Rentnern, Arbeitnehmern und Steuerzahlern auf. Stets wurden die Sparpakete dabei so geschnürt, dass sich die Senioren auf keinen Fall als alleinige Opfer fühlen mussten. Geteiltes Leid ist halbes Leid, lautete das simple Motto der Sozialpolitiker.

Ob gerade Christ- oder Sozialdemokraten das Steuer in der Hand hielten, war dabei völlig gleichgültig. Die Argumente wechselten nicht mit der politischen Farbe, sondern mit der Regierungsverantwortung. Als Helmut Schmidt Ende der Siebzigerjahre die Altersgelder langsamer wachsen ließ als die Bruttolöhne, sprach der damalige CDU-Parlamentarier Norbert Blüm empört von einer »Rentenkürzung«.

20 Jahre später erfand Blüm einen ähnlichen Mechanismus, nach dem die Ruhegelder sogar hinter dem Anstieg der Nettolöhne zurückbleiben sollten. »Rentenkürzung«, schrie diesmal die SPD-Opposition – und Blüm hielt nicht weniger aufgebracht dagegen. »Die politische Konstellation hat beim Dilemma der Rentenversicherung kaum eine Rolle gespielt«, urteilt die FDP-Sozialpolitikerin Gisela Babel. »Alle Kanzler, alle Arbeitsminister dachten gleich, handelten gleich, reagierten spät.«

Ebenso einträchtig bürsteten die führenden Rentenpolitiker damals jene ab, die wie der spätere sächsische Ministerpräsident Kurt Biedenkopf die sich abzeichnende Schieflage des Systems frühzeitig thematisierten. Wenn die Bevölkerungsentwicklung für die Rente so wichtig wäre, wie die Kritiker behaupteten, so Blüm, müsste »in Indien oder Bangladesch ja eine hervorragende Alterssicherung geboten werden«.

Das Argument war von derart verblüffender Schlichtheit, dass ihm offenbar selbst der Minister nicht ganz traute.

Jedenfalls hielt er es für erforderlich, seiner Position mit einer aufwendigen Werbekampagne zusätzlichen Nachdruck zu verleihen. Mit einem Tapezierbesen in der Hand, den Arbeitskittel locker übergeworfen, bestieg der Ressortchef ein Aluminiumleiterchen auf dem Bonner Marktplatz, lachte zufrieden in die Kameras und klebte jenen Plakatspruch an die Litfaßsäule, der seither wie kein zweiter zum Symbol für die Beschwichtigungsformeln und Illusionskünste der deutschen Sozialpolitik wurde: »Denn eins ist sicher: die Rente.«

Tatsächlich war nichts sicher. Und selbst bei flüchtigem Studium der Bilanzdaten aus der staatlichen Altersversicherung war schon damals unübersehbar, wer die Zeche zu zahlen hatte. Im Gefolge der zahlreichen Sanierungsgesetze aus den Siebziger- und Achtzigerjahren schnitten die Beitragszahler deutlich schlechter ab als die Ruheständler. Zwischen 1971 und 1984 erhöhte sich das Nettorentenniveau um knapp zwölf Prozent. Im selben Zeitraum stiegen die Beitragssätze um fast 13 Prozent.

Was Adenauer begonnen hatte, setzte sich unter den Kanzlern Schmidt und Kohl nahtlos fort: ein wachsender Lebensstandard der Senioren wurde durch eine nicht weniger dynamisch wachsende Abgabenlast der Beschäftigten erkauft. Mitte der Achtzigerjahre machten die Rentenausgaben bereits ein Drittel der westdeutschen Wirtschaftsleistung aus.

Dass die Ausgaben so rasant stiegen, hatte viele Gründe: Die Zahl der Rentner nahm zu, sie lebten länger, sie bekamen mehr Geld. Vor allem aber: sie wurden immer jünger. Gingen die Deutschen im Jahr 1970 noch mit durchschnittlich 61,5 Jahren in den Ruhestand, waren es Mitte der Achtzigerjahre nur noch 59,5 Jahre.

Das Arbeitsleben so früh wie möglich zu beenden, um sich als wohlversorgter Pensionär dem Garten, den Enkeln oder dem Heimatverein widmen zu können, entsprach nicht nur dem Lebenswunsch der meisten Deutschen. Es war politisch gewollt. Mit dem vorgezogenen Ruhestand glaubten die Sozialpolitiker ein gleichermaßen akzeptiertes wie wirksames Mittel gefunden zu haben, um die seit den Siebzigerjahren schubweise steigende Arbeitslosigkeit zu bekämpfen. Alte raus, Junge rein: nach dem Prinzip kommunizierender Röhren sollten Entlassungen möglichst geräuschlos abgewickelt und vorhandene Jobs rechtzeitig für die nachrückenden Jahrgänge freigeräumt werden.

Was den Politikern vorschwebte, war nichts anderes als eine Art zweiter Generationenvertrag. Indem ältere Arbeitnehmer in junge Rentner verwandelt wurden, sollte das knappe Arbeitsplatzreservoir auf die verschiedenen Altersgruppen aufgeteilt und der soziale Frieden im Betrieb bewahrt werden. Davon, so lautete die herrschende Meinung damals, profitierten schließlich alle: Der Unternehmer konnte ohne Ärger Personal abbauen, der Berufseinsteiger einen Job finden, der Firmenveteran in den ersehnten Ruhestand wechseln, und der Betriebsrat war glücklich, dass alle glücklich waren. Die Frührente schien die böse Nachricht von der Massenarbeitslosigkeit in die frohe Botschaft eines geradezu jugendlichen Ruhestandes zu verwandeln.

Und so führte bald ein dichtes Netz sogenannter Zugangswege in die schöne neue Pensionärswelt diesseits der 60. Mal wurde eine spezielle Altersgrenze für diejenigen eingeführt, die arbeitslos oder erwerbsunfähig geworden waren. Mal verlängerte die Regierung die Zeit, in der Ältere Arbeitslosengeld beziehen durften. Mal stellte sie die Abfindungen, die Unternehmen ihren gefeuerten Arbeitnehmern zahlten, steuerfrei.

Geschickt kombiniert ließen sich so schon Mitfünfziger mit ansehnlichen Bezügen zu Lasten der Beitragszahler aufs Altenteil schieben. Das ging so: Mit 55 wurde der Arbeitnehmer entlassen und lebte zwei Jahre lang von seiner steuerfreien Abfindung. Mit 57 meldete er sich arbeitslos und bekam 32 Monate lang Arbeitslosengeld. Mit 60 ging es ab in die Frührente, die nur geringfügig niedriger lag als das reguläre Altersgeld. Wer solch ein Angebot ausschlug, war selbst schuld. Zusammen mit einem kleinen Nebenverdienst bezog manch Vorruheständler ein höheres Einkommen als der Kollege, der sich fürs Weitermalochen entschied.

Das Fatale war nur: Was sich für den Einzelnen bestens rechnete, erwies sich für die Gesellschaft insgesamt als Fehlkalkulation: Das Entlassen funktionierte prächtig – beim Einstellen aber haperte es. Die Gleichung, mit der die Sozialpolitiker die Frühverrentung durchgesetzt hatten, ging nicht auf. Von Jahr zu Jahr wurden mehr Ältere gefeuert, als Junge in Lohn und Brot kamen. Entsprechend negativ fiel die Jobbilanz aus: Statt die Arbeitslosenzahl zu senken, stieg sie im Gefolge der Frühverrentungswelle weiter an.

Schlimmer noch: Das Rentenalter zu drücken wurde bald ein Volkssport, wie Steuersparen. Als die Regierung 1978 eine neue Form der Frühpension schuf, rechnete sie zunächst mit wenig Resonanz. Schließlich sollte das neue Recht nur für Schwerbehinderte gelten. Und von diesen, so prognostizierten damals die Experten, würde nur ein Bruchteil die neuen Möglichkeiten nutzen.

So kann man sich täuschen. Wenige Jahre später besaß schon fast die Hälfte der Sechzigjährigen einen Behindertenpass. Innerhalb von fünf Jahren hatte sich die Zahl der anerkannten Invaliden mehr als vervierfacht. Das neue Rentenrecht, so kalkulierten Spötter, habe auf diese Weise rund sieben mal mehr Schwerbehinderte produziert als der Zweite Weltkrieg.

Das neue Recht schuf Kranke, die gar nicht krank waren, vor allem aber Arbeitslose, die gar keinen Job suchten. Nachdem

die christlich-liberale Regierung im Rahmen ihrer Vorruhe-
standsstrategie Ende der Achtzigerjahre die Dauer, in der
Ältere Arbeitslosengeld beziehen durften, auf zunächst 24 und
dann 32 Monate ausgedehnt hatte, registrierte die Arbeitsverwaltung eine ganz neue Kundengruppe. Viele der Mitfünfziger,
die sich seither zu Hunderttausenden bei den Filialen der
Nürnberger Bundesbehörde arbeitslos meldeten, waren gar
nicht auf der Suche nach einer Stelle. Sie wollten lediglich die
Zeit bis zur Rente überbrücken – und von den Vermittlern der
Arbeitsverwaltung dabei möglichst wenig gestört werden.

Das entsprach zwar nicht den gesetzlichen Bestimmungen,
die vorsahen, dass Leistungsempfänger »dem Arbeitsmarkt
zur Verfügung stehen« müssen, wie es der einschlägige Paragraf des Sozialgesetzbuches vorschrieb. Doch der Zustrom der
Älteren war so groß, dass die Regierung lieber die Vorschriften änderte, als weiter die bundeseigene Arbeitsverwaltung
lahmzulegen. Deren Vermittler nämlich beklagten sich bald
auf das Bitterste, dass viele der Neuzugänge erstaunlich wenig
Interesse an ihren Jobangeboten zeigten.

Und so räumte die Regierung Älteren im Rahmen der sogenannten 57-er-Regelung die Möglichkeit ein, sich den Be-
mühungen der Arbeitsämter ganz legal zu entziehen. Wer
nicht mehr arbeiten wollte, brauchte nur eine entsprechende
Erklärung zu unterschreiben, und schon durfte er bei vollen
Bezügen zu Hause bleiben, unbehelligt von den Vermittlern
der Behörde.

Damit hatte die Regierung die Arbeitslosenversicherung
endgültig in eine Unterabteilung der Rentenkasse verwandelt,
was die Betroffenen sofort richtig interpretierten: Gut ein
Fünftel aller Stempelgeld-Empfänger erklärte fortan in Umfragen, nicht arbeitslos, sondern »im Vorruhestand« zu sein.

Den eigentlichen Missbrauch mit der politisch geförderten
Frühverrentung trieben jedoch nicht die Arbeitnehmer, son-

dern die Betriebe. Vor allem die großen Konzerne erkannten rasch die Möglichkeiten der neuen Gesetze. Sonntags wetterten ihre Personalmanager auf den Tagungen der Arbeitgeberverbände gegen Sozialabzocke und steigende Lohnnebenkosten. Werktags machten sie sich mit Hilfe der Frühverrentung daran, ihre Belegschaften auf Kosten der Sozialkassen planmäßig zu verjüngen.

Ob VW oder Thyssen, IBM oder Siemens: Systematisch durchkämmte die Creme der deutschen Industrie fortan die einschlägigen Jahrgänge ihrer Belegschaften, um möglichst viele Arbeitnehmer zum sogenannten goldenen Handschlag zu überreden. Wenn es galt, Massenentlassungen als sogenannten sozial verträglichen Personalabbau zu tarnen, schreckten selbst honorige Industrieadressen nicht davor zurück, ihre Mitarbeiter mehr oder weniger offen zum Betrug aufzufordern. Manche Firma drückte älteren Mitarbeitern Merkblätter mit vorformulierten ärztlichen Attesten in die Hand. Andere gaben ihren Beschäftigten Ratschläge, wie sie vor den Doktoren am besten chronische Leiden zu simulieren hätten.

Als Folge der Frühverrentungswelle wurden Ältere zur betrieblichen Ausnahmeerscheinung. Bei vielen Großunternehmen waren kaum noch Beschäftigte anzutreffen, die älter als 55 waren. In manchen Kohlezechen sank das Durchschnittsalter der Belegschaften auf 35 Jahre und darunter.

Kaum eine andere Maßnahme hat ähnliche Verheerungen in den Sozialkassen hinterlassen wie die millionenfache Personalverjüngung auf Kosten von Arbeitslosen- und Rentenversicherung. Anfang der Neunzigerjahre beantragten gut 50 000 Arbeitslose Frührente, fünf Jahre später waren es bereits knapp 300 000. Fast 40 Prozent aller Männer, die damals in den Ruhestand wechselten, waren Vorruheständler.

Die Lasten für die Sozialkassen waren beträchtlich. Erst wurden knapp drei Jahre Arbeitslosenunterstützung fällig, dann schlossen sich drei zusätzliche Jahre Rentenzahlungen an. Hinzu kamen die Beitragsausfälle. Unter dem Strich kosteten 100 000 Frührentner die Arbeitslosenversicherung rund fünf Milliarden Euro, die Rentenversicherung war mit knapp sieben Milliarden Euro dabei.

Vergeblich versuchten die Politiker, den Ungeist, den sie selbst aus der Flasche gelassen hatten, wieder einzufangen. Ex-Arbeitsminister Norbert Blüm, der den Vorruhestand einst miterfunden hatte, wütete nun gegen die »Altersverschrottung«. Doch sein Versuch, den Firmen Strafzahlungen für ungerechtfertigte Personalverjüngungen abzuverlangen, scheiterte vor dem Bundesverfassungsgericht.

Später wollte er den teuren Vorruhestand durch die sogenannte Altersteilzeit ablösen. Das Konzept war gut gemeint: Ältere sollten in ihren letzten Berufsjahren nur noch halbtags arbeiten, ihr Gehalt mit staatlichen Subventionen aufstocken und den Rest des Jobs von einem Jüngeren erledigen lassen. Das Prinzip »Alte raus, Junge rein« sollte endlich konsequent verwirklicht werden.

Aber die Firmen unterliefen auch dieses Modell. Sie ließen ihre Altersteilzeitkräfte einfach einige Jahre voll weiterarbeiten, um sie anschließend genauso lang nach Hause zu schicken. Als wäre nichts geschehen, hatten die Unternehmen Blüms Modell in die alte Frührente zurückverwandelt. Der Gesetzgeber kapitulierte, einige Jahre später wurde dieser teure Missbrauch legalisiert, mit beträchtlichen finanziellen Konsequenzen: Bis heute kostet die Altersteilzeit die Arbeitslosenversicherung rund eine Milliarde Euro pro Jahr.

Schlimmer als die pekuniären waren die psychologischen Folgen der staatlich geförderten Altenentsorgung. In den Firmen galten Mitfünfziger bald als nicht mehr verwendungsfähig, viele Arbeitnehmer betrachteten den Vorruhestand als sozialen Besitz. Der gesellschaftsweit verbreitete Irrglaube,

mit dem Feuern älterer Beschäftigter lasse sich das Arbeits-
losenproblem bewältigen, förderte nicht nur den grassierenden Altersrassismus in den Personalabteilungen hiesiger
Unternehmen. Er bereitete auch den Boden für jenen politischen Griff in die Rentenkasse, der das Versicherungssystem
endgültig an den Rand der Pleite führen sollte: die Finanzierung der deutschen Einheit.

Mitte der Neunzigerjahre stand die Rentenversicherung vor
dem Offenbarungseid. Der Beitragssatz strebte der Horror-
marke von 21 Prozent entgegen, der Steuerzuschuss an die
Alterskasse erreichte Rekordmarken, die Reserven schmolzen
dahin. Hatten die Rücklagen noch Anfang der Siebzigerjahre
der Rentenausgabe fast eines Dreivierteljahres entsprochen,
reichten die Reserven nun nicht einmal mehr für einen
Monat. Damit die Alterskassen liquide blieben, sollten sie
nach den Plänen des Ministeriums sogar den letzten verbliebenen Rest ihres Immobilienbestandes verkaufen.

Nun wurde auch der Regierung klar, dass etwas geschehen
musste. So hoch türmten sich die Finanzprobleme in den
Alterskassen, dass die Führungsetage der christlich-liberalen
Koalition einsah, mit der üblichen Reparaturpolitik aus
Buchungstricks und Beitragstransfers nicht länger durchzu-
kommen. Eine grundlegende Reform war gefragt, eine Gene-
ralrevision, die nicht nur an den Symptomen kurieren, sondern das gesamte System von Grund auf erneuern sollte.

Selbst Arbeitsminister Norbert Blüm, der die Probleme
jahrelang schöngeredet hatte, beugte sich dem Druck einer
immer unruhiger werdenden Unions-Fraktion. Nach monatelangen Debatten in Partei- und Expertenkommissionen
stimmte der Minister schließlich einem Umbaukonzept zu,
das wenigstens im Grundsatz einen Neuanfang markierte:
Mit einem sogenannten demografischen Faktor wollte Blüm
der Bevölkerungsentwicklung Rechnung tragen und das Ren-

tenniveau innerhalb der nächsten Jahrzehnte beträchtlich senken. Erstmals wurde die Geburtenentwicklung in die Rentenformel eingebaut, erstmals wurde künftigen Senioren ein realer Wohlstandsverlust angekündigt, erstmals wurde das Prinzip der dynamischen Rente aufgegeben, wonach die Altersgelder strikt den Löhnen folgen. Erstmals wurde den Deutschen die Wahrheit gesagt – wenigstens im Ansatz.

Was die Koalition plante, markierte nichts anderes als eine neue Etappe der Sozialpolitik. Erst hatten die wechselnden Regierungen der Nachkriegszeit das Rentenhaus, wie es die Sozialpolitiker gern nannten, 20 Jahre lang ausgebaut. Dann hatten sie es 20 Jahre lang notdürftig repariert, um schließlich im fünften Jahrzehnt seines Bestehens die dritte Phase zu starten: den Rückbau. Um zu verhindern, dass die Altersversorgung nach und nach den Wohlstandsgewinn der gesamten Volkswirtschaft absaugen würde, rangen sich die Regierungen Kohl und Schröder mühsam dazu durch, das System zurückzuschneiden – wenigstens ein bisschen.

Doch die deutsche Rentenpolitik wäre nicht die deutsche Rentenpolitik, wenn die Volksparteien den unausweichlichen Schrumpfungsprozess nicht ebenfalls zu einem Instrument ihres taktischen Spiels gemacht hätten. So wie sie sich in den ersten Nachkriegsjahrzehnten wechselseitig antrieben, die Rentenleistungen auszuweiten, behinderten sie sich nun gegenseitig beim Versuch, sie wieder einzudampfen.

Es war wie in einem Film, der rückwärts lief: Früher wetteiferten Union und SPD von Wahltermin zu Wahltermin darum, wer die Rentner besser bediente. Jetzt wollten sich die Parteien bei den Ruheständlern beliebt machen, indem sie Kürzungen so lange wie möglich hinauszuzögern versuchten.

Es ging um Macht, Glaubwürdigkeit und Wählerstimmen – und wieder war es ziemlich gleichgültig, ob gerade ein Christ- oder ein Sozialdemokrat im Kanzleramt saß. Wer regierte, stand vor der undankbaren Aufgabe, einer verunsicherten Bevölkerung erklären zu müssen, warum die Rentenpolitik der vergangenen vier Jahrzehnte ein Irrtum war. Für einen Oppositionspolitiker dagegen erschien nichts ertragreicher, als weiter jene Illusionen zu nähren, die sich in der Vergangenheit als politisch so überaus erfolgreich erwiesen hatten.

Im Tausch der Rollen gewann das Stück, das die Parteien in Bonn und Berlin aufführten, einen neuen Charakter. Hatte sich die Rentenpolitik zuvor als Drama entwickelt, das nach den Gesetzen des klassischen Theaters zielgerichtet der Krise zustrebte, entglitt den Akteuren das Spiel nun zur Posse.

Einem mäßig amüsierten Publikum wurde ein beispielloser Reform-Zickzack vorgeführt, voll überraschender Szenenwechsel, unerwarteten Auftritten und grotesken Maskeraden. Dieselben Maßnahmen wurden von denselben Parteien mal als soziale Grausamkeit verteufelt und mal als Jahrhundertwerk gefeiert. Dieselben Politiker gaben heute den schneidigen Sanierer, um morgen als Rächer der Rentner die Bühne zu betreten. Dieselben Experten entwarfen dieselben Rezepte erst für die eine Koalition, um sie anschließend mit kleineren Korrekturen an die nächste weiterzureichen. Dieselben Reformen wurden von derselben Regierung erst abgeschafft – und dann unter neuem Namen wieder eingeführt.

Ob und wie die Altersgelder erhöht wurden, geriet dabei immer mehr zu einem Akt staatlicher Willkür. Die sogenannte Rentenformel, die das Ritual der jährlichen Anpassung eigentlich von politischen Einflüssen freihalten sollte, wurde praktisch nach Bedarf manipuliert. Mal wurden die Renten gemäß der Inflationsrate angepasst, mal entsprechend der Lohnentwicklung. Mal wurde vom Brutto- aufs Nettoprinzip umgestellt, mal von Netto auf Brutto. Mal wurde ein Abschlagsfaktor eingeführt, um die Renten zu senken, und mal eine Sicherungsklausel, um sie davor zu bewahren.

Nur eins blieb konstant: Je häufiger die Regierungen die Anpassungsregel änderten, desto empörter wiesen sie den Vorwurf der Opposition zurück, eine »Rente nach Kassenlage« zu betreiben.

Wie die Aufführung gewannen auch die Akteure zunehmend boulevardhafte Züge. CDU-Arbeitsminister Norbert Blüm entwickelte sich mit seiner Die-Rente-ist-sicher-Litanei zum tragischen Clown der deutschen Sozialpolitik. Und Helmut Schmidts Auftritt als Rentenlügner fand gut 20 Jahre später unter Nach-Nachfolger Gerhard Schröder eine Neuauflage, für die das bekannte Historikerwort gilt: Geschichte wiederholt sich als Farce.

Schmidt hatte sein Eingeständnis, die Senioren im Wahlkampf belogen zu haben, noch einigermaßen stilsicher im Bundestag abgelegt, während einer Regierungserklärung. Fernsehkanzler Schröder dagegen entschuldigte sich für sein Täuschungsmanöver in der Talkshow von Sabine Christiansen, mit dem ganzen falschen Pathos einer modernen Medieninszenierung. Vor laufenden Kameras sprach der Regierungschef von einem »Irrtum« und versicherte den Rentnern mit treuherzigem Augenaufschlag: »Wenn ich könnte, würde ich zu jedem hingehen und sagen, es tut mir leid.«

Bei den Arbeitnehmern entschuldigte sich niemand. Dabei traf das Reformversagen vor allem sie. Weil es den Regierungen nicht gelang, die Rente auf eine zukunftsfeste Basis zu stellen, taten sie, was sie immer getan hatten, um die Löcher in den Alterskassen zu stopfen: sie erhöhten die Einnahmen.

Die Arbeitnehmer wurden mit steigenden Abgabesätzen und Bemessungsgrenzen überzogen, vor allem aber zapften die Regierungen die Steuerkasse an wie nie zuvor. Um die Ruhegelder erhalten zu können, erhöhten die Regierungen Kohl und Schröder allein sechsmal die Steuern. Erst wurde die Mehrwertsteuer von 15 auf 16 Prozent heraufgesetzt.

Dann führte Rot-Grün die Ökosteuer ein, die sie anschließend in vier Stufen nach oben schraubte.

Das selbst für Finanzexperten kaum noch durchschaubare Geflecht aus regulären und zusätzlichen Bundeszuschüssen, aus sogenannten Erstattungsbeträgen und Beitragsbeteiligungen fraß immer größere Löcher in den Staatshaushalt: Innerhalb eines Jahrzehnts erhöhte sich der Bundeszuschuss an die Alterskasse von 25 Milliarden Euro auf knapp 55 Milliarden Euro. Wurden Ausgaben für Sonderrenten und die Bergleute-Versicherung hinzugezählt, erreichten die Rentenausgaben sogar knapp 80 Milliarden Euro – deutlich mehr, als der Staat jedes Jahr für Verkehr, Verteidigung und Forschung zusammen ausgab.

Der Griff in die öffentlichen Kassen sollte die Einschnitte für die Rentner flankieren, an denen die Regierenden nun nicht mehr vorbeikamen. Wenn das Niveau der Altersversorgung schon zurückgefahren werden musste, so glaubten die Regierenden, ließ sich der Zorn der Rentner zumindest durch steigende Staatszuschüsse mildern. So sollten die Verluste bei Wahlen begrenzt werden.

Schon als CDU-Sozialminister Norbert Blüm Mitte der Neunzigerjahre den heiklen Rückbau begann, hatte er die nächsten Bundestagswahlen fest im Blick. Um die staatliche Altersvorsorge mit der Bevölkerungsentwicklung kompatibel zu machen, hatten seine Experten ein einfaches, aber schlüssiges Modell entworfen: Das Rentenniveau sollte im selben Umfang sinken, wie die Lebenserwartung stieg.

Doch was die Fachleute ihm mit zahlreichen Modellrechnungen und Prognosen vorschlugen, erschien dem Minister allzu radikal. »Ich sage Ihnen jetzt mal, was politisch geht«, belehrte er die Kommissionsmitglieder und verfügte mit dem sicheren Gespür für Wählerstimmen, die errechneten Abschläge um die Hälfte zu kürzen.

Zu gern hätte Blüm sein weichgespültes Konzept zudem im Konsens mit den Sozialdemokraten durchgesetzt. Doch die Genossen wussten genau, welche Vorlage ihnen Blüm mit seinen unpopulären Kürzungsplänen geliefert hatte – und konterten mit einem Wahlprogramm, das konsequent den Geist der Siebzigerjahre atmete: Keinerlei Abstriche am Rentenniveau, zusätzliche Versorgungsansprüche für Frauen, ein neuer Vorruhestand namens Rente mit 60. Wären die Pläne umgesetzt worden, hätten sie nach Expertenschätzung rund 30 Milliarden Euro gekostet. »Natürlich«, gab SPD-Chef Oskar Lafontaine unumwunden zu, »haben wir bei unserem Konzept auch an die Wähler gedacht.«

Selbst Kanzlerkandidat Schröder, der zuvor mehrfach öffentlich mit der Idee einer Grundrente sympathisiert hatte, hielt sich vorerst strikt an die Parteilinie. Es war die Zeit, als Lafontaine die SPD beherrschte und auf strikt traditionalistischem Kurs hielt. Kaum gewählt, zog die neue Regierung den Blüm-Faktor erst einmal aus dem Verkehr.

Dann trat Lafontaine zurück, und es dauerte nur wenige Wochen, bis der neue Regierungschef eine komplette Kehrtwende vollzog. Unter dem Druck knapper Kassen kürzte er die anstehenden Rentenerhöhungen und wies seinen Arbeitsminister Walter Riester an, ein langfristiges Reformkonzept zu erarbeiten. Heraus kam die Riester-Rente, zu deren wichtigsten Bestandteilen es gehörte, das Altersgeldniveau ähnlich zu kürzen wie einst Blüm mit seinem demografischen Faktor.

Diesmal war es die Union, die sich querlegte. Zwar entsprachen die Riester-Pläne am Schluss bis auf die Kommastelle ihren eigenen Konzepten. Zwar führte die Partei monatelang Konsensgespräche mit der Regierung, bei denen sie praktisch alle Unionsforderungen durchsetzte. Doch am Ende ließen die Spitzen von CDU und CSU die Verhandlungen platzen. Ihr Chefsozialpolitiker Horst Seehofer, der die Riester-Pläne anfangs als »Quantensprung« gefeiert hatte, machte nun überall »soziale Schieflagen« aus. Parteichef Edmund Stoiber – die Kanzlerkandidatur fest im Blick – sprach von »Enteignung« und animierte auf Gewerkschaftstagen die IG Metall, gegen das Projekt anzugehen. CDU-Generalsekretär Laurenz Meyer kündigte »einen Rentenwahlkampf« an.

Allzu verlockend war es für die Konservativen, die SPD mit dem Thema in Schwierigkeiten zu bringen. Die unbeliebte Reform brachte nicht nur seit Monaten den SPD-Gewerkschaftsflügel gegen die Parteispitze auf. Riesters Pläne waren auch einer der wichtigsten Gründe, warum die Sozialdemokraten in jüngster Zeit eine Landtagswahl nach der anderen verloren hatten.

Ein Zweifrontenkampf mit der eigenen Parteibasis und der Union war auf Dauer nicht zu gewinnen – und so gab Schröder dem Druck aus den eigenen Reihen schließlich nach. Riester musste wesentliche Teile seiner Reform stoppen und den Rest auf ein gewerkschaftsverträgliches Maß zusammenstreichen. Zum Schluss durfte die Spitze der IG Metall sogar festlegen, welcher Wert für das künftige Rentenniveau ins Gesetz geschrieben wurde. Der Versuch, die schwindsüchtige Rentenversicherung zukunftsfest zu machen, war zum zweiten Mal gescheitert.

Erst in der nächsten Legislaturperiode, nach jahrelanger Verzögerung, gelang schließlich der Durchbruch. Nachdem Expertenkommissionen von SPD und Union erneut nahezu gleichlautende Reformvorschläge auf den Tisch gelegt hatten, verabschiedete die Regierung endlich ein halbwegs tragfähiges Umbaugesetz. Zwei Jahre später beschloss die neu gebildete Große Koalition zudem, das Rentenalter auf 67 Jahre anzuheben.

Ob die Maßnahmen ausreichen, das System auf Dauer zu stabilisieren, ist noch nicht entschieden. Nach jahrelangen

Reformversuchen, ihren Korrekturen und den Korrekturen der Korrekturen wird das Alterssicherungssystem nun zwar auf die veränderten demografischen und wirtschaftlichen Verhältnisse eingestellt. Damit die Entscheidungen aber auch den erwünschten Effekt haben, muss die Wirtschaft in den nächsten Jahrzehnten ausreichend wachsen. Andernfalls greift eine sogenannte Sicherungsklausel, nach der das Rentenniveau nicht so zurückgefahren werden kann wie vorgesehen. Wenn die Rechnung der Reformer aber aufgeht, würde die Geschichte der Alterssicherung eine verblüffende Entwicklung nehmen. Ein halbes Jahrhundert, nachdem Adenauer jenes verhängnisvolle sozialpolitische Experiment gestartet hatte, in dessen Verlauf das staatliche Sicherungssystem erst jahrzehntelang aus- und dann wieder zurückgebaut wurde, kehrt die gesetzliche Rente in vielfacher Hinsicht zu den Ideen Wilfrid Schreibers zurück.

Wie es der Wirtschaftswissenschaftler vorschlug, wird der Beitragssatz festgeschrieben, sodass die Lasten künftiger Arbeitnehmergenerationen gemildert werden. Ganz in Schreibers Sinn wird das Rentenniveau an die Bevölkerungsentwicklung gekoppelt, sodass ein Geburtenknick das System nicht mehr aus den Angeln heben kann. Wie es dem Ökonomen vorschwebte, bieten die staatlichen Alterskassen nur mehr eine Basisversorgung, die durch private Ersparnisse ergänzt werden muss.

Bis es dazu kommt, ist es wieder die heutige Arbeitnehmergeneration, die ein Sonderopfer zu tragen hat. Um die Rentenzahlungen im Jahr 2030 zu gewährleisten, müssen die Beiträge den amtlichen Prognosen zufolge noch einmal um zehn Prozent steigen. Im Gegenzug fällt die Rente, die der heutigen Aktivengeneration in Aussicht steht, um rund 20 Prozent niedriger aus.

Beschlossen wurden die Maßnahmen von der Politik. Die

Aufsichtsgremien der Alterskassen dagegen, die in der Theorie die Belange der Beitragszahler vertreten sollten, konnten sich zu keiner gemeinsamen Position durchringen. Diejenigen, die sich für die Belange der Versicherten einsetzen sollten, hatten sich im politischen Spiel selbst matt gesetzt.

Die Selbstzerstörung der Selbstverwalter

Im Hintergrund leuchten die stilisierten Silhouetten von Eiffelturm und Akropolis, vorn auf dem Podium verkündet Gewerkschaftschef Michael Sommer altbekannte Positionen. Vom »beschäftigungspolitischen Fehler der Rente mit 67« spricht der DGB-Vorsitzende, vom »Dauerbeschuss der Neoliberalen«, von den »falschen Vorschlägen von SPD und CDU«. In der holzvertäfelten Gediegenheit des Berliner Maritim-Hotels hat sich die Creme der deutschen Gewerkschaftsbewegung eingefunden, um über die Entwicklung des europäischen Sozialmodells zu konferieren.

Schon in seinem Eröffnungsreferat macht der oberste Arbeitnehmervertreter der Republik klar, wo er die Zukunft der europäischen Wohlfahrtssysteme zu finden hofft: in der Vergangenheit. »Wir stehen dafür, den Sozialstaat, so wie er ist, zu verteidigen«, ruft Sommer – und die Funktionäre klatschen begeistert Beifall. Die Botschaft des Gewerkschaftertreffens ist unmissverständlich: Am besten wird wieder alles so, wie es einmal war.

Einige Wochen zuvor sitzt eine Handvoll Gewerkschafter und Wissenschaftler in einem Konferenzsaal der DGB-eigenen Hans-Böckler-Stiftung in Düsseldorf. Auf dem Tisch liegt eine 400 Seiten starke Studie über »Selbstverwaltung und die Durchsetzung von Versicherteninteressen«. Rund 370 Delegierte in den Kontroll- und Aufsichtsgremien der Kranken-

kassen haben die Verfasser befragt – und wenig Ermutigendes
zutage gefördert. Nur eine Minderheit der Gewerkschaftsde-
legierten hat in jüngster Zeit irgendwelche gesundheitspolitischen Vorschläge eingebracht, eine deutliche Mehrheit sieht
die eigene Handlungsfähigkeit stark eingeschränkt. Von einer
»Tendenz zur Bürokratisierung« ist in der Studie die Rede,
von wachsender »Distanz zu den Bedarfslagen der Versicherten«, von »Qualifikationsdefiziten«. Was aus der Analyse
folgt, ist den Teilnehmern des Treffens klar: Alles müsste sich
ändern. Die Runde beschließt, die brisanten Ergebnisse
vorerst nicht zu veröffentlichen.

Im deutschen Sozialstaat gibt es viele Widersprüche. Doch
nirgends ist die Differenz zwischen Anspruch und Wirklichkeit so groß wie bei der sogenannten Selbstverwaltung. Nichts
ist hier so, wie es sein soll, und alles verhält sich anders, als es
scheint.

Auf dem Papier werden die Renten-, Kranken- und Arbeitslosenkassen nach strikt demokratischen Regeln regiert.
Die Versicherten wählen Delegierte in die kasseneigenen Kontrollorgane, die das hauptamtliche Management bestellen und
überwachen. So wie der Aufsichtsrat einer Aktiengesellschaft
die Rechte der Anteilseigner im Blick hat, sollen die Versichertenvertreter die Interessen der Beitragszahler sichern.

So weit die Theorie. In der Praxis aber herrscht keine
Demokratie, sondern eine skurrile Funktionärswirtschaft. In
der Praxis werden die Aufseher nicht gewählt, sondern in
geheimen Kungelrunden ausgesucht. In der Praxis kontrollie-
ren nicht die Selbstverwalter die Geschäftsführung, sondern
das Management bestimmt, womit sich die Aufseher beschäftigen dürfen. Umfragen zeigen: Die meisten Beitragszahler
wissen nicht einmal, dass es die Aufsichtsgremien überhaupt
gibt. »Selbstverwaltung ist, wenn sich die Verwaltung selbst
verwaltet«, lautet der Spott unter Experten.

Der traurige Zustand der sozialstaatlichen Kontrollorgane hat gravierendere Folgen, als zur Belustigung der Eingeweihten beizutragen. Er führt dazu, dass die Versicherten die großen Solidarkassen als anonyme Bürokratien erleben, die dem Zugriff der Politik nahezu schutzlos ausgeliefert sind. Er führt dazu, dass die Legitimation des Wohlfahrtsstaats drastisch schwindet.

Dabei waren die Sozialkassen einst Vorbilder für genossenschaftliche Selbstorganisation. Bevor sie Reichskanzler Bismarck Ende des 19. Jahrhunderts seinem neu geschaffenen Sozialstaat einverleibte, gehörten die arbeitereigenen Solidarsysteme nicht nur zu den wenigen funktionierenden Einrichtungen gegen das Proletarierelend. Sie dienten auch als Organisations- und Erprobungsbasis für den Funktionärsnachwuchs von Sozialdemokratie und Gewerkschaftsbewegung.

Ein gutes Jahrhundert später ist von der stolzen Tradition nichts übriggeblieben, außer Rhetorik. Wenn eine Krankenkasse oder ein Rentenversicherungsträger heute Jubiläum feiert, ist in den Festreden unter Garantie von »gelebter Demokratie« und »partnerschaftlicher Mitgestaltung« die Rede. In der täglichen Arbeit gestalten die Gremien dagegen so gut wie gar nichts mehr – und dabei spielt es keine Rolle, ob die Verwaltungsräte nun allein aus Vertretern der Versicherten bestehen (wie bei den Angestellten-Krankenkassen), ob auch Delegierte der Arbeitgeber als Kontrolleure bestellt werden (wie bei Orts-, Betriebs- und Alterskassen) oder ob zusätzlich Abgesandte des Staates dabei sind (wie bei der Bundesagentur für Arbeit).

Die Defizite und Versäumnisse sind überall die gleichen. Die Kontrolleure haben tatenlos zugesehen, wie die Politiker die Sozialkassen für ihre Zwecke genutzt und zielgerichtet ausgeplündert haben. Sie waren zu keiner Entscheidung fähig, als es galt, die Systeme zukunftsfest zu machen. Sie haben die Augen zugemacht, wenn unfähige Bürokraten die Beitragsgelder der Versicherten verschleudert haben.

So ist die Selbstverwaltung zum Wirtstier der Sozialpolitik geworden. Inzwischen haben die Parteien alle Substanz abgesaugt und von der einstigen Versichertendemokratie ist nur noch eine leere Hülle übrig.

Das zeigt sich zuvorderst bei jenem Ritual, mit dem das Personal der Aufsichtsgremien bestimmt wird: den Sozialwahlen. Was die Funktionäre von Renten- oder Krankenkassen gern als »größten demokratischen Willensbildungsprozess nach Europa- und Bundestagswahlen« feiern, ist nichts anderes als eine rund 50 Millionen Euro teure Farce.

In der Bundesrepublik gibt es 354 Sozialkassen, doch nur in acht wird wirklich gewählt. In den übrigen Versicherungen einigen sich Arbeitgeber- und Gewerkschaftsvertreter hinter verschlossenen Türen, wer in das Kontrollgremium einzieht. »Wahl ohne Wahlhandlung« heißt das Verfahren in der verqueren Diktion der deutschen Sozialpolitik.

So offenkundig widerspricht das interne Pöstchengeschiebe demokratischen Gepflogenheiten, dass es mittlerweile selbst eingefleischten Funktionären peinlich ist. »Nicht selten werden Kolleginnen und Kollegen nach völlig unsinnigem Proporz auf Vorschlagslisten gepackt, nur weil eine bestimmte Gewerkschaft oder ein bestimmter Funktionär Ansprüche angemeldet hat«, heißt es in der Analyse eines altgedienten Selbstverwalters.

In den Fällen, in denen die Versicherten ihre Stimme abgeben dürfen, geht es nicht weniger skurril zu. Bei großen Ersatzkassen sowie der Bundesversicherungsanstalt für Angestellte kandidieren neben bekannten Gewerkschaftslisten wie DGB oder ver.di auch sogenannte Versichertenvereinigungen oder Interessengemeinschaften. Wer sich dahinter verbirgt, erschließt sich dem Wahlvolk nur selten – und so fällt die Beteiligung an der Abstimmung von Mal zu Mal dürftiger aus. Beim jüngsten Votum betrug die Wählerquote gerade mal 31 Prozent, weniger als bei den ebenfalls höchst unpopulären Europawahlen.

Halb so schlimm, so meinen die Experten, zu bestimmen haben die Gewählten ohnehin nichts. In der Renten- und Arbeitslosenversicherung trifft die Politik alle relevanten Entscheidungen, von der Höhe des Beitragssatzes über das Leistungsvolumen bis zum Bundeszuschuss. Kaum größer sind die Einflussmöglichkeiten in der Krankenversicherung. Hier könnten die Selbstverwalter immerhin fünf Prozent des Kassenkatalogs zum Beispiel für Vorsorge- oder Beratungsdienste beeinflussen, wenn sie denn wollten. Aber meistens wollen sie nicht. Wenn es um sogenannte Satzungsleistungen der Krankenkassen geht, so zeigen gewerkschaftsinterne Untersuchungen, kommen die wenigsten Vorschläge aus den Kreisen der Versichertenvertreter.

Entsprechend hilflos präsentierte sich die Selbstverwaltung, als die Sozialsysteme in den Neunzigerjahren in die Krise schlitterten. Die Arbeitgebervertreter plädierten für Leistungskürzungen, die Gewerkschafter wollten die Beiträge erhöhen. Auf einen Kompromiss konnten sich die Lager, die sich sonst stolz ihrer angeblich so bewährten Sozialpartnerschaft rühmen, nicht verständigen. Im Streit um die Sozialreformen zelebrierten die Selbstverwalter ein jahrelanges Patt – und zeigten sich regelrecht erleichtert, als ihnen die Politik nach und nach einen Großteil ihrer Kompetenzen entriss.

Sie akzeptierten, dass die Regierung der Rentenversicherung vorschrieb, was mit dem kasseneigenen Vermögen samt mehrerer lukrativer Immobiliengesellschaften zu geschehen habe. Sie nahmen es hin, dass die Aufseher in der Krankenversicherung einen Großteil ihrer Aufgaben an die hauptamtliche Geschäftsführung abtreten mussten. Sie wehrten sich nicht, als die Regierung ihnen den Einfluss auf einen Großteil der Arbeitsverwaltung nahm. Im Gegenteil, der Machtverlust kam den Aufsehern vielfach sogar gelegen: Je weniger sie in den Kontrollgremien zu sagen hatten, desto unbeschwerter konnten sie nun die Maßnahmen der Regierung kritisieren.

Noch einen zweiten Vorteil bot die politische Selbstentmachtung. Wo die Grundsatzfragen glücklich der Politik zugewiesen waren, konnten sich die Aufseher noch intensiver darum kümmern, die Geldtöpfe der Versicherungssysteme für die Sonderinteressen der eigenen Klientel anzuzapfen.

Ein besonders abschreckendes Beispiel für diese spezielle Form des Solidarprinzips bot jahrelang der Verwaltungsrat der Nürnberger Erwerbslosenversicherung. Im sogenannten Parlament der Arbeit saßen zeitweise bis zu fünf Dutzend Kontrolleure. Laut Satzung sollten sie das Los der Arbeitslosen verbessern und für mehr Beschäftigung sorgen. In der Praxis aber dachten sie vor allem an das Wohlergehen ihrer Verbandsmitglieder.

So kämpften die Vertreter des Handwerks zäh und erfolgreich für einen Ausbau von Lohnsubventionen; schließlich kamen staatliche Verdienstzuschüsse vor allem kleineren Unternehmen zugute. Die Delegierten der großen Konzerne setzten sich für den Erhalt der Frühverrentung ein. Die Abgesandten der Kommunen wollten mit zusätzlichen Arbeitsbeschaffungsmaßnahmen ihre Haushalte entlasten. Die Vertreter von Arbeitgeberverbänden und Gewerkschaften forderten neue Fortbildungsprogramme – um ihre eigenen Bildungswerke auszulasten.

So nährten die Beitragsgelder der Versicherten bald eine monströse Arbeitslosenindustrie, die sich vor allem durch zweierlei auszeichnete: engste Verflechtungen mit dem Nürnberger Selbstverwaltungsapparat und außergewöhnliche Erfolglosigkeit. Kaum eine andere Arbeitslosenverwaltung gab so viel Geld für Beschäftigungsmaßnahmen aus wie die deutsche, kaum eine andere hatte eine so schlechte Arbeitsmarktbilanz vorzuweisen.

So sehr sich die Aufseher beim Aufbau des Nürnberger Selbstbedienungsmodells hervorgetan hatten, so sehr hielten sie sich zurück, als die Regierung nach dem Skandal um getürkte Vermittlungsstatistiken vor einigen Jahren seine Demontage betrieb. Um einen möglichst tiefgreifenden Neuanfang zu starten, wollte der damalige Kanzler Gerhard Schröder die Cheflobbyisten Dieter Hundt (Bundesvereinigung der Arbeitgeberverbände) und Michael Sommer (Deutscher Gewerkschaftsbund) höchstpersönlich in den Aufsichtsrat der reformierten Behörde berufen.

Doch die beiden Funktionäre lehnten dankend ab. Aufsichtsrat in Nürnberg? Da hätten sie ja Verantwortung übernehmen müssen. Die beiden Verbandschefs mochten mit der skandalumwitterten Behörde nicht in Verbindung gebracht werden – und entsandten wie gehabt Funktionäre aus der zweiten Reihe nach Nürnberg.

So lief es immer, wenn es um die Besetzung von Aufsichtsratsposten in der Selbstverwaltung ging. Top-Leute kamen für die einflusslosen Aufseherstellen gar nicht erst in Betracht. Die Zentralen von Gewerkschaften und Arbeitgeberverbänden beorderten lieber solche Kollegen in die Gremien, mit denen sie sonst nichts anzufangen wussten: niederrangige Verbandsangestellte, unterbeschäftigte Stellvertreter, ausgemusterte Betriebsräte, Rentner.

Welch geringe Bedeutung vor allem die Arbeitnehmerorganisationen den Selbstverwalterstellen bis heute beimessen, zeigt der Vergleich mit ihren Pendants in der Privatwirtschaft. Wer als Gewerkschaftsdelegierter in den Aufsichtsrat eines Industriekonzerns einzieht, muss umfangreiche Schulungen in Betriebswirtschaft oder Unternehmenskontrolle durchlaufen. Für Selbstverwalter sind solche Programme gar nicht erst vorgesehen.

Und so verwundert es nicht, dass sich die Aufseher ihrer wichtigsten Aufgabe oft nur mäßig gewachsen zeigen: der Kontrolle der hauptamtlichen Geschäftsführung. Wann immer es in den vergangenen Jahren zu größeren oder kleineren Finanzskandalen in den Sozialkassen kam: die Selbstverwalter schliefen den Schlaf der Gerechten.

Jahrelang häuften viele Krankenkassen gesetzwidrig Defizite und Schulden auf – die kasseneigenen Aufsichtsgremien drückten beide Augen zu. Viele Versicherungsvorstände genehmigten sich übermäßige Gehaltserhöhungen – die Selbstverwalter nickten alles ab.

Als sich etwa die Vorstände der sächsischen Landesversicherungsanstalt vor einigen Jahren üppige Verdienstzulagen genehmigten, stimmten die ehrenamtlichen Kontrolleure zu – rechtswidrig, wie das Amtsgericht Leipzig befand. Bei der Betriebskrankenkasse für Heilberufe deckte der langjährige Chef-Kontrolleur, dass die Versicherung mit einer auf Pump finanzierten Expansionsstrategie an den Rand der Pleite geriet. Bei der AOK in Hannover segneten die Aufseher dicke Vorstandsprämien ab, die das niedersächsische Sozialministerium später als unrechtmäßig einstufte.

Schlimmer noch: Wenn staatliche Stellen über die mitunter unrechtmäßigen Verdienststeigerungen Klage führten, sprangen die Kontrolleure den Kritisierten auch noch zur Seite. Als beispielsweise das Versicherungsaufsichtsamt vor einigen Jahren die hohen Bezüge von Kassenmanagern unter die Lupe nahm, beschwichtigten hochrangige Gewerkschaftsfunktionäre: die Steigerungen seien »in der normalen Bandbreite der Gehaltserhöhungen«.

Dass sich viele Selbstverwalter eher als Anwälte denn als

Kontrolleure des Managements verstehen, halten Kenner der Szene für systembedingt. Wer seine Stelle der Gewerkschaftszentrale verdankt, sucht keine Konflikte. Wer seinen Job als Versorgungsposten versteht, stellt nicht viele Fragen. Schon gar nicht, wenn er vom Versicherungschef mit Klausursitzungen in schön gelegenen Luxushotels, ausgiebigen Geschäftsessen und aufwendigen Auslandsausflügen bei Laune gehalten wird. Bereits seit Jahren, so ein langjähriger Krankenkassen-Manager, funktioniere die Selbstverwaltung nach dem Prinzip: »Der Vorstand organisiert Joy und Fun – und die Selbstverwaltung hält Ruhe.«

Kein Wunder, dass heute sogar viele Sozialfunktionäre selbst die sogenannte Versichertendemokratie für ein Auslaufmodell halten. Peter Kirch zum Beispiel leitete jahrelang den Verwaltungsrat des AOK-Bundesverbandes, der größten deutschen Krankenkasse. Der altgediente IG-Metall-Funktionär gilt als einer der wenigen Versichertenvertreter, der bei Kassenvorständen und Arbeitgebern, bei Ärztefunktionären und Gesundheitspolitikern eine gleich hohe Reputation genießt.

Doch als der Mann für eine Fachzeitschrift des DGB die Frage beantworten sollte, welche Bedeutung die Selbstverwaltung heute noch einnehme, vermochte er nur »eine ernüchternde und frustrierende Antwort« zu geben. Ihre Rolle sei »auf ein Minimum zusammengeschrumpft«, schrieb Kirch und listete eine ganze Serie von Indizien auf: Sozialwahlen, mit denen »kaum noch einer etwas anzufangen weiß«. Versicherte, die »den DGB nicht mehr als Vertretung ihrer Interessen wahrnehmen«. Selbstverwalter-Seminare, die »auf eine Alibigröße zusammengeschrumpft« seien. Das ganze Modell der Versichertenvertretung, so Kirch, stoße auf »zunehmende Akzeptanzprobleme«.

So sehen es auch die Politiker. Noch vor wenigen Jahren gehörte es zu den selbstverständlichen Grundregeln deutscher

Sozialpolitik, dass eine Regierung ihre einschlägigen Vorhaben vorab mit den wichtigsten Selbstverwaltungsspitzen abstimmte. Heute müssen die Vertreter schon froh sein, wenn sie in den zuständigen Ministerien überhaupt noch einen Termin erhalten.

Wie sehr der Einfluss der Sozialpartner gesunken ist, zeigte sich beispielhaft bei der jüngsten Gesundheitsreform. Monatelang liefen Arbeitgeber und Gewerkschaften Sturm gegen den Regierungsplan, den einzelnen Kassen das Budgetrecht zu nehmen. Künftig, so sieht es das Gesetz vor, soll das Gesundheitsministerium den Beitragssatz zentral für die gesamte gesetzliche Krankenversicherung festsetzen. Die Selbstverwaltung? Wird nicht mehr gefragt.

Empört verfassten die Versichertenvertreter deshalb wütende Erklärungen und luden zu Fachkonferenzen ein, sie bearbeiteten Bundestagsabgeordnete und organisierten Protestaktionen. Alles blieb vergeblich. In der Öffentlichkeit fanden die Kritiker kaum Resonanz. Und selbst in den großen Volksparteien, in denen Arbeitgeber- oder Gewerkschaftsvertreter sonst über einigen Einfluss verfügen, blieb die Kritik folgenlos. Das Gesetz wurde mit breiter Mehrheit beschlossen.

Wenn es demnächst in Kraft tritt, wird es mehr besiegeln als nur einen weiteren Machtverlust der Selbstverwaltung. Der geplante Gesundheitsfonds ist das Eingeständnis, dass eines der traditionellen Prinzipien im hiesigen Sozialsystem endgültig ausgedient hat. Was im autoritären Kaiserreich als demokratische Basisbewegung begann, taugt 150 Jahre später mit seiner sinnentleerten Gremienkultur und einem Honecker-ähnlichen Wahlverfahren nur noch als skurrile Lachnummer.

So gesehen ist es durchaus folgerichtig, dass eine seit Jahren tote Institution nun auch für alle erkennbar zu Grabe getragen wird. Für die Arbeitnehmer aber ist das eine zweischneidige

Nachricht. Jene Einrichtungen, die ihre Ur-Ur-Großväter einst im Interesse der Beitragszahler ersannen, haben ihren Einfluss eingebüßt. In den Institutionen dagegen, die heute das Sagen haben, stellen Beschäftigte der freien Wirtschaft nur eine Minderheit. Die Parlamente, die über alle wesentlichen sozialpolitischen Fragen entscheiden, werden von jenen dominiert, die mit den Sozialkassen selbst nur am Rande zu tun haben: Beamte und Selbstständige.

Kein Wunder, dass die Reformpolitik der vergangenen Jahre zu Lasten der Arbeitnehmer ging.

KAPITEL VIER

Reformpolitik – zu Lasten der Arbeitnehmer

Der Abgaben-Weltmeister

Es gibt gesellschaftliche Debatten, die führen nach kurzer Zeit zu einer allgemein akzeptierten Lösung. Andere enden nach jahrelangem Streit, in dem sich eine Seite durchsetzt. Und schließlich gibt es Kontroversen, die sich scheinbar endlos wiederholen – ohne Ergebnis und Konsens, ein ewiger Zirkel derselben Argumente und Erwiderungen.

Zur letzteren Gruppe gehört die seit Jahren erbittert geführte Diskussion um den deutschen Sozialstaat. Kaum eine andere Frage wird hierzulande derartig emotional und unversöhnlich erörtert wie jene nach Fluch oder Segen der öffentlichen Wohlfahrtssysteme. Und kaum eine andere dreht sich derart im Kreis wie diese.

Die Sozialsysteme sind verantwortlich für die wirtschaftlichen Probleme des Landes, rufen die einen. Im Gegenteil, sie sind der letzte Gegenpol zur Ökonomisierung aller Lebensbereiche, entgegnen die anderen. Der Wohlfahrtsstaat zerstöre Selbstbestimmung und Eigenverantwortung, schimpfen die einen. Stimmt nicht, er schaffe überhaupt erst die Voraussetzungen dafür, antworten die anderen.

Auf die Fakten kommt es Verteidigern wie Gegnern der

staatlichen Großversicherungen dabei erkennbar nicht an. Die Sozialstaatsdebatte hat längst den Charakter einer ritualisierten Selbstvergewisserung angenommen. Wer sich mit Freidemokraten oder Arbeitgebervertretern trifft, stellt umgehend ein umso harmonischeres Gesprächsklima her, je heftiger er über die gesetzliche Renten- oder Krankenversicherung herzieht. Einem Sozialstaatsverteidiger dagegen haftet unvermeidlich das Etikett des naiven Gutmenschen an, dem die Einsicht in die wahre Natur des Menschen genauso fehlt wie die elementarsten Kenntnisse über wirtschaftliche Zusammenhänge.

Umgekehrt gilt es unter Gewerkschaftern oder Linken als größte denkbare Regelverletzung, einem Abbau sozialstaatlicher Leistungen das Wort zu reden. Wer es beispielsweise wagt, auf einer Podiumsdiskussion der Linkspartei auf die demografischen Probleme der gesetzlichen Alterskasse hinzuweisen, gibt sich automatisch als Knecht der privaten Versicherungswirtschaft zu erkennen, der die ausgebeuteten Massen den spekulativen Manipulationen der globalen Finanzmärkte überantworten will.

Nichts unterscheidet die verfeindeten Lager freilich stärker als die Wahrnehmung der Wirklichkeit. Als würden sie in Parallel-Universen leben, beschreiben Anhänger und Kritiker des Sozialstaats die jüngste Wirtschafts- und Sozialgeschichte völlig gegensätzlich.

Die einen stufen die vergangenen zwei Jahrzehnte als Epoche eines enthemmten Marktradikalismus ein, in der zentrale Errungenschaften der Arbeiterbewegung geschleift und der Sozialstaat abgebaut wurden. Gesundheitsreform, Hartz-Gesetze, Nullrunden für Rentner: für die politische Linke ist die jüngste Geschichte nichts anderes als der permanente Versuch, die Armen ärmer und die Schwachen schwächer zu machen. Von der »neoliberalen, allein auf die Leistung des

Einzelnen vertrauenden Politik der letzten 15 Jahre« spricht der ehemalige SPD-Chef Oskar Lafontaine. Eine »Erosion sozialstaatlicher und solidarischer Lösungen« erkennt der linke Ökonom und frühere Kanzlerberater Albrecht Müller. Einen »massiven Schrumpfungsprozess« und »tiefe Einschnitte für Arbeitnehmer, Arbeitslose und Rentner« beklagt ver.di-Chef Frank Bsirske.

Die anderen nehmen dieselbe Zeitspanne als Epoche eines nahezu ungebremsten sozialen Ausbauprogramms wahr. Sind die Beitragssätze zu den Sozialkassen nicht permanent gestiegen? Wurden die üppigen Leistungen des bundesdeutschen Wohlfahrtsstaates nicht eins zu eins auf die wirtschaftsschwachen neuen Länder übertragen? Haben die rot-grünen Arbeitsmarktreformen die staatlichen Ausgaben für die Verwaltung der Erwerbslosigkeit nicht noch angehoben, statt sie zu senken?

Der ausgeuferte Sozialstaat sei »zum Hauptgrund für die wachsende Arbeitslosigkeit geworden«, sagt der liberale Ökonom und Präsident des Ifo-Instituts Hans-Werner Sinn. »Wir geben immer mehr Geld in die Sozialsysteme hinein, aber es kommt immer weniger bei den Bedürftigen an«, klagt FDP-Chef Guido Westerwelle. Deutschland leiste sich »das teuerste öffentliche Gesundheitswesen der Welt«, beschwert sich Arbeitgeberpräsident Dieter Hundt.

So streiten die Lager nun schon seit Jahren. Die einen klagen über den Moloch Sozialstaat, die anderen protestieren gegen den Abriss der Wohlfahrtssysteme.

Am wirklichen Problem aber geht ihre Kontroverse haarscharf vorbei. Nicht der Umfang der Sozialleistungen ist hierzulande das Problem, sondern wie sie finanziert werden. Nicht die Ausgaben für Altersversorgung, Krankenversicherung und Pflegeleistungen sind zu hoch, sondern die Abgaben auf den Faktor Arbeit. Nicht die Rente ist der Jobkiller, sondern die Entwicklung der Rentenbeiträge in den vergangenen Jahrzehnten.

Das zeigen auch die Daten der Statistiker. Mit knapp 700 Milliarden Euro gibt die Bundesrepublik zwar fast ein Drittel ihrer Wirtschaftsleistung für Rente und Krankenversorgung, Sozialhilfe oder Familienförderung aus. Doch pumpen Länder wie Dänemark oder Frankreich, Finnland und Österreich ähnlich viel Geld in ihre Sozialsysteme – ohne dass diese Staaten als Wachstumsschwächlinge oder Job-Verlierer gelten würden. Im Gegenteil: Eine deutsche Politikerdelegation nach der anderen reist derzeit nach Helsinki oder Kopenhagen, um sich erklären zu lassen, wie die dortigen Sozial- und Arbeitsmarktreformen die Beschäftigung angekurbelt haben.

Zudem sind die hiesigen Sozialausgaben in der jüngsten Vergangenheit praktisch im selben Tempo gewachsen wie die gesamte Wirtschaft. Seit fast 25 Jahren hat sich das ökonomische Gewicht des bundesdeutschen Wohlfahrtsstaates kaum verändert, von kleineren Schwankungen abgesehen. Wenn die Konjunktur lahmte, stiegen die Sozialausgaben vorübergehend schneller als das Bruttosozialprodukt. Fasste die Wirtschaft wieder Tritt, fiel die sogenannte Sozialleistungsquote wie ein Jo-Jo wieder auf ihr altes Niveau zurück.

Selbst die deutsche Einheit hat die Zahl nur vorübergehend nach oben getrieben. Als nach der Wende die Ost-Wirtschaft zusammenbrach und den bundesdeutschen Wohlfahrtskassen die Folgekosten aufgedrückt wurden, stieg die Kennziffer zwar kurzzeitig über ihr langjähriges Durchschnittsniveau. Seit Anfang dieses Jahrzehnts aber fällt die Quote wieder; im vergangenen Jahr sank sie auf den niedrigsten Wert seit langem. Ein Krankheitsbefund sieht anders aus.

Genauso wenig lässt sich die oft wiederholte These belegen, dass der Staat der Wirtschaft hierzulande generell einen zu hohen Finanzierungsbeitrag abverlange. Beim Anteil aller

Abgaben am Sozialprodukt liegt Deutschland im Mittelfeld der Industrieländer. Die Steuerquote ist in den vergangenen Jahren mit einem Wert von 21 Prozent gar auf den zweitniedrigsten Rang Europas gefallen.

Sozialabbau, Ausgabenexplosion, Steuerstaat – die gängigen Schlagworte erweisen sich als weitgehend ungeeignet, die Probleme des Landes zu beschreiben. Die wahre Fehlfunktion im deutschen Sozialstaat liegt woanders. Die Bundesrepublik konzentriert wie kein anderes Land die Finanzlast seines Sozialsystems ausgerechnet auf diejenigen, die gleichzeitig den größten Teil des nationalen Reichtums produzieren: die abhängig Beschäftigten. Kaum eine andere Industrienation nimmt ihren Arbeitnehmern derartig hohe Lohnsteuern und Sozialabgaben ab wie die Bundesrepublik. Kaum irgendwo sonst geht die Schere zwischen Brutto- und Nettoverdiensten weiter auseinander. In kaum einem anderen Land verteuert der Staat das Arbeiten stärker als hierzulande.

Was Sozialpolitiker gern als Kern des deutschen Solidarmodells preisen, gilt unter Ökonomen längst als eigentliche Wachstums- und Beschäftigungsbremse. Wer in Deutschland einen Arbeitsvertrag unterschreibt, tritt gleichzeitig einen weltweit einmalig hohen Teil seines Lohns an die öffentlichen Kassen ab. Für die Unternehmer ist der Sozialaufschlag ein zusätzlicher Kostenfaktor, für die Beschäftigten eine Schmälerung ihrer Einkünfte, über dessen Ausmaß die Betroffenen immer wieder erstaunt sind, wenn sie ihre Verdienstbescheinigungen mal wieder genauer studieren.

So muss ein lediger Durchschnittsverdiener hierzulande mehr als die Hälfte seiner gesamten Arbeitseinkünfte dem Staat und seinen Sozialkassen überweisen. Wer brutto 2800 Euro verdient, zahlt fast 1150 Euro an Lohnsteuern und Sozialabgaben, rund 560 Euro legt der Betrieb als sogenannten Arbeitgeberbeitrag noch einmal obendrauf. Das bedeutet:

Von den knapp 3400 Euro, die der Arbeitnehmer den Betrieb kostet, bleiben ihm selbst unter dem Strich ganze 1650 Euro übrig. Der Staat teilt nach einer Variante, die in jedem Kindergarten als höchst ungehörig getadelt würde: Das größte Stück reklamiert er für sich, das kleinere lässt er dem Arbeitnehmer.

So kommt es, dass die Differenz zwischen Arbeitskosten und Nettoverdienst mit Ausnahme Belgiens nirgendwo so groß ist wie in Deutschland. Der sogenannte Abgabenkeil liegt hierzulande rund ein Drittel über dem Niveau der übrigen Industrieländer und fast doppelt so hoch wie in den USA, Großbritannien oder der Schweiz.

Jeder deutsche Arbeitnehmer trägt die Kosten des Sozialstaats wie ein Bleigewicht auf seinen Schultern. Das verlangt ihm nicht nur zusätzliche Anstrengungen ab. Es macht ihn auch langsamer im internationalen Wettbewerb um Investitionen, Arbeitsplätze und Produktionsstandorte.

Dabei ist es noch gar nicht lange her, dass deutsche Jobs kaum stärker besteuert wurden als im Rest der Welt. Noch Ende der Siebzigerjahre lagen die hiesigen Arbeitsabgaben nur wenig über dem Niveau von Großbritannien und den USA und deutlich unter den Werten der Niederlande. Seit Mitte der Achtzigerjahre jedoch schraubte die Regierung die staatlichen Job-Aufschläge nach oben. In den Neunzigerjahren schließlich explodierten sie förmlich als Folge der deutschen Einheit. Seither trägt die Bundesrepublik nicht nur den stolzen Titel des Export-, sondern auch den eher fragwürdigen des Abgaben-Weltmeisters.

Die Folgen sind gravierend. Die deutsche Methode, den Sozialstaat zu finanzieren, erhöht die Arbeitskosten und erschwert Neueinstellungen. Sie schmälert die Kaufkraft und fördert die Schwarzarbeit. Sie begünstigt Wohlhabende und benachteiligt Geringverdiener. Sie koppelt die Sozialbudgets an die Beschäftigung und fördert jene unselige Jobvernichtungsspirale, die dem Land zu Beginn dieses Jahrzehnts den Ruf des »kranken Mannes Europas« eintrug.

Die OECD hat jüngst in einer vergleichenden Studie untersucht, welche nationalen Regeln die meisten Arbeitsplätze vernichten – der Kündigungsschutz, das Tarifrecht, die Unternehmenssteuern? Der Befund war eindeutig: Kein anderer Faktor kostet mehr Jobs als eine hohe Abgabenbelastung auf den Faktor Arbeit.

Der deutsche Weg, die Sozialkassen zu füllen, beschwert die Arbeitnehmer aber nicht nur, indem er ihre Stellen gefährdet. Er benachteiligt die Beschäftigten auch finanziell. Der Druck, unter dem der Sozialstaat in allen Industrieländern steht, wird in der Bundesrepublik stärker als irgendwo sonst an die Arbeitnehmer weitergeleitet. Vor allem zwei Entwicklungen sind es, die heute die nationalen Wohlfahrtssysteme gefährden.

Erstens, die Globalisierung: Der Wettbewerb der internationalen Finanzmärkte macht die deutschen Arbeitnehmer zu Konkurrenten ihrer Kollegen in Indien, China oder Osteuropa. Entsprechend gering ist der Spielraum für Tariferhöhungen. Die Bruttolohn- und Gehaltssumme – die Basis der sozialen Sicherungssysteme – wächst langsamer als in früheren Jahrzehnten.

Zweitens, die Demografie: Weil die Deutschen weniger Kinder bekommen, aber länger leben, wächst der Anteil der Älteren an der Bevölkerung. Als Folge muss eine schrumpfende Zahl von Erwerbstätigen ein wachsendes Rentnerheer unterhalten.

Beide Trends verschlechterten die Finanzlage der Sozialkassen und brachten die Regierungen dazu, die Arbeitnehmerabgaben weiter zu steigern. In den vergangenen 15 Jahren erhöhten sich die Beitragseinnahmen je Beschäftigten in der

Rentenversicherung um 49 Prozent, in der Krankenversicherung um 53 Prozent und in der Arbeitslosenversicherung um 91 Prozent. Im selben Zeitraum stiegen die durchschnittlichen Arbeitnehmerentgelte um lediglich 30 Prozent. Das Fazit ist schnell gezogen: Um die Sozialsysteme zu sanieren, haben die Regierenden vor allem die Arbeitnehmer zur Kasse gebeten.

Die Einnahmen zu erhöhen war dabei nur die erste Strategie. Die zweite war die Reduzierung der Ausgaben. In einer fortgesetzten Serie von sogenannten Spar-, Kostendämpfungs- und Konsolidierungsgesetzen kürzten die Minister von Blüm über Riester bis Schmidt und Müntefering die Leistungen, reduzierten die Ansprüche, erhöhten die Selbstbeteiligung.

Vor allem die Senioren- und Wohlfahrtsverbände fühlten sich getroffen. Das Wort vom Sozialabbau zu Lasten von Rentnern und Bedürftigen wurde zur Standardformel auf jeder Anti-Reform-Demonstration der vergangenen Jahre. Von »Sparschweinen der Nation« sprechen Sozialfunktionäre – und meinen: die Rentner.

Die Wirklichkeit sieht anders aus. Wer die sozialpolitischen Maßnahmen der vergangenen Jahre genauer untersucht, stellt fest: Senioren und Sozialhilfeempfänger wurden weitgehend geschont. Die Kürzungen bekamen vor allem die Arbeitnehmer zu spüren.

Bei der Rente zum Beispiel haben die Regierungen die Einschnitte beim Altersgeldniveau kunstvoll auf spätere Jahre verschoben. Die jüngsten Reformen mit ihrem hochkomplizierten Kürzungsmechanismus aus sogenannter Riester-Treppe sowie verschiedensten Nachhaltigkeits- und Korrekturfaktoren folgen einem einfachen Schema: Die Altersgelder werden nicht gekürzt, nur der Anstieg fällt jedes Jahr ein bisschen geringer aus. Entsprechend wachsen die Abstriche am Rentenniveau erst im Lauf der nächsten zwei Jahrzehnte zu nennenswerten Größenordnungen heran, dann also, wenn ein Großteil des aktuellen Rentnerbestandes bereits ins Jenseits abgewandert und durch Vertreter der heutigen Erwerbstätigengeneration ersetzt worden ist.

Vorausgesetzt, die geplanten Einschnitte kommen überhaupt zustande. In den vergangenen Jahren jedenfalls wurden sie, kaum dass sie im Gesetzblatt standen, gleich wieder ausgesetzt. Weil die Löhne kaum noch gestiegen waren, hätten die Renten laut neuer Anpassungsformel eigentlich gekürzt werden müssen. Das aber verbietet eine sogenannte Sicherungsklausel, die das Bundeskabinett zum Schutz der Senioren in die Rentengesetze eingebaut hatte.

Nun sollen die ausgefallenen Kürzungen später nachgeholt werden, so hat die Regierung jüngst beschlossen. Wenn sie selbst nicht mehr im Amt ist, irgendwann nach 2012, sollen künftigen Rentnerjahrgängen die Altersgelder weit stärker beschnitten werden als bislang geplant. Es ist die erprobte Melodie der Rentenpolitik: Die Lasten soll eine spätere Generation tragen – und den Ärger die nachfolgende Regierung.

Nach demselben Prinzip konstruierte die Große Koalition auch die Rente mit 67. Wer schon im Ruhestand ist, hat durch die höhere Altersgrenze keine Nachteile. Im Gegenteil, er profitiert sogar: Die Reform erhöht den Anteil der Erwerbstätigen an der Bevölkerung – und damit einen der Faktoren, die laut gültiger Rentenformel zu höheren Altersgeldern führen.

Auch jene Altersjahrgänge, die das Rentnerleben bereits fest im Blick haben, werden weitgehend verschont. Die Reform startet erst im nächsten Jahrzehnt – und lässt das Rentenalter dann so allmählich steigen, dass sich für die heutigen Senioren vorläufig kaum etwas ändert. Besser noch, die neue Altersgrenze steigert aufgrund komplizierter Wechselwirkungen in der Rentenformel sogar das Altersgeldniveau. Die Rente mit 67 – für heutige Ruheständler ist sie ein glänzendes Geschäft.

Ganz anders werden dagegen diejenigen getroffen, die in

der Mitte ihres Berufslebens stehen. Sie müssen entweder zwei Jahre länger arbeiten oder eine Rentenkürzung von weiteren zwölf Prozent hinnehmen.

Und so kommt es, dass sich die vielbeklagten Einschnitte für die Ruheständler vornehmlich in den Brandreden ihrer Funktionäre wiederfinden. Die durchschnittlichen Rentenleistungen sind in den vergangenen fünf Jahren kaum langsamer gestiegen als die Bruttolöhne. Entsprechend liegt das Altersgeldniveau, anders als geplant, kaum niedriger als im Jahr 2000. Kein Zweifel: Die Reformpolitik der zurückliegenden Jahre war im Gegensatz zu ihrem Ruf überaus seniorenfreundlich.

Die ganze Wucht der beschlossenen Kürzungen trifft dagegen diejenigen, die heute im Erwerbsleben stehen. Der Absturz könnte schärfer kaum sein: Von einer Rundumversicherung gegen alle denkbaren Lebensrisiken ist die gesetzliche Rente in den vergangenen Jahren zu einer Art Grundversorgung geworden. »Schrumpfrente« nennt die Boulevardpresse jene Einschnitte, die den Umfang der Rentenleistungen vielfach auf Aldi-Niveau drücken werden.

Das Risiko, durch Unfall oder Krankheit seinen Beruf nicht mehr ausüben zu können, decken die Alterskassen schon seit Jahren nicht mehr ab. Ausbildungs- oder Studienjahre, die früher das Rentenkonto beträchtlich aufpolsterten, werden bis auf einen bescheidenen Rest nicht mehr anerkannt. Die Möglichkeiten, schon mit Ende 50 oder Anfang 60 in eine bestens ausgestattete Frührente zu wechseln, schränken die Rentengesetze derzeit im Jahrestakt ein.

Vor allem aber verschlechtert sich für die heutige Erwerbstätigengeneration das Verhältnis von Einzahlungen und Geldleistungen – in einem Ausmaß wie nie zuvor in der Nachkriegszeit. In den nächsten zwei Jahrzehnten steigen die Beitragssätze noch einmal um mindestens zehn Prozent, so sehen es die Reformgesetze der Minister Riester und Schmidt vor. Im Gegenzug wird das Rentenniveau um rund 20 Prozent abgesenkt.

Was das bedeutet, zeigen die amtlichen Vorausberechnungen der Regierung. Wer im Jahr 2007 in Rente geht und in 45 Berufsjahren stets durchschnittlich verdient hat, kann mit einer Rente von rund 1200 Euro rechnen. Ein heutiger Mitvierziger dagegen, der mit derselben Berufsbiografie im Jahr 2030 in den Ruhestand wechselt, erwirbt einen Anspruch, der umgerechnet auf heutige Werte nur noch 960 Euro beträgt.

Die Zahlen kündigen einen materiellen Absturz an, der für breite Bevölkerungsschichten bittere Folgen haben wird: Selbst wer ein Leben lang hart gearbeitet, stets pünktlich die Beiträge gezahlt und nie wegen Krankheit oder Arbeitslosigkeit gefehlt hat, wird von seiner Rente künftig kaum leben können. Die Modellrechnungen zeigen: Um ein Altersgeld wenigstens in Höhe der Sozialhilfe zu erreichen, muss ein Durchschnittsverdiener künftig mehr als 30 Jahre ununterbrochen arbeiten.

Wer mit seinem Verdienst 30 Prozent darunter liegt, benötigt gar an die 40 Arbeitsjahre für eine Rente auf Minimalniveau. Schon heute aber erreichen zwei Drittel der Frauen und ein Drittel der Männer nicht einmal 35 Versicherungsjahre, Tendenz fallend. Mit anderen Worten: Ein Großteil der Arbeitnehmerschaft muss sich darauf einstellen, im Alter mit Renteneinkünften auf Hartz-IV-Niveau auskommen zu müssen. Vor »zunehmender Einkommensungleichheit« und »steigender Altersarmut« warnt der Bremer Wirtschaftswissenschaftler Winfried Schmähl.

Die heutigen Arbeitnehmer können nicht einmal sicher sein, im Ruhestand wenigstens den Nominalwert ihrer eingezahlten Beiträge zurückzuerhalten. Die Experten streiten, ob das System für bestimmte Versichertengruppen bald ins Minus rutscht, wie es beispielsweise der Essener Ökonom Reinhold Schnabel erwartet. Oder ob die Bilanz für alle Einzahler positiv bleibt, wie etwa die Träger der gesetzlichen Rentenversicherung behaupten.

Unumstritten ist dagegen, dass die Rendite des Systems drastisch sinkt. Eine Untersuchung der Stiftung Warentest zeigt: Wer heute als 65-jähriger Mann aus dem Berufsleben aussteigt, hat mit jedem eingezahlten Euro immerhin noch drei Cent Gewinn gemacht. Ein heute 40-Jähriger dagegen kann bestenfalls noch mit einem Plus von einem Cent rechnen.

Frauen schneiden etwas besser ab, aber auch bei ihnen schmilzt der Gewinn im selben Zeitraum auf knapp die Hälfte. Als »Sandwich-Generation« bezeichnet der Wirtschaftsweise Bert Rürup deshalb jene Arbeitnehmerjahrgänge, die um 1965 geboren sind: Sie müssen mit hohen Beiträgen die überzogenen Rentenversprechen der Vergangenheit bezahlen. Sie selbst aber können nur noch eine Schmalspurversorgung erwarten.

Wenn sich nur die Rente als Renditekiller erweisen würde, wären die Einbußen vielleicht verkraftbar. Schließlich müssen auch an der Börse die Verluste mancher Aktien durch Gewinne anderer Anteilsscheine ausgeglichen werden. Im deutschen Sozialsystem jedoch stecken derzeit alle Werte in der Minuszone und die Aktionäre müssen ein katastrophales Kurs-Gewinn-Verhältnis registrieren, nicht zuletzt in der gesetzlichen Krankenversicherung.

Die Beiträge für AOK und Co. sind in den vergangenen Jahren kaum weniger stark gestiegen als diejenigen für die Rente. Dafür wurden die Leistungen stark eingedampft. In den vergangenen drei Legislaturperioden brachten die Regierungen eine schier endlose Kette von Reformen auf den Weg, die sie dem Volk mit immer hochtrabenderen Titeln schmackhaft zu machen trachteten. Dem Beitragsentlastungsgesetz (1996) folgten das erste und zweite Neuordnungsgesetz (1997), das Solidaritätsstärkungsgesetz (1999) sowie das Gesundheitsmodernisierungsgesetz (2004).

Dabei galt: Je harmloser die Überschrift, desto giftiger der Inhalt. Reform um Reform dünnten die Gesundheitsminister den Leistungskatalog aus, senkten die Medizinbudgets, erhöhten die Selbstbeteiligung. Das Sterbegeld wurde gestrichen und der Kassenzuschuss für Brillen abgeschafft. Die Versicherten müssen zahlreiche Medikamente sowie die Fahrtkosten zur ambulanten Behandlung selbst bezahlen, bei Arztbesuchen wird eine Praxisgebühr fällig. Das Krankengeld wurde gekürzt, der Zuschuss für künstliche Befruchtungen halbiert, die Zuzahlung zu medizinischen Leistungen erhöht.

Wie sehr ihr Versicherungsschutz inzwischen eingeschränkt wurde, haben viele Arbeitnehmer noch gar nicht bemerkt. Weil sie in jüngster Zeit nicht krank waren, glauben sie sich mit ihren Kassenbeiträgen von vielfach über 500 Euro monatlich noch immer bestens versorgt.

Das ist ein Irrtum. Wer die vielen offenen und verdeckten Rationierungen des gesetzlichen Gesundheitswesens bereits am eigenen Leib erleben durfte, fühlt sich mitunter vor eine Wahl gestellt, die im Extremfall auf die unschöne Alternative »Geld oder Leben« hinausläuft: Entweder akzeptiert der Versicherte die Kassenversorgung auf Minimalniveau oder er ist bereit, privat jede Menge draufzuzahlen.

Um wenigstens die schlimmsten sozialen Härten abzufedern, führte die Regierung eine sogenannte Überforderungsklausel ein. Die geht so: Wer für Zuzahlungen und Selbstbeteiligungen mehr als ein Prozent seines Bruttoeinkommens aufwenden muss, bekommt die Differenz von der Kasse erstattet.

Das klingt gerecht, ist aber nur eine weitere Regel, die zu

Lasten der Arbeitnehmer geht. Erst zahlen sie für ihre eigenen Medikamente, Operationen oder Arztbesuche kräftig zu – und dann müssen sie mit ihren Beiträgen auch noch die Extraausgaben jener Rentner und Fürsorgeempfänger begleichen, die ihre Sonderzahlungen nicht selbst bestreiten können.

Kein Wunder, dass immer größere Teile des Krankenkassenbudgets an die Empfänger staatlicher Transferleistungen und immer weniger an den aktiven Teil der Bevölkerung fließen. Die Gesundheitsleistungen für Arbeitnehmer wurden in den vergangenen zehn Jahren praktisch eingefroren, die durchschnittlichen Kassenausgaben für Rentner dagegen stiegen um knapp 20 Prozent. Vor einem Jahrzehnt überstieg das Budget der Aktiven-Versicherung den Etat der Rentnerversorgung noch um fast 18 Milliarden Euro. Heute fließt mehr Geld an die knapp 17 Millionen Ruheständler als an die 50 Millionen Kassenmitglieder.

Anders ausgedrückt: Das gesamte Wachstum der Gesundheitsausgaben kam in den zurückliegenden Jahren den Senioren zugute. Die Erwerbstätigen erhielten dieselbe Summe an Medizinleistungen wie vor Jahren, gemessen an der Preissteigerungsrate also weniger.

Nach derselben Melodie lief es überall in den staatlichen Sozialsystemen. Den Arbeitnehmern wurden wachsende Solidaritätslasten für Alte, Kranke oder Bedürftige auferlegt, ihnen selbst aber boten die Versicherungssysteme immer weniger Schutz. Mit jeder Reform, die in den vergangenen Jahren verabschiedet wurde, näherte sich der Sozialstaat wieder ein Stück weit den alten Fürsorge- und Almosenkassen aus dem 19. Jahrhundert an: nur dass die Arbeitnehmer diesmal nicht die Empfänger, sondern die Einzahler waren.

Mitunter nahmen die Beschäftigten die staatliche Reformpolitik sogar als regelrechte Strafaktion wahr, vor allem auf dem Arbeitsmarkt. Fördern und fordern – so lautete die Parole, mit der Politiker aller Parteien die lahmende Beschäftigung in Schwung bringen wollten. Was sie dann aber beschlossen, bewirkte oft das Gegenteil: Wer arbeitete, wurde benachteiligt, wer sich auf die faule Haut legte, belohnt. Nach diesem Prinzip wurden viele Gesetze in den vergangenen Jahren verabschiedet. Keines aber, so sehen es große Teile der Arbeitnehmerschaft, verfolgte die Linie so konsequent wie die Hartz-IV-Reform.

Bis vor wenigen Jahren waren die staatlichen Leistungen für Arbeitslose eng an den vorherigen Verdienst gekoppelt – und fielen üppiger aus als in fast allen anderen Industrieländern. Wer seinen Job verlor, dem sicherten Arbeitslosengeld und Arbeitslosenhilfe selbst nach jahrelanger Erwerbslosigkeit zumindest teilweise den bisherigen finanziellen Status. Derjenige Teil der Erwerbsbevölkerung dagegen, der zuvor gar nicht oder nicht lange genug gearbeitet hatte, erhielt nur die meist deutlich geringere Sozialhilfe.

Seit der Hartz-Reform ist der Abstand zwischen den Leistungen für Arbeitslose und denjenigen für Fürsorgeempfänger drastisch geschrumpft. Der Anspruch auf Arbeitslosengeld wurde gekürzt, die Arbeitslosenhilfe mit der Sozialhilfe fusioniert. Was das bedeutet, kann sich jeder Arbeitnehmer leicht ausrechnen: Geht der Job verloren, sichert das Arbeitsamt noch ein Jahr lang den Lebensstandard, anschließend geht's im Expresstempo runter auf die Armutsschwelle. Ade Reihenhaus. Tschüss Mittelklassewagen.

Die Einschnitte waren unvermeidlich, sagen die Experten. Die Leistungen für Arbeitslose waren vor der Hartz-Reform auf die Rekordsumme von über 70 Milliarden Euro gestiegen. So hoch lag mitunter der Unterstützungsanspruch, dass manche Arbeitslosen kaum bereit waren, geringer entlohnte Stellen anzunehmen.

Mag schon sein. Trotzdem empfindet ein Großteil der Arbeitnehmerschaft Hartz IV bis heute als schreiende Ungerechtigkeit. Wer ein Leben lang gearbeitet hat, soll nach kurzer Erwerbslosigkeit auf dasselbe Unterstützungsniveau rutschen wie ein drogenabhängiger Jugendlicher, der noch nie einen Handschlag getan hat? Wer in zig Berufsjahren oft viele Zehntausende Euros Arbeitslosenbeiträge zahlen musste, soll nur noch maximal zwölf Monate abgesichert sein? Wer jahrelang die Sozialkassen gefüllt hat, soll als Arbeitsloser nur noch denselben Rentenanspruch erwerben wie ein Fürsorgebezieher?

Was den Unmut zusätzlich schürte: Während die Leistungen für Arbeitnehmer zusammengestrichen wurden, stellte die Reform die bisherigen Sozialhilfebezieher besser. Seit Hartz IV sind sie, anders als früher, kranken- und rentenversichert, dürfen mehr privates Vermögen und ein Auto besitzen, bekommen als Ostdeutsche mehr Geld. Nehmen sie einen Minijob an, dürfen sie einen Großteil des Verdienstes behalten. Melden sie sich arbeitslos, haben sie Anspruch auf das komplette Förder- und Vermittlungsprogramm der Arbeitsverwaltung.

Kein Wunder, dass die Hartz-Reform zum Kristallisationspunkt für die Proteste gegen die Sozialpolitik der vergangenen Jahre wurde. Die Arbeitnehmer spürten sehr genau, dass die Sanierungsmaßnahmen vor allem zu ihren Lasten gingen.

Im Zuge der zahllosen Konsolidierungs- und Sparpakete, der Gesundheits-, Renten- und Agenda-Reformen haben sich die Sozialkassen für sie zu einem immer schlechteren Geschäft entwickelt. Überall müssen sie mehr einzahlen, überall bekommen sie weniger heraus: Werden sie entlassen, droht der rasche Absturz zum Fürsorgeempfänger. Werden sie krank, müssen sie einen Großteil der Medizinleistungen aus der eigenen Tasche bezahlen. Gehen sie in Rente, bietet ihnen der Staat nicht mehr als eine Basisversorgung.

So besehen erscheint die Diskussion um Fluch und Segen des Sozialstaats in neuem Licht. Das Fazit lautet: Für die gesamte Volkswirtschaft ist weder Sozialabbau noch eine finanzielle Überforderung zu vermelden. Die Arbeitnehmer dagegen erleben beides.

Strafsteuer für Geringverdiener

Wer arbeitet, den bestraft der Sozialstaat. Wer arbeitet und wenig verdient, wird doppelt bestraft.

So lautet das Prinzip im deutschen Wohlfahrtssystem, spätestens seit den Reformen der vergangenen zehn Jahre. Ob Rente oder Arbeitslosenversicherung: Überall hat sich das Verhältnis von Beiträgen und Leistungen verschlechtert, überall wurden die Sozialkassen auf Kosten der abhängig Beschäftigten saniert.

Die Bilanz gilt für Normal- und Besserverdiener gleichermaßen. Wer jedoch das Pech hat, zu den niedrig entlohnten Kohorten des Arbeitskräfteheeres zu gehören, schneidet noch schlechter ab. Er muss seine Einzahlungen in die Wohlfahrtssysteme weitgehend als Verlust abschreiben.

Denn die Sozialstaatsbilanz eines Niedrigverdieners sieht so aus: Wer nicht in einem Mini- oder Midi-Job arbeitet, trägt vom ersten Euro seines Verdienstes an 40 Prozent Sozialabgaben, inklusive Arbeitgeberbeiträge. Das drückt sein Nettoeinkommen nicht selten in die Nähe der Armutsgrenze.

Die Ansprüche aber, die er dafür von der staatlichen Renten- oder Arbeitslosenkasse erwirbt, sind kaum höher als diejenigen eines Hartz-IV-Empfängers, der unter Umständen nie gearbeitet und nie Beiträge gezahlt hat.

Richtig gerechnet ist die Gegenleistung also nahe null. Für viele Niedrigverdiener sind die Sozialbeiträge damit eine Art

Strafzahlung auf sozialversicherte Beschäftigung. Sie sind eine staatlich organisierte Verhöhnung des Leistungsprinzips. Sie machen es unattraktiv, gering bezahlte Jobs anzunehmen.

Die Ursachen sind zum einen in den allgemeinen Konstruktionsfehlern des hiesigen Sozialstaats zu suchen: die übermäßige Belastung des Faktors Arbeit, die Zweckentfremdung von Beitragsmitteln für allgemeine Staatsaufgaben, die Sonderstellung privilegierter Berufsstände: All dies entzieht den staatlichen Versicherungssystemen notwendige Ressourcen und verschlechtert das Verhältnis von Leistung und Gegenleistung.

Für Geringverdiener jedoch kommen weitere Nachteile hinzu. Vielfach mit den besten Absichten eingeführt, entpuppen sich zahlreiche Maßnahmen, die dem sozialen Schutz der unterschiedlichsten Bevölkerungsgruppen dienen sollten, heute als staatlich geförderter Einkommensentzug für untere Gehaltsklassen.

So gilt bei den meisten Geldleistungen im hiesigen Sozialsystem das sogenannte Äquivalenzprinzip. Ob Rente, Arbeitslosen- oder Krankengeld: Die Auszahlungen der Solidarkassen sind genauso strikt an den Lohn gekoppelt wie die Einzahlungen. Ohne Ausnahmen. Ohne irgendwelche Umverteilungskomponenten. Das bedeutet: Wer viel verdient, bekommt auch viel heraus. Wer dagegen in die niedrigeren Lohnklassen eingruppiert ist, erhält entsprechend weniger. In kaum einem anderen Land der Welt wird das Äquivalenzprinzip so strikt angewendet wie in Deutschland. Vorteile für Geringverdiener? Unbekannt.

Welche Folgen das hat, zeigt ein Vergleich der OECD für 30 westliche Industrienationen. Mit Ausnahme Mexikos fällt das Altersgeld für Arbeitnehmer, die weniger als die Hälfte des Durchschnitts verdienen, nirgendwo so bescheiden aus wie in Deutschland.

In Frankreich, Spanien und Schweden beispielsweise haben Geringverdiener einen Rentenanspruch von über 80 Prozent ihres letzten Bruttoverdienstes. In Deutschland liegt der Wert dagegen bei gut 47 Prozent. Selbst Länder wie Großbritannien oder die USA, die ihren Bürgern im Alter lediglich eine staatliche Mindestversorgung bieten, gewähren Geringverdienern höhere Rentenleistungen als das angeblich so soziale Deutschland.

Noch verstärkt wird das Minus durch die Tatsache, dass der Rentenanspruch hierzulande unabhängig von der individuellen Lebenserwartung bemessen wird. Das führt zu einer weiteren Schlechterstellung; denn der Tod ist in Deutschland noch immer »eine soziale Krankheit«, wie der Berliner Arzt Rudolf von Virchow bereits im vergangenen Jahrhundert feststellte. Ganz gleich, ob dafür die Lebensführung, die körperliche Arbeitsbelastung oder der Konsum von Alkohol und Tabak verantwortlich ist: Versicherte mit niedrigem Einkommen sterben hierzulande um etliche Jahre früher als Besserverdienende.

Entsprechend länger beziehen letztere Rente und entsprechend üppiger fällt insgesamt die Geldleistung aus, die sie von der staatlichen Alterskasse zu erwarten haben. Wer das Glück hat, zu den Spitzenverdienern zu zählen, bekommt aus der Rentenkasse bis zu 40 Prozent mehr heraus als ein Niedriglöhner, zeigt eine Untersuchung des Gesundheitsökonomen und SPD-Bundestagsabgeordneten Karl Lauterbach. Die Deutsche Rentenversicherung ermittelte in einer Studie geringere Werte, bestätigte den Zusammenhang aber im Prinzip. »Weil du arm bist, musst du früher sterben« – das bekannte Sprichwort ist nach den jüngsten Erkenntnissen der Wissenschaft deshalb um eine zweite Losung zu ergänzen: »Weil du Geringverdiener bist, bekommst du kürzer Rente.«

Mit einer Reihe von Maßnahmen versuchte die Regierung,

die Schieflage zu Lasten der Geringverdiener zu lindern. Der mit Abstand umfassendste Versuch dazu war die Riester-Rente. Wer einen Teil seines Bruttolohns in eine private Altersvorsorge einzahlt, so lautet das Grundprinzip, bekommt eine staatliche Förderung.

Doch die Reform kann bestenfalls als halb geglückt gelten. Zwar finden Riester-Policen inzwischen einen weit regeren Zuspruch als zum Start der Reform. Doch gefragt sind die Verträge vor allem bei besser verdienenden Arbeitnehmern. Niedriglöhner dagegen machen um die teils üppig bezuschussten Riester-Policen vielfach einen Bogen.

Der wichtigste Faktor jedoch, der die Sozialstaatsbilanz für Niedrigverdiener verschlechtert hat, ist eine sozialpolitische Neuerung der vergangenen Jahre. Ob in der Renten-, der Kranken- oder der Arbeitslosenversicherung: Überall haben die Regierungen in jüngster Zeit sogenannte Mindestsicherungen eingebaut. Sie verschaffen auch solchen Bürgern Anspruch auf ein Basisniveau sozialer Leistungen, die zuvor gar keine oder zu wenig Beiträge in die Solidarkassen eingezahlt haben.

In der Rentenversicherung beispielsweise haben Ältere seit einigen Jahren Anspruch auf die sogenannte Grundsicherung. Sie verschafft allen Senioren Anspruch auf ein Alterseinkommen in Höhe der Sozialhilfe. Ob sie gearbeitet haben oder nicht: Sie erhalten auf jeden Fall eine Basisrente, und zwar ohne dass der Staat sich das Geld bei ihren Kindern zurückholen könnte.

In der Arbeitslosenversicherung wurde die Arbeitslosenhilfe, die es früher nur für Beitragszahler gab, durch das niedrigere Arbeitslosengeld II ersetzt. Darauf haben jedoch nicht nur ehemalige Arbeitnehmer Anspruch, sondern alle Bürger, die im Prinzip erwerbsfähig sind. Also auch Selbstständige oder Hausfrauen, die zuvor nie einen einzigen Cent an die Nürnberger Arbeitslosenkasse überwiesen haben.

In die gesetzliche Krankenversicherung wurde früher nur derjenige aufgenommen, der einen festen Job vorweisen konnte. Seit der Hartz-IV-Reform jedoch sind alle Bürger versichert, die sich bei der Arbeitsagentur als erwerbssuchend registrieren lassen. Auch wer zuvor keinen einzigen Tag gearbeitet hat, kann seitdem auf das volle Kassenprogramm zugreifen – inklusive Mütterkur, Zahnersatz und Ernährungsberatung.

Wie so oft im Sozialstaat verfolgte die Regierung mit den Maßnahmen die besten Absichten: Benachteiligten Bevölkerungsgruppen sollte der Zugang zu einem Minimum öffentlicher Unterstützungsleistungen erleichtert werden. Doch wie so oft im Sozialstaat unterschätzten die Politiker die Risiken und Nebenwirkungen, die ihre Rezepte in der Praxis auslösten.

Zum einen brachten die neuen Leistungen jede Menge neuen Missbrauch auf Kosten der Solidargemeinschaft hervor: Seit es die Grundsicherung gibt, verschenkt mancher Rentner noch schnell vor dem 65. Geburtstag sein Wertpapierdepot an die Kinder, um den Anspruch auf das Rentenminimum nicht zu schmälern. Seit der Hartz-Reform rechnet sich mancher Kleinunternehmer künstlich arm, um seine Einkünfte mit der Hilfe vom Amt aufzustocken. Seit das Arbeitslosengeld II eingeführt wurde, meldet sich manche Hausfrau arbeitslos, um sich mit Hilfe einer kostenlosen Krankenversicherung von der Arbeitsagentur die Ausgaben für die Privatpolice zu sparen.

Zum anderen entwertet die neue Politik die Beitragsleistung der Geringverdiener. Je leichter es wird, Sozialansprüche auch ohne Arbeitsleistung zu erhalten, desto mehr fällt ins Auge, dass die Ansprüche vieler Geringverdiener nicht mal mehr Hartz-IV-Niveau erreichen.

Zum Beispiel bei Simone Blank, ausgebildete Arzthelferin in einer sächsischen Großstadt. Die 32-Jährige ist ledig und unverheiratet. Sie arbeitet 38,5 Stunden die Woche bei einem ortsansässigen Allgemeinmediziner: Patientenkartei führen, Rezepte ausstellen, Blutdruck messen. Mit ihrem Tariflohn von 6,95 Euro die Stunde kommt sie im Monat auf ein Bruttoeinkommen von 1151 Euro. Davon gehen 43 Euro Lohn- und Kirchensteuern sowie 245 Euro Sozialabgaben ab – bleiben unter dem Strich 863 Euro netto. Das ist nicht viel, aber durchaus kein ungewöhnliches Verdienstniveau für den Niedriglohnsektor in den neuen Ländern, und immerhin gut 60 Prozent über Hartz IV.

Doch das würde sich ändern, müsste sie von den Leistungen des Sozialstaats leben. Verlöre sie ihren Job, bekäme sie von der Versicherung ein Jahr lang gerade mal 544 Euro Arbeitslosengeld; das ist weniger als der durchschnittliche Hartz-IV-Satz. Und wenn sie im Jahr 2042 turnusmäßig in Rente geht, hat sie nach heutigen Werten Anspruch auf rund 450 Euro monatliches Altersgeld. Was das heißt, liegt auf der Hand: Am Ende eines langen Arbeitslebens stünde der Gang zur Fürsorgebehörde.

Genauso geht es Bastian Rausch, 35, der in einer Großbäckerei im bayerischen Rosenheim arbeitet. Rausch ist verheiratet und hat zwei Kinder. Mit seiner 38-Stunden-Woche und einem Tariflohn von 9,48 Euro verdient er im Monat rund 1550 Euro brutto. Damit liegt er knapp über jenem Entgeltniveau, das in Deutschland als Armutslohn gilt. Weil er als Familienvater zudem keine Steuern zahlen muss und Anspruch auf Wohn- und Kindergeld hat, braucht er für sich und seine Angehörigen keine Fürsorgeleistungen zu beantragen.

So weit scheint Rauschs Welt in Ordnung zu sein. Große Sprünge sind zwar nicht drin – aber er kann mit seiner Arbeit wenigstens seinen Lebensunterhalt bestreiten. Doch das scheint nur so. Sollte er nämlich entlassen werden, könnte er mit einem Arbeitslosengeld von 836 Euro seine Familie nicht mehr ernähren – die Rauschs müssten das Heer der sogenannten Hartz-IV-Bedarfsgemeinschaften verstärken. Und so ginge es für den Bäckereiarbeiter auch im Alter weiter. Ein Rentenanspruch von knapp 605 Euro reicht nicht mal für einen bescheidenen Ruhestand. Die Perspektive heißt: Grundsicherung.

Kaum besser schneidet Manfred Klar ab, geschiedener Verkäufer in einem Elektrogeschäft in Süddeutschland. Mit den Abgaben auf sein tarifliches Brutto-Monatseinkommen von 1232 Euro erwirbt er gerade mal eine Rentenleistung von 481 Euro und einen Anspruch auf Arbeitslosengeld von 616 Euro. Das bedeutet: Im Alter ist er auf die Fürsorge des Staates angewiesen, und im Fall der Arbeitslosigkeit beträgt sein Plus gegenüber Hartz IV ganze 50 Euro im Monat – für den überschaubaren Zeitraum von einem Jahr.

Die Beispiele zeigen: Für einen typischen Arbeitnehmer im unteren Drittel der Verdienstskala ist der Sozialstaat heute kaum noch eine Hilfe. Die horrenden Beiträge zur Renten-, Kranken- oder Pflegeversicherung fressen große Teile seines Bruttoverdienstes. Sie drücken sein Einkommen nicht selten unter jene Schwelle, die in der Bundesrepublik als Armutsgrenze gilt, und mindern seinen Lebensstandard vom Auto bis zur Urlaubsreise. Vor allem aber entziehen sie ihm jene Geldmittel, die er benötigen würde, um privat für die Wechselfälle des Lebens vorzusorgen.

Die Gegenleistung aber, die der Geringverdiener dafür erhält, liegt nahe null. Nahezu sämtliche Ansprüche, die er sich selbst hart erarbeiten muss, gibt es inzwischen in fast derselben Höhe kostenlos vom Staat. Ohne vorherige Beitragsleistung. Ohne langjährige Mitgliedschaft in der entsprechenden Solidarkasse.

Eine Abgabe aber, für die der Bürger keine Gegenleistung

erhält, ist nach gängiger ökonomischer Definition eine Steuer. Mit anderen Worten: Für einen Großteil der gering verdienenden Arbeitnehmerschaft ist der Beitrag zur Renten-, Kranken- oder Arbeitslosenkasse nichts anderes als eine Strafabgabe, die noch dazu die pikante Besonderheit hat, von keiner anderen Bevölkerungsgruppe erhoben zu werden.

Einst sollte die Sozialversicherung den kleinen Arbeitern zugute kommen, heute entpuppt sie sich als Umverteilungsmaschine zu ihren Lasten. Wer wenig verdient, zahlt mit seinen Beiträgen die laufenden Sozialleistungen der Besserverdiener, er selbst geht leer aus.

Dass der enteignungsähnliche Charakter der Sozialversicherung das ganze System in Frage stellt, liegt auf der Hand. Ein gesellschaftliches Ausgleichssystem kann kaum mit breiter Zustimmung rechnen, wenn wichtige Prinzipien erst vom Facharbeiter aufwärts gelten. Leistung muss sich lohnen? Viele Geringverdiener fühlen sich angesichts des Gegenwerts, den sie für ihren Arbeitseinsatz zu erwarten haben, eher bestraft. Der Starke hilft dem Schwachen? Der heutige Sozialstaat bewegt den Wohlstand nicht selten in die umgekehrte Richtung. Wer arbeitet, muss mehr haben als derjenige, der nicht arbeitet? Heute ist Arbeit nicht selten hinderlich, um in den Genuss sozialer Leistungen zu kommen.

So entwertet der Wohlfahrtsstaat schleichend seine Basis. Früher waren die meisten Sozialleistungen fest ans Arbeitsverhältnis gekoppelt. Wer keinen Job hatte, erwarb keinen Rentenanspruch. Er war nicht krankenversichert. Er hatte keinen Anspruch auf Hilfen von der Arbeitsagentur. Konnte er seinen Lebensunterhalt nicht durch eigenes Vermögen oder die Hilfe von Angehörigen sichern, blieb im Ernstfall nur der entwürdigende Gang zur staatlichen Fürsorgestelle. Dass Alleinerziehende, Studenten oder kleine Selbstständige deshalb im Notfall oft nur unzureichend abgesichert waren, konnte der frühere CDU-Generalsekretär Heiner Geissler noch in den Achtzigerjahren nicht zu Unrecht zur »neuen sozialen Frage« erheben.

Heute ist davon kaum noch die Rede. Die Finanzierung des Sozialstaats blieb eng an den Faktor Arbeit gebunden. Die Leistungen aber wurden vom Beschäftigungsverhältnis abgekoppelt. Von der Grundsicherung bis zu Hartz IV – die neue soziale Frage stellt sich heute gänzlich anders: Kann ein System funktionieren, in dem die Ansprüche aus dem Arbeitsverhältnis nicht einmal mehr das gesellschaftliche Minimum decken? Wer erklärt dem einen Teil des Publikums, dass es sich weiter am Kassenhäuschen anstellen soll – während die anderen umsonst zur Vorstellung gelassen werden?

Die Frage gewinnt vor allem deshalb an Gewicht, weil viele Arbeitnehmer sie längst auf ihre Weise beantworten. Sie flüchten aus dem regulären Arbeitsverhältnis in abgabenfreundlichere Beschäftigungsvarianten wie Schwarzarbeit oder Scheinselbstständigkeit. Wer als Geringverdiener ehrlich Steuern und Abgaben zahlt, muss sich deshalb doppelt betrogen fühlen: Erst versagt ihm der Sozialstaat für seinen Einsatz eine angemessene Gegenleistung. Dann züchtet er auch noch billige Konkurrenten heran, mit denen ein voll sozialversicherter Beschäftigter kaum mithalten kann.

Der Befund ist eindeutig: Ausgerechnet diejenigen, für die das System der Solidarversicherungen einst erfunden wurde, sind heute die Geprellten. Früher waren für die Ausbeutung der Arbeitnehmer die Kapitalisten zuständig. Heute besorgt das der Sozialstaat.

KAPITEL FÜNF

Die organisierte Sozialstaatsflucht

Im Schattenreich des Arbeitsmarkts

Das Friseurgeschäft von Dennis Röder liegt in einer belebten Einkaufsstraße im Berliner Bezirk Pankow. »Hair-Tec« steht über der Ladentür, und wer sie öffnet, fühlt sich in die knallbunte Welt der Siebzigerjahre versetzt: ziegelroter Teppich, zitronengelbes Sofa, Rosenbilder an den Wänden. Röder, der seiner Glatze mit zwei kurz gestutzten Koteletten Effekt verleiht, hat den Laden selbst renoviert. Es sieht aus wie in einem Austin-Powers-Film.

An der Stirnseite stehen drei schwarze Friseurstühle. Sie sind leer. Jetzt, zur Mittagszeit, hat Röder selten zu tun. Zu den Stoßzeiten am Vormittag und frühen Abend aber bedient er oft drei Kunden gleichzeitig. Erst vor ein paar Monaten hat sich Röder mit dem Geschäft selbstständig gemacht. Inzwischen ist er sicher, die richtige Entscheidung getroffen zu haben. »Ich weiß wieder«, sagt er, »warum ich arbeite.«

Das war nicht immer so. Seit Röder Ende der Neunzigerjahre seine Friseurlehre abschloss, ist es mit dem Berufsstand beständig bergab gegangen. Anfangs verdiente er als Angestellter noch ein Tarifgehalt von 900 Euro brutto, dazu kamen reichlich Trinkgelder. »Damals«, sagt Röder, »konnten die Leute den Euro noch nicht umrechnen.«

Doch dann machten an allen Straßenecken Billigläden unter dem Slogan »Cut and go« auf. Die Tarife wurden gekündigt und die Löhne stürzten ab. Röder verzichtete erst auf den jährlichen Urlaub, dann strich er die Discobesuche, schließlich beantragte er Hartz IV. Er erhielt einen sogenannten Aufstockungsbetrag, stand weiter 40 Stunden die Woche im Friseurgeschäft – und trotzdem blieben ihm unter dem Strich nicht mehr als 200 Euro im Monat zum Ausgeben. »Eigentlich habe ich nur noch gelebt, um zu arbeiten«, sagt Röder. Damals bekam er auch eine Renteninformation von der BfA. Mit seinen bislang gezahlten Beiträgen, teilte die Behörde mit, könne er mit einem monatlichen Altersgeld von 42 Euro rechnen.

So konnte es nicht weitergehen, befand Röder. Er schwankte zwischen Auswandern und Selbstständigkeit – und entschied sich schließlich für Letzteres. Er besorgte sich einen Gewerbeschein, stellte einen Antrag auf »Befreiung von der Sozialversicherungspflicht« und arbeitete fortan auf eigene Rechnung. Zunächst zog er als mobiler Friseur von Kunde zu Kunde, dann öffnete er schließlich sein Geschäft für »Schnitt- und Farbservice«. Das Wort »Friseur« vermied er, um keinen Ärger mit der Handwerkskammer zu bekommen.

Was er nun mit einem Haarschnitt hereinholt (Herren: 13 Euro, Damen: 18 Euro), kann er nach Abzug der Ladenmiete als eigenen Erlös verbuchen. Er braucht den Gewinn mit keinem Chef zu teilen. Er kann so lange arbeiten, wie er will. Und vor allem: Er zahlt keine Sozialbeiträge mehr. Stattdessen legt er jeden Monat so viel fürs Alter zurück, wie er selbst meint, entbehren zu können.

Das rechnet sich. Unter dem Strich hat Röder inzwischen so viel übrig, dass er sich von der Hartz-Behörde abmelden

konnte. Er will sein Geschäft um ein Nagel- und Kosmetik-
studio erweitern und in eine größere Wohnung umziehen.
»Mit dem, was ich einnehme«, sagt er, »wird jetzt der eigene
Kühlschrank gefüllt.«

Wie der Berliner Friseur machen es immer mehr Deutsche.
Sie verabschieden sich aus der Solidargemeinschaft und tauschen ihren Arbeitsvertrag gegen einen Gewerbeschein ein. In
manchen Branchen sind es die Arbeitnehmer, die unter dem
Abgabendruck ins freie Unternehmertum flüchten. In anderen geht die Initiative von den Arbeitgebern aus. Sie kündigen
ihren bisherigen Angestellten, beschäftigen sie fortan als freie
Mitarbeiter und sparen so die kompletten Sozialabgaben ein.

Vor allem im blühenden Dienstleistungssektor funktionieren inzwischen ganze Wirtschaftszweige nach dem Prinzip
Geld gegen Auftrag. Kurierdienste und Fitness-Studios, Kos-
metiksalons und Architekturbüros, Medienagenturen und
Werbefirmen: sie alle stellen kaum noch regulär Beschäftigte
an, sondern vergeben Aufträge an freie Mitarbeiter, Pauscha-
listen, Praktikanten. Bezahlt wird nach erbrachter Leistung,
für die soziale Sicherung sorgt jeder selbst.

So sinken die Lohnnebenkosten, ohne dass die Regierung
einen einzigen Gesetzesparagrafen ändern müsste, und auch
die Deregulierung des Arbeitsmarkts kommt voran. Kündigungsschutz, Betriebsräte, Tarifverträge: die fixen Traban-
ten des traditionellen Arbeitsverhältnisses sind in der freien
Marktwirtschaft der neuen Dienstleistungsbranchen so gut
wie unbekannt.

Selbst Kernsegmente der Old Economy haben deren Prinzipien inzwischen übernommen, zum Beispiel die Bauwirt-
schaft. Noch vor zehn Jahren war die Berufswelt der Maurer,
Trockenbauer oder Fliesenleger ein Musterbeispiel für das
sozialversicherungspflichtige Beschäftigungsverhältnis samt
Betriebsrente, Urlaubsgeld und Kuranspruch. Heute haben

sich weite Teile des Gewerbes in eine anarchische Dienstleis-
tungswirtschaft verwandelt, in der ganze Maurerkolonnen
aus selbstständigen Sub- und Sub-Subunternehmern bestehen, Firmen keine festangestellten Mitarbeiter mehr beschäftigen und Bauherren ihre Aufträge über digitale Hand-
werkerbörsen wie »My-Hammer.de« oder »Blauarbeit.de«
meistbietend versteigern.

Zum Katalysator der Bewegung ist ein Netz sogenannter
Gründungsberater geworden, die frustrierten Angestellten
den Weg aus Sozialversicherung und Arbeitsvertrag weisen.
Elke Kazmierzak ist eine von ihnen. Sie hat ihr Büro in einer
kleinen Etagenwohnung im Berliner Stadtteil Charlottenburg,
gleich neben Sitzecke und Fernseher. Auf ihrem Firmenlogo
schwebt eine Handvoll Euro- und Dollarscheine über der
Erdkugel.

Viele Jahre lang hat sie als Angestellte der früheren Gewerkschaft Handel, Banken, Versicherungen die Mitglieder in
arbeitsrechtlichen Streitfragen beraten. Doch als die Organisation mit vier anderen Verbänden zur Gewerkschaft ver.di
fusionierte, stieg sie aus, um als Finanz- und Versicherungs-
beraterin noch einmal von vorn anzufangen. »Früher habe
ich für mehr brutto gekämpft«, sagt sie, »heute sorge ich für
mehr netto.«

Damit ihren Kunden mehr vom Arbeitsertrag in der Tasche
bleibt, rät die Beraterin immer öfter zu jener Methode, die
ihre einstigen Kollegen als Solidaritätsbruch und Schmarot-
zertum bekämpfen: Raus aus der Sozialkasse, rein in die
Selbstständigkeit. Die Sozialversicherungen, sagt sie, böten
vielfach nur noch ein Bruchteil von dem, was die private Konkurrenz leiste. Sie selbst hat neulich einen Rentenauszug bekommen. Für 20 Jahre Beitragszahlung sollte sie 600 Euro
Monatsrente rausbekommen. »Ein Lacher«, sagt sie, »ich
bedaure jeden, der nicht die Wahl hat auszusteigen.«

Mehr als 700 Kunden hat sie bereits zum Neustart verholfen: Architekten, Kosmetiker, Buchhalter. Jüngst hat sie gar einen ganzen Verlag umstrukturiert. Der Betrieb hat seine zehn Mitarbeiter entlassen und beschäftigt sie nun als Freiberufler weiter. Statt 8000 Euro Sozialbeiträge im Monat zahlt das Unternehmen jetzt nur noch 4000.

Mit dem Vorwurf ihrer einstigen Gewerkschaftskollegen, sie untergrabe die gesellschaftliche Solidarität, kann sie leben. Ihre Kunden seien alle ordentlich versichert, niemand falle dem Staat zur Last: »Ich sorge nur dafür, dass sie für ihre Beiträge auch eine anständige Gegenleistung erhalten.«

Mit dieser Losung sind in den zurückliegenden Jahren immer mehr Bundesbürger aus dem Sozialsystem ausgestiegen. Seit Anfang der Neunzigerjahre haben sich rund 1,2 Millionen Deutsche selbstständig gemacht. Ihr Anteil stieg von gut acht auf über elf Prozent der Erwerbsbevölkerung.

Zugleich verfügen immer mehr Unternehmer dabei nur über geringe Wirtschaftskraft. Die Zahl der Selbstständigen ohne eigene Angestellte wuchs in den vergangenen Jahren um rund 66 Prozent, die der Arbeitgeber stagnierte dagegen. Eine neue Klasse ist entstanden, in der die Einkommen oft ähnlich niedrig liegen wie bei Geringverdienern und die Verhältnisse ähnlich prekär sind wie in der Hartz-IV-Welt. »Solo-Selbstständige« nennen sie die Soziologen.

Dass immer mehr Bürger ihr Berufsleben in die eigenen Hände zu nehmen versuchen, ist nur die jüngste Variante einer seit Jahren grassierenden Flucht aus dem regulären Beschäftigungsverhältnis. Um der steigenden Abgabenlast zu entgehen, greifen Arbeitnehmer wie Arbeitgeber verstärkt auf jene Erwerbsformen zurück, in denen gar keine oder wenige Beiträge erhoben werden. Allein die Schwarzarbeit mit ihrem branchenspezifischen BAT-Tarif (für: bar auf Tatze) macht mit einem geschätzten Volumen von rund 350 Milliarden Euro inzwischen ein Sechstel der Wirtschaftsleistung aus. Ganze Branchen müssten verschwinden, ganze Lebensentwürfe würden wohl obsolet, könnten sie nicht in der abgabenfreien Parallelwelt der Schattenökonomie organisiert werden.

Schwarzarbeit ist überall in Europa ein Problem. Deutschland aber darf den zweifelhaften Ruhm für sich verbuchen, die Flucht aus dem Sozialstaat auch noch öffentlich zu fördern. Nicht nur, dass die Bundesrepublik das reguläre Arbeitsverhältnis mit Abgaben auf Rekordniveau beschwert. Das Land hat sich auch einen ganzen Zoo sogenannter irregulärer Beschäftigungsformen zugelegt, die aus dem Einsparen von Sozialabgaben eine staatlich prämierte Schnäppchenjagd gemacht haben. Ich-AGs, Ein-Euro-Jobs, geringfügige Beschäftigungsverhältnisse: In kaum einem anderen Land der westlichen Welt war die Regierung kreativer, wenn es darum ging, preiswerte Alternativen zum hoch besteuerten Normalarbeitsverhältnis zu entwickeln.

Der Wirtschaft als Ganzes brachten die subventionierten Billigbeschäftigten einen Gewinn – anders wären viele Jobs kaum zu halten gewesen. Für die regulär angestellten Arbeitnehmer am unteren Ende der Verdienstskala aber bedeutete die abgabenarme Nebenökonomie gleich eine mehrfache Bedrohung: Es ließ die Beiträge steigen, weil die Sozialstaatsflüchtlinge als Finanziers der Sozialkassen ganz oder teilweise ausfielen. Es setzte ihre Löhne unter Druck, weil Minijobber oder Ich-AG-Gründer ihre Arbeitskraft billiger anbieten konnten. Es brachte ihre Jobs in Gefahr, weil die Arbeitgeber unter dem Zwang des Wettbewerbs vielfach auf die preisgünstigeren Beschäftigungsvarianten umstiegen.

Wie wenig konkurrenzfähig dabei das voll sozialversicherte Beschäftigungsverhältnis war, zeigt eine Studie der Wirtschaftswissenschaftler Peter Bofinger und Ulrich Walwei für das sächsische Arbeitsministerium. Danach muss der Arbeitgeber für einen regulären Arbeitsplatz oft ein Vielfaches an Steuern und Beiträgen abführen als für eine der staatlich organisierten Beschäftigungsalternativen.

Für einen ledigen Arbeitnehmer mit einem Monatsbrutto von 1000 Euro beispielsweise fallen gut 40 Prozent Sozialabgaben sowie ein geringer Betrag an Lohnsteuern an. Insgesamt muss der Arbeitgeber rund 436 Euro an Sozialkassen und Finanzamt abführen.

Teilt der Unternehmer die Stelle aber in drei Minijobs auf, sieht die Rechnung schon viel freundlicher aus. Nun verlangt der Staat lediglich sogenannte Pauschalsteuern von 30 Prozent. Der Arbeitgeber hat also lediglich 300 Euro abzuführen – und damit fast 50 Prozent weniger als bei einer Normalbeschäftigung.

Noch günstiger wird die Bilanz, wenn der Arbeitgeber den Job an einen Selbstständigen oder, bei gemeinnützigen Tätigkeiten, einen Ein-Euro-Jobber vergeben kann. Nun reduziert sich die Abgabenlast auf null (Selbstständiger) oder verwandelt sich gar in einen Zuschuss von mehr als 250 Euro (Ein-Euro-Job). Unter dem Strich, so urteilen Bofinger und Walwei, sei das sozialversicherungspflichtige Beschäftigungsverhältnis »die mit Abstand teuerste Rechtsform für Tätigkeiten im Niedriglohnbereich«.

Und so kann es nicht überraschen, dass die staatlich geförderten Jobalternativen in den vergangenen Jahren einen kräftigen Aufschwung erlebten. Die Zahl der Minijobs beispielsweise war schon Ende der Neunzigerjahre deutlich angestiegen. Dann verbesserte die rot-grüne Regierung im Zuge ihrer Agenda-Reformen noch einmal die Förderkonditionen und die geringfügige Beschäftigung explodierte binnen weniger Monate von knapp fünf auf fast sieben Millionen.

Vor allem im Einzelhandel, im Gesundheitswesen und im Gastgewerbe spalteten die Betriebe zahlreiche reguläre Stellen in Teilzeitjobs auf, entließen ihr bisheriges Stammpersonal und stellten preisgünstige Minijobber ein – eine Entwicklung, die zu Lasten der regulären Beschäftigten ging und den Zielen der Reform diametral entgegenlief.

Eigentlich wollte die Regierung die Arbeitslosigkeit senken; stattdessen verstärkten die einstigen Vollzeitkräfte nun das Erwerbslosenheer. Eine Brücke aus der Erwerbslosigkeit sollte gebaut werden; stattdessen wurden Hausfrauen, Studenten oder Teilzeitkräfte angestellt, die zuvor gar nicht arbeitslos gemeldet waren. Geringqualifizierte sollten existenzsichernde Arbeitsplätze erhalten; stattdessen profitierten Beschäftigte, die bereits einen Hauptjob hatten und sich lediglich ein Zubrot verdienen wollten.

Der Arbeitsmarkt hatte neue Drehtüren bekommen. Vollzeitstellen wurden durch Teilzeitjobs ersetzt, regulär Beschäftigte durch Nebenerwerbskräfte, ungeförderte Arbeitsplätze durch subventionierte Beschäftigung. Die hochgelobte Minijob-Reform missriet zum Flop. Statt die Erwerbslosenzahl zu senken, blähte sie das Heer gering qualifizierter Langzeitarbeitsloser mit Anspruch auf öffentliche Gelder sogar noch auf.

Einen weiteren Versuch, der regulären Beschäftigung mit einer staatlich geförderten Billigvariante Konkurrenz zu machen, startete die Regierung fast zur selben Zeit. Jahrelang war sie zuvor gegen die sogenannte Scheinselbstständigkeit zu Felde gezogen. Wer im Verdacht stand, seinen Unternehmerstatus nur vorzutäuschen, in Wahrheit aber weiter abhängig beschäftigt war, wurde mit neuen Paragrafen und einem eigens entwickelten bürokratischen Verfolgungsprogramm kujoniert.

Die Maßnahmen lösten jedoch nicht viel mehr aus als eine endlose Juristendebatte und so probierte es die Regierung nun mit einer kompletten Kehrtwende. Die Scheinselbstständigkeit sollte nicht abgeschafft, sondern um eine eigene Variante bereichert werden. Die sogenannte Ich-AG aus dem Wunderkasten des VW-Personalmanagers und Schröder-Beraters Peter Hartz fand Eingang in das rot-grüne Reformprogramm: Wer sich als Arbeitsloser selbstständig machte, durfte auf monatliche Zuschüsse der Nürnberger Bundesagentur in Höhe von mehreren 100 Euro rechnen.

In der Folge gründeten Hunderttausende Arbeitslose staatlich geförderte Kleinunternehmen, die vielfach nichts anderes waren als getarnte Arbeitsverhältnisse. Handwerksbetriebe, Kurierdienste oder Pizzabäcker entließen ihr Stammpersonal und arbeiteten fortan mit formal selbstständigen Ich-AGs zusammen. So sparten sie das Geld für die Sozialabgaben und auch die Auftragnehmer konnten ihr Honorar von Stund an brutto wie netto kassieren. Die Kosten für die Renten- oder Krankenversicherung übernahm ganz oder teilweise die Arbeitsagentur.

Wer im boomenden Dienstleistungsgeschäft noch als festangestellter Arbeitnehmer antrat, galt nicht nur als hoffnungslos altmodisch, er war auch der Geprellte. Aus seinen Beiträgen zur Arbeitslosenversicherung wurden jene Zuschüsse finanziert, mit denen die selbstständige Billigkonkurrenz ihre privaten Renten- und Krankenversicherungspolicen erwarb. Zugleich fielen die Löhne im gesamten Servicesektor, weil die Ich-AGs ihre Leistungen preiswerter anbieten konnten. Ein weiteres Beschäftigungskarussell war entstanden, von dem vor allem die Vermittler der Arbeitsagentur profitierten. Ihnen wurde der Job so leicht gemacht wie selten zuvor: Sie brauchten dem Arbeitslosen nur noch einen Ich-AG-Antrag in die Hand zu drücken – und viel Glück im eigenen Unternehmen zu wünschen.

Die Zahl der staatlich erzeugten Kleinunternehmer kletterte bald genauso rasch in die Höhe wie die Kosten. Schon nach wenigen Monaten gab die Nürnberger Behörde mehr als eine Milliarde Euro für das neue Förderinstrument aus – mit bescheidenem Resultat. Manche Erwerbslose hatten ihre Kleinbetriebe nur zum Schein gegründet, um die staatliche Unterstützung zu kassieren. Andere verabschiedeten sich mit ihren neu gegründeten Sonnenstudios, Imbissbuden oder Hobbyshops mangels Nachfrage bald wieder in die Arbeitslosigkeit. Wer Erfolg hatte, arbeitete vielfach in seinem früheren Job weiter – mit dem finanziell nicht unbedeutenden Unterschied, dass er die Mitgliedschaft in der Sozialkasse durch den Abschluss privater Versicherungsverträge ersetzte.

Minijobs und Ich-AGs setzten die regulär Beschäftigten in der freien Wirtschaft unter Druck. Das skurrilste Beispiel für staatlich geschaffene Billigkonkurrenz aber entstand im öffentlichen Dienst. Um auch Städten und Gemeinden, Wohlfahrtsverbänden und Beschäftigungsgesellschaften einen Weg aufzuzeigen, wie sich Löhne drücken und Sozialabgaben sparen lassen, erfand die Regierung die Ein-Euro-Jobs. Und weil der Vorteil sozusagen in der Familie bleibt, fiel die Fördersumme in diesem Fall so üppig aus wie bei keinem anderen Beschäftigungsinstrument.

Das Prinzip geht so: Die regionale Arbeitsagentur weist einem Langzeitarbeitslosen eine sogenannte soziale Arbeitsgelegenheit zu: als Parkpfleger im kommunalen Grünflächenamt zum Beispiel oder Pflegehelfer im Altenheim. Dafür bezieht er weiter sein Arbeitslosengeld II sowie eine Entschädigung von ein bis zwei Euro die Stunde.

Das klingt nach Ausbeutung, addiert sich aber unter dem Strich zu einem ansehnlichen Netto-Monatsgehalt von oft 900 Euro oder mehr – und toppt so nicht selten das Verdienstniveau vieler regulärer Niedriglöhner. Verständlich, dass viele

Hartz-IV-Empfänger geradezu begierig darauf sind, einen der angeblichen Sklavenhalterjobs zu ergattern.

Noch besser fällt die Rechnung freilich für die meist kommunalen oder halbstaatlichen Arbeitgeber aus. Den Lebensunterhalt sowie den Minilohn ihrer Angestellten zahlt das Job-Center, und wenn sie ihre Verwaltungskosten geschickt abrechnen, bleibt beim Dienstherrn unter dem Strich sogar ein Plus übrig. Der Ein-Euro-Jobber ist somit der seltene Fall eines Arbeitnehmers, der seinem Brötchengeber selbst bei Null-Produktivität einen hübschen Gewinn verschafft.

Um Missbrauch zu verhindern, hat der Gesetzgeber deshalb versucht, dem Einsatz der Ein-Euro-Jobber Grenzen zu setzten. Die Billigkräfte dürfen nur für solche Arbeiten abgestellt werden, die »gemeinnützig und zusätzlich« sind, wie es im Gesetzestext heißt. Und natürlich, so beteuern die kommunalen Kämmerer treuherzig, würden sie die Auflagen strikt beachten und ihre Ein-Euro-Jobber nur solche Aufgaben erledigen lassen, die sonst niemand macht: der Oma im Heim die Zeitung vorlesen, Schülern bei den Hausaufgaben helfen, in der U-Bahn aufpassen.

Die Realität sieht anders aus. Kaum war das neue Beschäftigungsinstrument eingeführt, meldeten Gewerkschaften und Handwerksverbände eine Vielzahl von Missbrauchsfällen aus der ganzen Republik. Mal setzten die Stadtväter Ein-Euro-Arbeiter im Straßenbau ein, mal ließen sie einen Golfplatz anlegen, mal durften Hartz-IV-Kräfte beim Behördenumzug anpacken – alles zum Wohle der Stadtkasse. Denn wem es gelingt, reguläre Kräfte durch Ein-Euro-Jobber zu ersetzen, kann den kommunalen Personaletat oft erheblich entlasten. Für die eigenen Beschäftigten muss der Kämmerer nämlich selbst aufkommen, die Hartz-IV-Kosten dagegen trägt zum Großteil der Bund.

Wie selbstverständlich die Kommunen ihre Ein-Euro-

Kräfte vielfach als reguläre Personalreserve nutzen, zeigt eine Studie des Nürnberger Instituts für Arbeitsmarkt- und Berufsforschung. Bei fast der Hälfte der untersuchten Arbeitgeber fanden die Forscher klare Missbrauchsindizien: Ungerührt gaben die Betriebe an, mit den Ein-Euro-Kräften ihr Angebot ausgeweitet, die Öffnungszeiten verlängert oder Überstunden abgebaut zu haben. Nicht wenige gaben sogar unumwunden zu, sie hätten Personal eingespart.

Ihren eigentlichen Zweck dagegen, Langzeitarbeitslosen wieder zu einer regulären Beschäftigung zu verhelfen, erfüllten die Ein-Euro-Jobs nur im Ausnahmefall. Nach Ablauf ihres Arbeitseinsatzes besetzten fast alle Zusatzkräfte wieder die Wartebänke in den Job-Center-Fluren. Entsprechend kritisch fiel das Fazit der Nürnberger Beschäftigungsforscher aus: Die staatlich geförderten Kleinverdienerstellen hätten sich »nicht als Brücke in den ersten Arbeitsmarkt erwiesen«, heißt es in der Studie. Im Gegenteil: Bei »unrechtem Einsatz«, so die Forscher, erhöhten »die Zusatzjobber die Arbeitslosigkeit durch Abbau sozialversicherungspflichtiger Beschäftigungsverhältnisse« und schädigten so »die Finanzierungsgrundlage der Sozialversicherungssysteme«.

Ob Ich-AGs, Ein-Euro-Stellen oder Minijobs: die staatlich subventionierten Beschäftigungsalternativen sind kein Teil der Lösung, sondern des Problems. Sie verlocken dazu, reguläre Beschäftigte durch Billigjobber zu ersetzen. Sie schädigen die Sozialkassen. Sie erhöhen den wirtschaftlichen Druck auf Geringverdiener.

Zwar hat die Regierung die Förderkonditionen für Existenzgründer und geringfügig Beschäftigte in jüngster Zeit leicht verschlechtert. Die wesentlichen Bestimmungen aber gelten weiter, sodass die regulär Beschäftigten gleich von zwei Seiten in die Zange genommen werden. Oben belohnt das Sozialversicherungssystem Akademiker und Besserverdiener durch

eine geringere Abgabenlast. Unten öffnet der Staat den Flucht-
weg in subventionierte Ersatz-Arbeitsverhältnisse.

Wer dazwischen sitzt, gehört zum doofen Rest, der alles
bezahlt.

Die Beschäftigungsfalle

Es ist ein Mantra von Ökonomen und Politikern, von Mana-
gern und Regierungsbeamten: Die staatliche Unterstützung
für Arbeitslose ist zu hoch in Deutschland. Die üppigen
Transfers mindern den Anreiz zu arbeiten. Sie verkürzen den
Abstand zum Lohn. Sie verleiten zum Nichtstun.

So heißt es auf Konferenzen und Podiumsdiskussionen, in
Parlamentsdebatten und Talkshows. Die Litanei wird von
Arbeitgeberfunktionären angestimmt, von Forschungsins-
tituten bestätigt und von Wirtschaftspolitikern nachgebetet.
Sie ist in Fachaufsätzen nachzulesen, in Zeitschriftenartikeln
und Parlamentsdrucksachen. Sie ist ein Standard.

Sie hat nur einen Nachteil: Sie stimmt nicht. Oder genauer:
Nicht mehr.

Seit den Agenda-Reformen der rot-grünen Regierung
haben die hiesigen Unterstützungsleistungen für Erwerbslose
ihr einstiges Weltniveau eingebüßt. Das Niveau des Arbeits-
losengeldes für diejenigen, die gerade entlassen wurden, liegt
im europäischen Mittelfeld. Und die Grundleistungen an
Langzeitarbeitslose sind heute im internationalen Vergleich
eher dem unteren Drittel zuzuordnen.

Mit einem Regelsatz von nicht mehr als 345 Euro liegt die
Staatshilfe für dauerarbeitslose Singles inzwischen um fast ein
Fünftel unter dem Industrieländer-Durchschnitt. In Ländern
wie Belgien, den Niederlanden oder Polen liegen die Regel-
sätze der Sozialhilfe, gemessen an der Wirtschaftsleistung, oft

doppelt so hoch wie in der Bundesrepublik. Nur Portugal, Ungarn und die USA zahlen ihren Bedürftigen noch niedrigere Zuschüsse.

Doch der deutsche Sozialstaat wäre nicht der deutsche Sozialstaat, wenn er nicht auch in seiner Basisabteilung dafür sorgen würde, dass Arbeiten unattraktiv ist und die Beschäftigten zu Benachteiligten werden. Die Regelleistungen sind karg. Doch haben es die Sozialpolitiker verstanden, die ärmliche Welt der Arbeitslosen und Hartz-IV-Empfänger ebenfalls als kleine Klassengesellschaft auszuformen. Privilegierte Gruppen unter ihnen erhalten eine Reihe von Zuschlägen, Sonderleistungen und Vergünstigungen, auf die Arbeitnehmer keinen oder nur geringeren Anspruch haben. Vor allem für Ältere, Familienväter oder Alleinerziehende ist es deshalb oft lohnender, vom Arbeitslosengeld zu leben als von einem regulären Job, der mit Steuern und Abgaben hoch belastet ist. Sechs Regeln des Arbeits- und Sozialrechts sind es, die viele Betroffene nicht anders verstehen können denn als Aufforderung, sich als Kunde der Arbeitsverwaltung doch bitte noch etwas länger einzurichten.

Erstens, der befristete Zuschlag: Wer als Hartz-IV-Empfänger zuvor ein Jahr Arbeitslosengeld bezogen hat, erhält zusätzlich zu seiner regulären Unterstützung ein befristetes Aufgeld. Die Sonderzahlung beläuft sich bei Verheirateten im ersten Jahr auf maximal 320 und im zweiten Jahr auf höchstens 160 Euro. Vielen Arbeitslosen wird dadurch das Hartz-IV-Geld um bis zu 50 Prozent aufgestockt.

Zweitens, das Kindergeld: Der Nachwuchs von Langzeitarbeitslosen ist dem Staat deutlich mehr wert als der von Arbeitnehmern. Beschäftigte erhalten einen einheitlichen Staatszuschuss von 150 Euro pro Sprössling, Hartz-IV-Empfängern zahlt das Job-Center für jedes Kind zwischen 207 Euro (unter 14 Jahren) und 276 Euro (über 14 Jahren).

Drittens, das Wohngeld: Während der Staat Langzeitarbeitslosen in gewissen Grenzen die komplette Miete samt
Heiz- und Nebenkosten erstattet, haben gering verdienende
Arbeitnehmer lediglich Anspruch auf das deutlich schlechter
ausgestattete Wohngeld. Entsprechend belaufen sich die
staatlichen Unterkunftshilfen bei Hartz-IV-Empfängern auf
durchschnittlich 300 Euro, bei Arbeitnehmern dagegen auf
lediglich 130 Euro.

Viertens, der Alleinerziehenden-Zuschlag: Wer als Arbeitsloser allein lebt und Kinder großzieht, erhält vom Job-Center
einen weiteren Zuschlag von 125 Euro, zusätzlich zu seiner oft
ebenfalls erhöhten Grundleistung, etwa fürs Wohnen. Manch
alleinziehende Mutter kommt so mit allen öffentlichen Hilfen auf ein Netto-Monatseinkommen von 1300 Euro und
mehr.

Fünftens, die Ost-West-Angleichung: Im vergangenen Jahr
hat die schwarz-rote Regierung den Hartz-IV-Regelsatz im
Osten auf den Westbetrag von 345 Euro angehoben. Preise
und Lebenshaltungskosten in den neuen Ländern liegen dagegen noch immer deutlich niedriger als in den alten.

Sechstens, die Frühverrentung: Bis Anfang dieses Jahres
hatten Ältere, die ihren Job verloren, Anspruch auf fast drei
Jahre Arbeitslosengeld I. Was sie von der Arbeitsagentur erhielten, lag damit oft deutlich über dem, was ihnen ein neuer
Job eingebracht hätte.

Es versteht sich von selbst, dass die komplizierten und
widersprüchlichen Regeln die Arbeitsbereitschaft der Deutschen höchst unterschiedlich anstacheln. Ein lediger End-
zwanziger zum Beispiel müsste nahezu jeden Job attraktiv finden. Sein Hartz-IV-Anspruch ist so gering, dass ihm schon
eine Stelle mit einem Brutto-Stundenlohn von 4,50 Euro
mehr einbringt als die staatliche Hilfszahlung. Anders sieht
die Rechnung für einen Alleinerziehenden aus. Seine Ansprü-

che entsprechen bereits einem Stundenlohn von fast neun Euro. Der Familienvater mit zwei Kindern benötigt mindestens 9,50 Euro, um eine Stelle finanziell attraktiv zu finden. Und bei jenen Arbeitslosen, die zusätzlich Anspruch auf einen befristeten Zuschlag haben, sind sogar Bruttolöhne von 12 oder 13 Euro erforderlich, um den staatlichen Unterstützungsbetrag zu toppen. Soll diese Klientel zurück in die Fabrik oder ins Büro gelotst werden, sind demzufolge Verdienste gefragt, die den Einstiegsgehältern in gewerblichen Hochlohnsektoren wie der Metallindustrie nahe kommen.

Entsprechend differenziert fallen die Ergebnisse aus, wenn die hiesigen Job-Behörden ihren Kunden konkrete Arbeitsangebote unterbreiten. Arbeitsvermittler sprechen von der Drittelgesellschaft: Ein Drittel sucht händeringend einen Job. Ein Drittel gibt mehr oder weniger offen zu verstehen, dass es bis auf Weiteres vom Amt nicht belästigt zu werden wünscht. Ein Drittel hat resigniert, weil die Löhne, welche die Arbeitslosen auf dem Arbeitsmarkt erzielen können, unter der staatlichen Unterstützungsleistung liegen.

Beschäftigungsfalle nennen die Ökonomen das Phänomen, das seit Jahren den Kern der hiesigen Arbeitsmarktprobleme ausmacht. Die regulären Jobs sind mit Steuern und Abgaben derart belastet, dass ihre Besitzer netto kaum über die Runden kommen. Im Gegenzug erreichen die staatlichen Unterstützungsleistungen und Vergünstigungen für manche Arbeitslosengruppen noch immer ein Niveau, wie es ihnen keine Stelle in der freien Wirtschaft eintragen würde.

Kein Wunder, dass viele Deutsche das Interesse an regulärer Beschäftigung verloren haben. Sie wollen raus aus dem Erwerbsleben, weil sich das Arbeiten für sie nicht mehr lohnt.

Wer älter ist zum Beispiel, versucht vielfach die letzten noch verbliebenen Fluchtwege der Frühverrentung oder der Altersteilzeit zu nutzen. Entsprechend ist der Anteil derjenigen, die mit über 55 Jahren noch in Lohn und Brot sind, viel geringer als in anderen Ländern.

Wer als Alleinstehender Kinder erzieht, gehört ebenfalls zu den besonders treuen Kunden der Arbeitsverwaltung. Ein Job wäre oft die schlechtere Alternative – denn es gibt zu wenig öffentliche Kitaplätze, und die Erwerbslosenunterstützung für Erziehende fällt vergleichsweise großzügig aus. Entsprechend ist der Anteil von Alleinerziehenden an den Hartz-IV-Bedarfsgemeinschaften fast dreimal so hoch wie an der Gesamtbevölkerung.

Auch für verheiratete Mütter ist es finanziell oft völlig unattraktiv zu arbeiten. Bleiben sie zu Hause, werden die Einkünfte ihrer Ehemänner nur mäßig besteuert. Gehen sie aber arbeiten, sorgt nicht selten die ungünstige Steuerklasse V dafür, dass sie den weit überwiegenden Teil ihrer Verdienste an Finanzamt und Sozialkassen abführen müssen. Entsprechend gering ist in Deutschland der Anreiz, als Erziehende weiter berufstätig zu bleiben, wie jüngst die OECD in einer Studie gezeigt hat.

Am wenigsten hat der Arbeitsmarkt hierzulande jenen zu bieten, die als schlecht ausgebildet gelten. Niedrige Löhne, hohe Abgaben: bevor sie beim Jobben draufzahlen, gehen viele Geringqualifizierte lieber ein Langzeitengagement mit ihrer Hartz-IV-Behörde ein. Der Anteil der schlecht Ausgebildeten am Arbeitslosenheer ist in Deutschland gut doppelt so hoch wie im Rest der industrialisierten Welt.

Die Misere ist überall in der Republik spürbar, nirgendwo aber ist sie so ausgeprägt wie in Ostdeutschland. Die Ursache ist nicht schwer zu finden: In den neuen Ländern liegt das staatliche Unterstützungsniveau, gemessen an den Lebenshaltungskosten, höher als im Westen. Umgekehrt fällt das allgemeine Lohnniveau deutlich geringer aus.

Entsprechend frustriert sind in den Hartz-IV-Hochburgen

der neuen Länder beide Teile der Bevölkerung: Wer arbeitslos ist, leidet darunter, dass er keinen Job findet. Wer eine Stelle hat, beklagt sich, dass er kaum mehr verdient als ein Hartz-IV-Bezieher. Das Ergebnis ist eine Gesellschaft, in der sich Arbeitslose wie Arbeitsplatzbesitzer gleichermaßen als Benachteiligte empfinden.

Was in Ostdeutschland bereits seit Jahren zu beobachten ist, erfasst mittlerweile auch den Westen. Ob im Ruhrgebiet oder in den strukturschwachen Regionen des ehemaligen Zonenrands: Überall wächst eine neue Armutsschicht aus Hartz-IV-Beziehern und Niedriglohnempfängern heran, die das Schicksal teilen, keine Jobs mit Verdiensten oberhalb des Existenzminimums mehr zu finden.

Kein anderer Faktor hat daran so großen Anteil wie die hohe Belastung der Arbeitnehmer mit Steuern und Abgaben. Nahezu das gesamte Gewicht des Sozialstaats lastet auf ihren Schultern. Sie müssen immer mehr einzahlen, und bekommen immer weniger raus. Kein Wunder, dass viele Beschäftigte sich als Lastesel abmelden und das Problem auf diese Weise noch verschärfen: Während die Zahl der Träger schrumpft, vermehren sie die Armee der Transferempfänger – und erhöhen das Gewicht des Sozialstaats.

Der jüngste Konjunkturaufschwung hat diesen unseligen Teufelskreis zwar unterbrechen, aber keineswegs aus der Welt schaffen können. Das zugrunde liegende Problem ist ungelöst. Es wird vom aktuellen Aufschwung lediglich überdeckt. Experten wie Ifo-Präsident Hans-Werner Sinn sind sicher: Wenn der nächste Konjunkturabschwung kommt – und er kommt, so sicher wie auf Sonne Regen folgt –, wird die Spirale von vorn beginnen, möglicherweise ärger als zuvor.

Die gegenseitige Blockade, in der sich das hiesige Sozial- und Arbeitsmarktsystem festgefressen hat, ist längst mehr als ein ökonomisches Problem. Sie ist eine Gefahr für den

Zusammenhalt der Gesellschaft insgesamt: Sie entmutigt die Unterschicht, deren soziale Perspektive sich darauf beschränkt, die armselige Existenz des Hartz-IV-Bezugs mit der nicht weniger armseligen der Niedriglohnarbeit zu tauschen. Sie verunsichert die Mittelklasse, die mehr denn je fürchtet, in die Prekariatsabteilung der Drei-Drittel-Gesellschaft abzusteigen. Sie zerstört das soziale Gleichgewicht, indem sie die obere Schicht der Globalisierungsprofiteure nicht einmal in ihre zentralen Solidarsysteme einbindet.

Vor allem aber entmutigt sie diejenigen, die in einigen Jahren die Last der Sozialsysteme übernehmen sollen. Nicht wenige Jugendliche fürchten heute, dass sie demnächst einen weitgehend unfinanzierbaren Wohlfahrtsstaat erben werden, der ihnen selbst kaum noch Chancen auf eine unabhängige Existenz bietet.

Vor drei Jahren wollte die damalige rot-grüne Regierung etwas gegen die Misere unternehmen. Im Zuge ihrer Hartz-Gesetze startete sie eine weitere, ambitionierte Reform. Die Idee war gar nicht schlecht: Wer als Arbeitsloser eine niedrig bezahlte Stelle antritt, so das Konzept, soll mehr von seinem Arbeitslohn behalten dürfen. Entsprechend wurden die sogenannten Hinzuverdienstgrenzen erhöht.

Doch dann unterlief dem damaligen Wirtschaftsminister Wolfgang Clement ein entscheidender Fehler: Bei der Umsetzung der Reform wurden diejenigen begünstigt, die eine Teilzeitstelle annahmen. Wer dagegen einen Vollzeitarbeitsplatz übernahm, wurde benachteiligt: Er durfte einen weit kleineren Anteil seines Verdienstes neben der Stütze behalten.

Es kam, wie es kommen musste. Die Zahl der Teilzeitbeschäftigten und Minijobber, die neben ihrem Verdienst Hartz IV erhielten, explodierte. Vollzeitstellen verschwanden, dafür wurde in den neuen Ländern das Modell der sogenannten 160-Euro-Jobs populär. In Gaststätten und Hotels, bei Einzelhändlern und in Kraftfahrzeugwerkstätten: überall wurden nun Minijobber angestellt, die gleichzeitig Arbeitslosengeld II erhielten und ihr Gehalt nebenbei noch mit Schwarzarbeit aufbesserten. »Tarnkappenjobs« nannten Experten die Beschäftigungsverhältnisse, die das groteske Förderprinzip des hiesigen Sozialstaats auf die Spitze trieben: Zu Lasten regulärer Vollzeitstellen wurden die ohnehin subventionierten Minijobs mit einer weiteren Subvention versehen, die obendrein noch eingesetzt wurde, die Schwarzarbeit zu legalisieren.

Mittlerweile hat die schwarz-rote Nachfolgeregierung erkannt, dass sie das System reparieren muss. Von einer zielgerichteten Reform aber, die das reguläre Beschäftigungsverhältnis wieder attraktiver machen würde, ist sie weit entfernt.

Nötig wären Veränderungen auch deshalb, weil die Arbeitnehmer nicht nur im Sozialsystem benachteiligt werden. Wer abhängig beschäftigt ist, wird hierzulande auch von anderen staatlichen Institutionen in die Rolle des Lastesels gedrängt, zum Beispiel von den Finanzämtern.

KAPITEL SECHS

Von guten und bösen Einkommen

Das Geschäft mit der Lohnsteuer

Wer die Prinzipien des hiesigen Steuerrechts studiert, wird in eine Welt voller Gerechtigkeit und Fairness versetzt. Wirtschaftlich gleiche Sachverhalte sind gleich zu behandeln – so besagt es der Leitsatz aller deutschen Steuergesetze: das Gebot der gleichmäßigen Besteuerung. Ob die Bürger ihren Lebensunterhalt mit dem Vermieten von Wohnungen oder mit Börsengeschäften verdienen, darf keinen Unterschied machen. So verlangt es das Prinzip der synthetischen Einkommensteuer, nach dem es keine Vorteile oder Vergünstigungen für einzelne Bevölkerungsgruppen geben darf. Wohlhabende Bürger sollen stärker zur Finanzierung des Gemeinwesens beitragen als ärmere. Das schreibt das Leistungsfähigkeitsprinzip vor, das die Lastenverteilung innerhalb der Einkommensteuer regelt.

So sperrig die Begriffe sind, mit denen die drei Grundsätze des bundesdeutschen Abgabenwesens überschrieben sind, so unumstritten ist ihr Inhalt. Dass alle Menschen nicht nur vor dem Gesetz, sondern auch vor dem Finanzamt gleich sein sollen, ist ein breit akzeptierter Grundsatz, den Finanzpolitiker, Rechtsprofessoren und Ökonomen ähnlich hochhalten wie den Artikel Eins des Grundgesetzes. Kaum ein Aufsatz in einer steuerjuristischen Fachzeitschrift, kaum eine Vortrag auf einem finanzwissenschaftlichen Expertenkongress, in dem nicht auf die goldenen Regeln der hiesigen Steuergesetze verwiesen wird.

Doch wie es so ist mit guten Grundsätzen: Sie können schnell zu leeren Gemeinplätzen werden, wenn sie in der Praxis nicht beachtet werden. Was nützt das allgemeine Wahlrecht, wenn der Staat die Kandidaten festlegt, die auf den Stimmzetteln stehen? Welchen Wert hat die Meinungsfreiheit, wenn die Obrigkeit bestimmen darf, wem das Zeitungspapier zugeteilt wird und wem nicht?

So ähnlich ist es mit dem deutschen Steuerrecht. Seine Prinzipien versprechen Gleichheit und Gerechtigkeit. In der Praxis aber sorgt eine Vielzahl von Sonderregeln, Ausnahmen und Vergünstigungen dafür, die hehren Grundsätze in ein unberechenbares Chaos aus Willkür und Widersprüchlichkeit zu verwandeln. Von einem »Dschungel« spricht der Heidelberger Verfassungsrechtler Paul Kirchhoff, in dem nicht mehr das Prinzip der Leistungsfähigkeit, sondern das der »steuertaktisch gestaltenden Geschicklichkeit« gilt.

Die Hauptleidtragenden sind die Arbeitnehmer. In der Sozialversicherung werden sie benachteiligt, weil sie nicht zu den privilegierten Berufsgruppen zählen, die sich aus den Solidarsystemen ausklinken können. Im Steuersystem sind sie die Dummen, weil der Fiskus auf keine anderen Einkünfte so lückenlos und umfassend zugreift wie auf Löhne. Wer seinen Lebensunterhalt als Selbstständiger, Wertpapierbesitzer oder Vermieter bestreitet, hat die ganze Vielfalt der Schlupflöcher und Gestaltungsmöglichkeiten zur Auswahl, mit denen sich die Überweisungen ans Finanzamt bis auf Minibeträge drücken lassen. Wer dagegen als abhängig Beschäftigter sein Geld verdient, muss dem Fiskus in aller Regel einen weit größeren Anteil seiner Einkünfte überlassen.

Von gleichmäßiger Besteuerung kann keine Rede sein. In der Realität des Subventions- und Vergünstigungsstaats finanzieren die Arbeitnehmer nicht nur das Sozialsystem, sondern auch den größten Teil der übrigen Staatsausgaben. Leistung soll sich lohnen, so lautet ein gern verwendeter Politiker-Schlachtruf aus allen Lagern. Im Steuersystem aber wird Arbeitsleistung eher bestraft.

Es beginnt schon beim Verfahren, mit dem der Staat das Geld seiner Bürger eintreibt. Als »Quellenbesteuerung« bezeichnen Experten das Prinzip, nach dem ein Betrieb zeitgleich mit dem Monatsverdienst an seine Angestellten auch die Lohnsteuer ans Finanzamt abführt: Ohne Umwege, ohne Ausnahme, ohne Ermessensspielräume. Die erfahrenen Entwässerungstechniker der deutschen Finanzverwaltung wissen schließlich ganz genau: An der Quelle lässt sich das Geld der Bürger viel leichter abschöpfen als weiter unten am Fluss, wo es nur allzu schnell in dunkle Kanäle abfließen oder im Uferfiltrat versickern kann.

Und damit auch der Besitzer der Quelle mitspielt, haben die Finanzpolitiker das Prinzip um eine weitere Regel ergänzt: Wird zu wenig Geld abgeführt, so haftet der Unternehmer. Die Vorschrift wirkt wahre Wunder, wie Dieter Ondracek vermerkt, der Chef der deutschen Steuergewerkschaft. Alle Arbeitnehmereinkünfte, so sagt er, unterliegen einer »nahezu lupenreinen Überwachung«.

Ganz anders geht es zu, wenn die Steuern bei Selbstständigen, Vermögensbesitzern oder Vermietern eingeworben werden. Im Grundsatz gelten natürlich dieselben Vorschriften wie bei Arbeitnehmern. Doch in der Praxis bestätigt sich die alte Volksweisheit: Alle sind gleich, nur einige sind gleicher.

Nicht nur, dass Unternehmer und Freiberufler selbst angeben, wie im vergangenen Jahr Erlöse und Kosten ausgefallen sind. Sie dürfen ihre Abgabenlast auch durch die schier unerschöpflichen Möglichkeiten der sogenannten Steuergestaltung trickreich nach unten drücken. Sie können Autos, Arbeitsräume oder Personalcomputer als Betriebsausgaben absetzen – auch wenn die Anschaffungen vornehmlich privaten Zwecken dienen. Sie dürfen ihren Tennispartner als Unternehmensberater beschäftigen oder die eigene Frau als Sekretärin anstellen. Sie können die Autogarage zum Firmenlager aufwerten und ihre Betriebsgewinne so auf die Geschäftsjahre verteilen, dass sie dem Endziel aus der unverändert boomenden Steuerspar-Literatur möglichst nahe kommen: der Null-Steuer.

Die Gefahr, beim Tricksen erwischt zu werden, ist denkbar gering. Die Finanzverwaltung ist durch die ständigen Steuerreformen und Gesetzesänderungen derart lahmgelegt, dass sie die Kontrolle ganzer Wirtschaftssegmente nahezu eingestellt hat. Nur noch die Groß- und Mittelbetriebe lassen die Ämter regelmäßig überprüfen, so geht aus einem Bericht des Bundesrechnungshofs hervor. Wer dagegen einen Kleinbetrieb sein eigen nennt, muss lediglich einmal im Vierteljahrhundert mit dem Besuch eines Betriebsprüfers rechnen. Ein Großteil der Gewerbetreibenden und Freiberufler hat sogar gute Chancen, zu Lebzeiten überhaupt nicht von Kontrollen belästigt zu werden. Sie werden laut Statistik der Finanzverwaltung im Schnitt nur alle 75 Jahre kontrolliert.

»Angesichts solcher Zeitabstände« verliere die Betriebsprüfung »ihre vorbeugende Wirkung«, schlussfolgert der Rechnungshof. Und nicht nur das. Offenbar führt der auf Jahrzehnte berechnete Kontrollturnus auch dazu, dass die Informationen der Finanzverwaltung über die bundesdeutsche Unternehmensstruktur nicht immer auf dem letzten Stand sind. Regelmäßig, so schreiben die Rechnungsprüfer, entpuppe sich »nach einer Betriebsprüfung so mancher Klein- und Kleinstbetrieb als Mittelbetrieb«.

Was getan werden müsste, um die Firmenbesitzer und Gewerbetreibenden im Land angemessen zu besteuern, liegt für die Rechnungsprüfer auf der Hand. Die Bundesländer müssten mehr Steuerprüfer einstellen und die Zahl der Kontrollen erhöhen.

Doch genau daran haben vor allem die Ministerpräsidenten im wirtschaftsstarken Süden der Republik kein Interesse. Warum sollten sie mit zusätzlichen Prüfungen den eigenen Mittelstand verschrecken, wo ein Großteil der zusätzlichen Steuereinnahmen über den Umweg des Länderfinanzausgleichs an die Armutsprovinzen im Norden und Osten des Landes fließen würde? Also verzichten sie lieber auf ein paar Gewinnsteuern und locken dafür zusätzliche Firmen und Arbeitsplätze ins Land. Deren Beschäftigte können dann ja später voll besteuert werden, so kalkulieren die regionalen Finanzpolitiker.

Und so führt die Konkurrenz der Bundesländer um Investitionen und Firmensitze dazu, die Abgabenlast weiter zuungunsten der Arbeitnehmer zu verschieben. Noch 1960 machte die Lohnsteuer lediglich die Hälfte der gesamten Einkommensteuer-Einnahmen in Deutschland aus. Den Rest bezog der Fiskus aus Gewinn- und Vermögenseinkommen. Heute ist der Lohnsteueranteil auf rund 86 Prozent gestiegen, und der Anteil der Abgaben auf übrige Einkünfte hat sich bis auf einen kleinen Restbetrag reduziert. »Proletarisierung der Einkommensteuer« nennen das die Finanzwissenschaftler.

Was der deutschlandinterne Ansiedlungskampf für den hiesigen Mittelstand bewirkte, erledigte die internationale Konkurrenz für die großen Konzerne. Um ausländische Firmen ins Land zu locken, steigerten sich die europäischen Staaten in den vergangenen Jahren in einen aberwitzigen Steuersenkungswettlauf. Es begann in Irland, wo die Regierung schon vor Jahren die Unternehmenssteuern unter das

Niveau der europäischen Nachbarländer drückte. Dann zogen osteuropäische Beitrittsländer wie Estland oder die Slowakei nach. Schließlich kappte Österreich seine Unternehmensabgaben – und setzte damit Deutschland unter Zugzwang, das seinerseits die Steuersätze senkte. Jetzt haben andere Regierungen in Europa Ähnliches angekündigt.

Ein zerstörerischer Kreislauf ist in Gang gekommen, in dem Steuersätze wie Jahrmarktspreise ausgerufen werden und niemand mehr fragt, wie Straßen und Stromleitungen für die frisch angesiedelten Betriebe eigentlich finanziert werden sollen.

Den Vorteil haben die großen Aktiengesellschaften, nicht zuletzt in Deutschland. Für sie erwies sich vor allem die europäische Einigung als gigantisches Programm zur Senkung der Abgabenlast. Erst durften sie in großem Stil Gewinne in jene Länder verschieben, in denen die Steuern niedrig waren. Dann profitierten sie von den verzweifelten Gegenmaßnahmen der Regierung in Berlin.

Im Jahr 2000 etwa setzte der frühere Finanzminister Hans Eichel eine Steuerreform durch, deren vordringliches Ziel es war, den Standort Deutschland zu stärken. Sie missriet zu einem der größten Geldgeschenke, das die hiesigen Großunternehmen jemals erhielten. Den Firmen wurde es nicht nur leichter gemacht, Verluste von Tochterunternehmen mit eigenen Gewinnen zu verrechnen. Sie durften auch jahrzehntealte Rückstellungen steuersparend ausschütten.

Die Konzerne nutzten die unerwartete Chance, ihre Bilanzen auf Staatskosten aufzuhübschen, nach Kräften aus. Binnen Jahresfrist brach das Aufkommen der Körperschaftsteuer um einen zweistelligen Milliardenbetrag ein. Verrückter noch, die Flussrichtung des Steuerstroms kehrte sich um. Großunternehmen wie Siemens, Daimler oder BMW zahlten plötzlich keine Steuern mehr, sie erhielten Geld vom Finanzamt zurück, teils in dreistelliger Millionenhöhe. Der Begriff vom »steuerbedingten Extragewinn« wurde zu einem der Modewörter in den Quartalsberichten jener Zeit.

Zu den Geldgeschenken, die der Staat eher unfreiwillig gewährte, treten jene hinzu, die er mit voller Absicht ausreicht. Vom Freibetrag für die Veräußerung kleiner Betriebe über allerlei Investitionszulagen bis zur Sonderabschreibung für Schiffe und Luftfahrzeuge: mit zahlreichen Steuervorteilen und Vergünstigungen, die ihnen willfährige Politiker in Bundes- und Landesregierungen gewährten, dürfen die Unternehmen ihre Abgabenlast weiter drücken. Allein der Anteil der von den großen Konzernen zu zahlenden Körperschaftsteuer am gesamten Steueraufkommen halbierte sich seit 1960 von damals knapp zehn auf heute nur noch vier Prozent.

Nicht nur Unternehmer und Selbstständige werden im hiesigen Steuersystem hofiert, auch die Gruppe der Kapital- und Vermögensbesitzer steht in der besonderen Gunst des Staats. Aktionäre zum Beispiel dürfen derzeit Kursgewinne nach einem Jahr einstreichen, ohne das Finanzamt zu beteiligen – und so einen Großteil ihrer Anlagerendite am Fiskus vorbeischleusen. Ähnlich gefördert werden Hauseigentümer. Wer Wohnungen vermietet, darf Investitions-, Renovierungs- oder Finanzierungskosten großzügig mit seinen Mieteinnahmen verrechnen. Über viele Jahre können Immobilienbesitzer so Verluste aufhäufen, mit denen sie die Steuerlast auf ihre übrigen Einkünfte drücken. Wenn sie ihre Immobilie dann nach zehn Jahren verkaufen, bleibt der Gewinn steuerfrei. So kommt es zu dem eigentümlichen Effekt, dass die Einkünfte aus Vermietung und Verpachtung für den Fiskus seit Jahren ein Minusgeschäft sind. Die Wohnungseigentümer der Republik sparen deutlich mehr Steuern, als sie zahlen. Der deutsche Immobilienmarkt: laut Steuerstatistik ein einziges Verlustgeschäft.

Dass die hiesigen Steuergesetze zahlreiche Schlupflöcher und Vorteile bieten, ist seit Jahren bekannt. Weniger bewusst ist großen Teilen der Öffentlichkeit, dass sich die Vergünstigungen auf diejenigen konzentrieren, die ihren Lebensunterhalt nicht mit dem Einsatz ihrer Arbeitskraft, sondern ihres Vermögens verdienen. Tatsächlich haben die Regierungen in den vergangenen Jahren die Steuern auf den Faktor Kapital mehrfach gesenkt.

Mitte der Neunzigerjahre zum Beispiel schaffte die Regierung Kohl die Vermögensteuer ab. Das Bundesverfassungsgericht hatte kritisiert, dass Immobilien- und Geldkapital unterschiedlich behandelt würden. Doch anstatt die entsprechenden Regelungen zu ändern, setzte die Regierung einfach die komplette Steuer aus. Seither erhebt der Fiskus so gut wie überhaupt keine Abgaben mehr auf Vermögenswerte und der Staat verzichtet auf Einnahmen in Höhe von mehreren Milliarden Euro pro Jahr.

Auch die Sozialdemokraten änderten daran nichts. Zwar beschlossen sie in den Folgejahren von Parteitag zu Parteitag, die Steuer wieder einzuführen. Doch als sie schließlich die Regierung stellten, behandelte Kanzler Gerhard Schröder das Projekt als politisches Spielzeug: Vor der Wahl durften die Genossen mit der populären Forderung nach höheren Vermögensteuern auf Stimmenfang gehen. Danach wurde das Vorhaben genauso regelmäßig wieder in der Schublade versenkt.

Stattdessen setzte die rot-grüne Koalition wenig später eine besonders ambitionierte Reform der Einkommensteuer durch. Wie es zahlreiche Wirtschaftswissenschaftler seit Jahren empfahlen, wurden die allgemeinen Steuersätze gesenkt und Ausnahmeregelungen gestrichen. Nichts weniger als die größte Entlastung in der Geschichte der Republik versprachen die Regierenden – und zwar, wie sie betonten, vor allem für gering und durchschnittlich entlohnte Arbeitnehmer.

Tatsächlich profitierten am stärksten die Kapitalbesitzer, wie der Berliner Ökonom Giacomo Corneo nachgewiesen hat. Zwar ließ die Reform bei allen Bürgern die Nettoeinkommen steigen. Doch fiel die Erhöhung umso größer aus, je besser die Haushalte verdienten. Wer zwischen 10 000 und 100 000 Euro nach Hause brachte, konnte seine Einkünfte zwischen vier und zehn Prozent steigern. In der Einkommensklasse bis 500 000 Euro betrug die Erhöhung zwischen zehn und 20 Prozent. Einkommensmillionäre profitierten gar mit fast 22 Prozent.

Damit konzentrierten sich die Vorteile zugleich auf die Bezieher von Kapitaleinkommen, die eher in oberen Einkommensklassen vertreten sind. Die rot-grüne Reform, stellt Corneo fest, habe so »die Einkommensungleichheit in Deutschland verschärft« und in beträchtlichem Umfang Einkünfte »von Donald Duck zu Dagobert Duck umverteilt«.

Es ist ein peinlicher Befund, den der Ökonom damit der früheren Bundesregierung ausstellt. Stets hatte das Kabinett Schröder für sich in Anspruch genommen, untere Schichten genauso entlastet zu haben wie die Besserverdienenden. Sind Corneos Kalkulationen richtig, haben ausgerechnet Sozialdemokraten und Grüne die oberen Zehntausend in einem Umfang beglückt wie kaum eine andere Koalition zuvor.

Einzig die jetzige Regierung scheint entschlossen, die Bilanz des Kabinetts Schröder noch zu toppen. Zwar hat sie den Spitzensteuersatz mit Hilfe einer sogenannten Reichensteuer wieder nach oben geschraubt. Zugleich aber bereitet sie ein neues Geschenk für Wertpapierbesitzer und Rentiers vor.

»Abgeltungssteuer« heißt das Projekt, das die heutigen Prinzipien der gleichmäßigen Besteuerung aller Einkünfte durch »ein System von guten und bösen Einkommen« ersetzt, wie der hannoversche Finanzwissenschaftler Stefan Homburg spottet. Gut sind Zinseinkünfte und Festgelderträge, von de-

nen der Staat künftig einen Pauschalsatz von 25 Prozent ein-
behält. Böse sind Arbeitsverdienste oder Unternehmens-
gewinne, die mit bis zu 45 Prozent besteuert werden.

Offensichtlicher hat noch kaum eine Regierung gegen das
Gleichheitsprinzip verstoßen. Wer im Büro oder in der
Fabrik seinen Lebensunterhalt verdient, muss künftig fast
doppelt so viel von einem zusätzlich erwirtschafteten Euro
abführen wie derjenige, der sein Geld für sich arbeiten lässt.
Vor »zunehmenden Disparitäten in der Einkommensverteilung« und »zwangsläufig steigendem Steuerwiderstand«
warnten viele Finanzwissenschaftler in der einschlägigen Par-
lamentsanhörung.

Doch die Große Koalition ließ die einhelligen Warnungen
von Ökonomen und Steuerexperten an sich abtropfen. Mit
der Arroganz ihrer Zwei-Drittel-Mehrheit wurde das Vorhaben durchgewinkt.

Die Folgen sind absehbar. Banken und Versicherungen
können auf ein dickes Extrageschäft hoffen: So wie früher
Schiffsbeteiligungen oder Filmfonds können sie nun Festgeld-
konten und Lebensversicherungspolicen als Steuersparmo-
delle anpreisen. Die Firmen werden ihre Geschäfte weniger
mit Eigenkapital finanzieren als mit steuerbegünstigten Kre-
diten. Dem Staat entgehen milliardenschwere Einnahmen,
weil für einen Großteil der Kapitalanlagen im Land künftig
niedrigere Steuersätze gelten.

So sei nun mal die Globalisierung, rechtfertigen sich viele
Koalitionspolitiker. Um das flüchtige Kapital im Land zu
halten, müssten die Steuersätze gesenkt und Vermögende
mit günstigen Bedingungen geködert werden. Anders sei der
internationale Wettlauf um Investitionen und Finanzanlagen
nun einmal nicht zu gewinnen.

Nach dieser Melodie hat sich die Bundesrepublik in den
vergangenen Jahren zu einer regelrechten Steueroase für

Kapitalbesitzer verwandelt. Kaum eine andere Volkswirtschaft in Europa lässt Sparer, Wertpapierbesitzer und Vermögende so ungeschoren davonkommen wie Deutschland, in kaum einem anderen Land sind die Steuereinnahmen aus Kapitaleinkünften so gering. Ein Vergleich der Europäischen Kommission zeigt: Die Quote, mit der die Finanzämter hierzulande die Zins- und Vermögenseinkünfte belasten, liegt um mehr als ein Viertel unter dem Durchschnitt der 15 alten EU-Staaten.

Sonderliche Wettbewerbsvorteile hat das nicht geschaffen. Im Gegenteil: Gerade im Vergleich mit jenen Ländern, deren Finanzmärkte als besonders attraktiv gelten, nimmt sich der Zugriff des deutschen Fiskus geradezu bescheiden aus. So liegt der sogenannte implizite Steuersatz auf Kapital in Deutschland um rund 35 Prozent niedriger als in Großbritannien und gut 20 Prozent niedriger als in Luxemburg. Wegen des geringen Niveaus der Kapitalbesteuerung, so heißt es in der Analyse der Brüsseler EU-Kommission, müsse Deutschland gemeinsam mit Griechenland inzwischen als »Außenseiter in Europa« betrachtet werden.

Den Preis zahlen die Arbeitnehmer. Weil die Bundesrepublik den Faktor Kapital weitgehend ungeschoren davonkommen lässt, muss die Regierung bei den Beschäftigten umso kräftiger zulangen. Die Arbeitnehmer sind nun einmal nicht so mobil wie die weltweiten Finanzströme, und so übersteigt die Abgabenlast deutscher Arbeitnehmer den europäischen Durchschnitt mittlerweile deutlich.

Daran haben auch die zahlreichen Reformen nichts geändert, mit denen die Regierungen in Bonn und Berlin in regelmäßigen Abständen an der Einkommensteuer herumoperierten. Die Freibeträge wurden erhöht und die Familienförderung ausgebaut, die Tarife gesenkt und die Einkommensgrenzen angepasst. Davon profitierten Spitzen- und

Geringverdiener sowie Familien. Den Nachteil aber hatte die breite Masse der Arbeitnehmerschaft mit mittlerem und gehobenem Einkommen. Ihre Belastung liegt auch heute noch deutlich über jener des Jahres 1991.

Das Prinzip, mit dem die Regierung die Mittelschicht abkassierte, war dabei stets dasselbe: Der Spitzensatz der Einkommensteuer wurde gesenkt, aber dafür mussten immer mehr Bürger ihn zahlen. So konnte sich der Staat wachsende Einnahmen sichern – und dabei gleichzeitig so tun, als würde er die Steuern senken. Noch Ende der Fünfzigerjahre musste ein Bundesbürger das 23-Fache des durchschnittlichen Pro-Kopf-Einkommens verdienen, um den Höchstsatz der Einkommensteuer zahlen zu müssen. Heute reicht dafür schon das doppelte Durchschnittseinkommen aus. Immer mehr Bürger geraten so in die Zone der steuerlichen Höchstbelastung, immer geringer wird die Zusatzlast für die absoluten Topverdiener.

Das macht sich für den Staat vor allem dann bezahlt, wenn die Wirtschaft brummt. Im Aufschwung kann der Finanzminister zuschauen, wie ihm das allgemeine Preis- und Lohnwachstum die Kassen füllt. Je schneller die Einkommen von Jahr zu Jahr zulegen, desto mehr Bürger steigen in Steuerklassen auf, in denen die Sätze höher sind. So kann sich der Staat überproportional steigende Einnahmen sichern, ohne auch nur ein Steuergesetz ändern zu müssen. »Kalte Progression« nennen Ökonomen den Effekt.

Derzeit ist er stärker zu beobachten denn je. Mit der Steuerreform des Jahres 2001 reduzierte die rot-grüne Regierung zwar die Steuersätze. Zugleich aber wurden die Einkommensgrenzen gesenkt, in denen sie gelten. Nun schiebt die gute Konjunktur immer mehr Bürger in die Zonen steuerlicher Hoch- und Höchstbelastung.

Wie sehr der Staat dadurch profitiert, zeigt eine Studie des

Kieler Instituts für Weltwirtschaft. Wer derzeit als Alleinstehender rund 3000 Euro im Monat verdient, kann in den nächsten sechs Jahren mit Einkommenssteigerungen von knapp zehn Prozent rechnen. Seine Lohnsteuerlast aber steigt im selben Zeitraum gleich um 17 Prozent. Von der Differenz nährt sich der Staat. Jahr für Jahr, so prognostiziert das Kieler Institut, spülen die heimlichen Steuersteigerungen dem Fiskus 2,2 Milliarden Euro zusätzlich in die Kassen.

Bestraft werden wieder einmal die Arbeitnehmer. Sie sind überwiegend in jenen mittleren Verdienstklassen zu finden, die in den nächsten Jahren steigende Steuersätze zu verkraften haben. Die überwiegend gut situierten Kapitalbesitzer dagegen bleiben von steigenden Steuersätzen verschont.

Wer arbeitet, verliert. Wer Kapital besitzt, gewinnt. Noch besser freilich schneiden diejenigen ab, die ihr Kapital gerade erst bekommen.

Erben und erben lassen

Er besaß ein Jagdschloss in der Steiermark, ein Penthouse in New York sowie Residenzen in Paris, Palm Springs und am Wörthersee. Seine Yacht war länger als die des saudischen Königs, allein um sein Anwesen in Österreich kümmerten sich 60 Bedienstete. Wenn er ein Bad nahm, kontrollierte ein Butler die Wassertemperatur. Flog er in die USA zum Wintersport, musste ein Skilehrer zuvor die schönsten Tiefschneehänge auskundschaften.

Friedrich Karl Flick war der Prototyp des armen reichen Mannes. Vom Vater hatte er Stahlhütten, Papierfabriken und Chemiebetriebe im Wert von sechs Milliarden Euro geerbt. Was der Senior in den Wirtschaftswunderjahren mit Geiz, Gier und dem Gespür für zukunftsträchtige Geschäfte aufgebaut hatte, verkaufte Flick junior binnen weniger Jahre. Fortan jagte der gescheiterte Unternehmer Auerhähne in Österreich oder Löwen in Afrika und füllte hingebungsvoll die Klatschspalten der Münchner Lokalpresse. Mit seinen Freunden zog er nächtelang durch die Schwabinger Kneipen, um sie in rauschenden sogenannten Kristallnächten zielgerichtet zu verwüsten. War die Party zu Ende, beglich ein Flick-Vertrauter den Schaden. In bar.

Neben Feiern und Jagen hatte der legendäre Lebemann noch eine weitere Leidenschaft: Steuern sparen. Um sein Vermögen vor dem Zugriff der Finanzämter zu sichern, beschäftigte Flick ein ganzes Team hochbezahlter Steuerberater und Finanzverwalter. Als er seinen wertvollsten Deal am Fiskus vorbeischleusen wollte, den Verkauf eines milliardenschweren Pakets von Daimler-Benz-Aktien, löste er mit heimlichen Spenden an die Bonner Parteien den größten Schmiergeldskandal der Nachkriegsgeschichte aus. Und auch am Beginn seiner Milliardärskarriere stand ein Steuertrick: Damit der Fiskus leer ausging, hatte Flick senior schon lange vor seinem Ableben alles Kapital auf seine Nachkommen übertragen. So fiel kein einziger Cent Steuern an, als Friedrich Karl das Riesenvermögen seines Vaters übernahm.

Die Geschichte des Flickimperiums zeigt einen der wichtigsten Gründe auf, warum der Faktor Kapital hierzulande in weit geringerem Umfang zur Finanzierung des Staats und seiner Aufgaben beiträgt als in vielen anderen Ländern. Die Bundesrepublik lässt Erben finanziell weitgehend unbehelligt, selbst dann, wenn es um den Transfer riesiger Vermögen geht.

Dabei wäre nach Auffassung vieler Ökonomen gerade eine Besteuerung von Erbschaften geeignet, die Abgabenlast der Arbeitnehmer zu reduzieren. Will sich der Staat einen angemessenen Anteil am gesellschaftlichen Vermögenszuwachs und an den Werten der Reichen und Begüterten sichern, so argumentieren sie, sollte der Fiskus am besten dann zugreifen, wenn das Kapital von einer Generation auf die nächste übergeht. Es gilt, was schon Adam Smith wusste: Zu keinem Zeitpunkt lässt sich besser für ein Stück irdische Gerechtigkeit sorgen als beim Übergang vom dies- zum jenseitigen Leben. Drei Gründe sprechen dafür, den Faktor Kapital dann zu besteuern, wenn sein Besitzer das Zeitliche segnet.

Erstens, der Vermögende weiß, dass sein Kapital erst nach seinem Ableben angegriffen wird. So kann er zu Lebzeiten unbehelligt vom Finanzamt über sein Vermögen verfügen und der Zugriff des Fiskus bleibt auf jenen Teil des Besitzes beschränkt, den der Verblichene für die Nachkommen reserviert hat.

Zweitens, der Tod macht nicht nur alle gleich, er sorgt auch für Klarheit. Damit es nicht zum Streit ums Erbe kommt, müssen sich die Überlebenden eine möglichst vollständige Übersicht über das in Rede stehende Vermögen verschaffen. Davon profitieren die Behörden, die zu kaum einem anderen Zeitpunkt einen ehrlicheren Blick auf den Familienbesitz erhalten als bei der Testamentseröffnung.

Drittens, Erbschaften zu besteuern sorgt für mehr Gerechtigkeit. Zum einen steigert der Nachlass das persönliche Einkommen, das nach einhelliger Auffassung als Grundlage für eine faire Besteuerung dienen sollte. Zum anderen liegt dem Erbe kein eigener Verdienst zugrunde, den der Zugriff des Finanzamts mindern würde. Entsprechend gering sind die wirtschaftlichen Nebenwirkungen, die von einer Abgabe auf den Nachlass zu erwarten sind.

Und so kommt es, dass sich die Erbschaftssteuer gerade unter liberalen Ökonomen besonderer Beliebtheit erfreut. Von Adam Smith über John Stuart Mill bis zu Leon Walras empfahlen die Vordenker der Marktwirtschaft, die Weitergabe privaten Vermögens mit hohen Steuersätzen zu belasten.

Das Recht auf Eigentum war ihnen heilig. Wo es sich aber zu dynastischen Vermögen zusammenballt, witterten sie eine Gefahr für Marktwirtschaft und Wettbewerb. Würden gesellschaftliche Führungsjobs nicht nach Leistung, sondern nach Verwandtschaftsgrad vergeben, so fürchteten sie, besetzt bald eine unfähige Elite antriebsloser Tunichtgute die wichtigsten wirtschaftlichen Machtpositionen. Deshalb müsse die Erbschaftssteuer für eine Korrektur sorgen.

Die Bundesrepublik jedoch hat die Empfehlungen der liberalen Ökonomenelite weitgehend ignoriert. Deutschland belegt den Vermögenstransfer am Lebensende mit geringeren Abgaben als andere Industrienationen. Kaum irgendwo sonst ist Erben so intransparent und damit der Kontrolle der Öffentlichkeit entzogen wie in der Bundesrepublik.

Wer sein Vermögen den eigenen Kindern überträgt, wird anders behandelt als derjenige, der es seiner Lebensgefährtin überschreibt. Wird eine Gemäldesammlung hinterlassen, gelten andere Bestimmungen als bei der Weitergabe eines Wertpapierdepots.

Den Vorteil haben die Erben. Auf dem Papier wird ihr Vermögen zwar mit bis zu 50 Prozent besteuert. In der Praxis aber sorgt ein kompliziertes System von Freibeträgen, Steuerklassen, Ausnahme- und Sonderregelungen dafür, dass von den jährlich gut 800 000 Erbschaften im Land mehr als 90 Prozent überhaupt nicht mit Abgaben belegt werden.

Für Ehegatten oder Kinder gelten Freibeträge von bis zu 307 000 Euro. Nur wer mehr erbt, muss überhaupt Steuern zahlen; und auch dann greift der Fiskus vergleichsweise milde zu. Der Höchstsatz von 30 Prozent gilt erst bei Spitzenvermögen jenseits der 25-Millionen-Euro-Grenze. Wer von seinem Ehepartner ein Haus im Wert von einer Million Euro erhält, muss dagegen lediglich vier Prozent Steuern aufbringen.

Besonders günstig kommen Firmenerben davon. Sie dürfen ihre Vermögen nicht nur mit Hilfe besonderer Bewertungsvorschriften und mit Sonderabschlägen künstlich klein rechnen. Sie werden auch generell in die günstigste Steuerklasse eingruppiert. Schon heute, urteilt der Sachverständigenrat der Bundesregierung, sei betriebliches Vermögen besonders privilegiert.

Als Folge ist das Aufkommen der Erbschaftssteuer hierzulande geradezu lächerlich gering. Von den rund 150 Milliarden Euro, die jedes Jahr den Besitzer wechseln, sichert sich der Staat nicht einmal vier Milliarden Euro, deutlich weniger als mit der Tabaksteuer. Von der Bruttolohn- und Gehaltssumme in Höhe von 910 Milliarden Euro gehen jedes Jahr 35 Prozent Steuern und Sozialbeiträge an den Staat. Bei der Erbschaftssteuer beträgt die Abgabenquote ganze 2,5 Prozent.

Dass der Fiskus die Erben hätschelt wie kaum eine andere Bevölkerungsgruppe, hat in Deutschland eine lange Tradition. Als die Reichsregierung 1906 die Erbschaftssteuer einführte, um die Aufrüstung des Heeres zu finanzieren, war sie ein typisches politisches Kompromissprodukt. Sozialdemokraten und Liberale hatten sie als »Anstandssteuer« gefordert, um die Begüterten »an den Verteidigungskosten nach Maßgabe ihres Besitzes« zu beteiligen, wie es der damalige SPD-Vorsitzende August Bebel formulierte.

Die Konservativen dagegen fürchteten um den Bestand von Ehe und Familie und setzten weitreichende Ausnahmen durch. Je enger die Erben mit dem Verblichenen verwandt sind, so lautet seither das Prinzip in Deutschland, desto niedriger werden sie besteuert. Das Bestreben des Familienclans, den gemeinsamen Besitz an die nächste Familiengeneration weiterzureichen, wurde zum tragenden Prinzip des deutschen Erbrechts, ganz nach dem Motto »Blut ist dicker als Wasser«.

Länder wie Großbritannien und die USA dagegen hatten bei der Erbschaftssteuer weniger Sippe und Verwandtschaftsgrad im Blick als die Chancengleichheit in der Gesellschaft. Wer erbt, muss einen Teil seines Reichtums abgeben, so lautet das traditionelle Credo in den angelsächsischen Nationen, damit er Aufsteigern aus der Unter- und Mittelschicht nicht den Weg nach oben verbaut.

Entsprechend kräftiger langen die Finanzämter solcher Länder zu. Gemessen am Bruttoinlandsprodukt erheben die USA ein Viertel mehr Erbschaftssteuern als Deutschland. In Frankreich ist das Aufkommen sogar mehr als doppelt so hoch. Würde die Bundesrepublik Nachlässe und Schenkungen in ähnlichem Umfang besteuern wie andere Länder, könnte die Regierung milliardenschwere Mehreinnahmen verbuchen, mit denen sich der Faktor Arbeit entlasten ließe.

Zu holen gibt es genug. Die Generation, die das Land aus den Trümmern des Zweiten Weltkriegs aufgebaut hat, ist die erste, die sich in Friedenszeiten ein ansehnliches Vermögen zusammensparen konnte. Sie hat Fabriken errichtet und Häuser gebaut, Sparguthaben angesammelt und mit Aktien spekuliert, Lebensversicherungen abgeschlossen und Wertpapiere gekauft. Nun addiert sich das private Nettovermögen der Haushalte auf mehr als sieben Billionen Euro, dreimal so viel wie das Bruttoinlandsprodukt eines Jahres.

So gewaltig die Schätze sind, die ein halbes Jahrhundert Wohlstand hervorgebracht hat, so ungleich sind sie verteilt. Das reichste Fünftel der Deutschen verfügt über mehr als zwei Drittel des Vermögens. Die ärmsten 20 Prozent dagegen haben nichts, außer Schulden. Wenn die Aufbaugeneration die Früchte ihrer Leistung demnächst an die Nachkommen weitergibt, wird sich die Schieflage verschärfen, nach dem alten Sprichwort: Wenige erben viel, viele erben wenig. Entsprechend gerechtfertigt wäre es, einen Teil des unverdienten Kapitalgewinns der Allgemeinheit zukommen zu lassen.

Doch in der Bundesrepublik folgen die Politiker eher der

Logik, die Reichen bei der Finanzierung des Gemeinwesens zu verschonen. Die jüngste Maßnahme unter dieser Überschrift begünstigt die Erben großer Firmenvermögen. Wer den Betrieb zehn Jahre lang fortführt, so schreibt es der entsprechende Gesetzesplan der Großen Koalition vor, braucht künftig überhaupt keine Steuern mehr zu zahlen. Auf diese Weise sollen insbesondere mittelständische Familienunternehmen »als Garanten von Arbeitsplätzen«, als »Stätten produktiven Wachstums« sowie »Orte beruflicher und sozialer Qualifikation« erhalten bleiben, wie es in der Begründung des Regelwerks ungewohnt blumig heißt.

Nüchtern besehen geht es um nichts anderes als einen einseitigen Steuervorteil für reiche Familienerben, wie selbst jene Experten feststellen, die Wünschen aus der Unternehmerschaft traditionell eher aufgeschlossen gegenüberstehen. Von einem »unnötigen Steuergeschenk« sowie einer »im Steuerrecht bislang nicht gebräuchlichen Unterscheidung von produktivem und nicht produktivem Betriebsvermögen« spricht der Sachverständigenrat in einem selten deutlichen Verriss des Vorhabens.

Angeblich soll das Gesetz verhindern, dass wohlhabende Firmenpatriarchen den Betrieb vor ihrem Ableben ins Ausland verlagern. Doch diese Gefahr sei auch heute schon denkbar gering, so stellen die fünf Weisen fest. Wollen Unternehmer nämlich dem Fiskus jeden Zugriff auf ihr Erbe verwehren, müssen sie nicht nur selbst ihren Wohnsitz ins Ausland verlegen. Sie müssen auch ihre Nachkommen zum Umziehen bewegen und sämtliche Betriebsstätten verlegen. Wenn der Firmenchef dies aber tut, muss er erst recht Steuern zahlen: Denn wird eine Firma komplett ins Ausland verlagert, so schreiben die Gesetze vor, muss der Eigentümer sämtliche stillen Reserven seines Unternehmens offenlegen und den Gewinn versteuern. Da böte sich dann eher der Verkauf der

Firma an – womit die Jobs im Inland aber erhalten blieben. Von der Erbschaftssteuer gingen demzufolge »keine Anreize zur Produktionsverlagerung aus«, wie der Sachverständigenrat feststellt.

Stattdessen erhalten die Erben von Firmenvermögen nun ein weiteres Privileg, zum Nachteil anderer Kapitalbesitzer. Wer etwa mit dem Geldvermögen seines Vaters eine Softwarefirma gründen will, muss die komplette Erbschaftssteuer zahlen. Für den Unternehmenserben dagegen fallen überhaupt keine Abgaben an, auch dann nicht, wenn er die Firma zehn Jahre später verkauft. »Soll das die erbschaftssteuerliche Flankierung einer Gründungs- und Innovationsoffensive sein?«, fragt der Sachverständigenrat.

Was die neue Vergünstigung für die öffentlichen Haushalte bedeutet, steht dagegen bereits fest. Mit Steuerausfällen von rund 400 Millionen Euro rechnet die Bundesregierung. Wieder einmal hofiert sie die Vermögensbesitzer im Land, und es lässt sich leicht ausrechnen, wer für den Ausgleich sorgen soll: die Arbeitnehmer.

Logisch, dass eine Erhöhung der Erbschaftssteuer zu den vordringlichen Maßnahmen zählen würde, wollte die Regierung die Finanzlasten auf den Faktor Arbeit wirklich mindern.

KAPITEL SIEBEN

Reformen für die Arbeitnehmer

Die Gerechtigkeitslücke

Nach beinahe zwölf Jahren ununterbrochenen Steuer- und Sozialreformen zeigt sich die deutsche Wirtschaft in so guter Verfassung wie lange nicht. Jahrelang blühte hierzulande lediglich die Exportindustrie. Die Binnenkonjunktur dagegen wirkte wie lahmgelegt durch ein sich gegenseitig verstärkendes Bremssystem aus sklerotischem Arbeitsmarkt, übermäßigen Sozialkosten und parteipolitischen Blockadestrategien.

Nun aber haben nahezu alle binnenwirtschaftlichen Aggregate ins Plus gedreht. Die Unternehmen investieren wieder, die Beschäftigung steigt, die Staatsfinanzen gesunden in einem Tempo, dass selbst nüchternen Bankern und Börsianern der Atem stockt. Auf den internationalen Finanzmärkten ist bereits von einem zweiten deutschen Wirtschaftswunder die Rede. Erstmals seit Jahren übertrifft die Wachstumsrate der Bundesrepublik wieder den Zuwachs in den wichtigsten Nachbarländern.

Doch der Preis für die Wiedergeburt war hoch. Die schwer erkämpften Agenda- und Hartz-Reformen haben den Deutschen die lang gehegte Illusion geraubt, der Sozialstaat könne ihren Lebensstandard bei allen Wechselfällen des Lebens dauerhaft sichern. Im Sturm der Globalisierung hat sich die Spaltung zwischen Arm und Reich vertieft. Als Folge der Massenarbeitslosigkeit ist eine neue Unterschicht herangewachsen, die Soziologen als hedonistische und leistungsfeindliche Gegengesellschaft rund um Trash-TV, Körperkult und Fast Food beschreiben.

Vor allem aber haben die Reformen die Arbeitnehmer des Landes zu Verlierern gemacht. Wie keine andere Bevölkerungsgruppe haben die abhängig Beschäftigten in den vergangenen Jahren Abstriche hinnehmen müssen: an ihren sozialen Besitzständen genauso wie am Ertrag ihrer Arbeit.

Um ihre Jobs zu sichern, haben viele Beschäftigte jahrelang auf Lohnzuwachs verzichtet. Ihr Lebensstandard ist heute nicht höher als vor 15 Jahren. Die geordnete Arbeitswelt der Siebziger- und Achtzigerjahre mit Betriebsrenten und Jahressonderzahlung ist nicht selten einem unternehmerfreundlichen Paralleluniversum aus Zeitarbeit, Minijobs und Scheinselbstständigkeit gewichen. Gewerkschaften haben in weiten Bereichen der Wirtschaft kaum noch etwas zu sagen, Tarifverträge gelten oft nur noch für eine kleine Arbeiterelite in Großkonzernen und exportstarken Industriebranchen. Selbst wenn IG Metall und Co. ansehnliche Abschlüsse herausholen – bei der Masse der Arbeitnehmer kommt immer weniger davon an.

Zugleich haben die Reformen der zurückliegenden Jahre das einst dicht geknüpfte soziale Netz durchlöchert. Boten die gesetzlichen Versicherungssysteme den Arbeitnehmern früher eine Art Vollkaskoschutz gegen alle Lebensrisiken, bieten sie heute vielfach nur noch ein Minimalprogramm. Das Arbeitslosengeld: gekürzt. Die Arbeitslosenhilfe: abgeschafft. Die Altersversorgung: zur Schrumpfrente zusammengestrichen. Die Krankenversicherung schließlich bietet nur noch demjenigen eine angemessene Versorgung, der bereit ist, aus eigener Tasche kräftig zuzuzahlen.

Das Sozialsystem entartete zum Gegenmodell für die grassierende Geiz-ist-geil-Wirtschaft: Das Leistungsniveau wurde heruntergefahren, der Preis stieg trotzdem. Zwischen 1990 und 2005 kletterten die Sozialabgaben für Beschäftigte und Betriebe steil in die Höhe – und gingen im jüngsten Konjunkturaufschwung nur mäßig zurück. Nicht nur die Höhe der Abgaben nährt dabei die Wut der Lohnempfänger, sondern auch, wohin das Geld fließt.

Mit ihren Beiträgen zahlen die Arbeitnehmer für den allzu großzügigen Sozialausbau der vergangenen Jahrzehnte. Sie zahlen dafür, dass die Regierungen der Nachkriegszeit die Rente zum Wahlkampfinstrument umfunktioniert und die Sozialkassen für alle möglichen versicherungsfremden Zwecke missbraucht haben. Sie zahlen für die Frühverrentungswellen der Achtziger- und die falsch finanzierte deutsche Einheit der Neunzigerjahre. Sie zahlen für die Ausbildung von Jugendlichen und die Teilzeitjobs von Senioren. Sie zahlen für die Familienförderung und den Aufbau Ost, für den Erhalt des Kurwesens in Bayern und den Ausbau der Pharmaforschung in Frankfurt. Und sie zahlen für die Hybris von Politikern, die mit der Pflegeversicherung just in dem Moment eine neue betragsfinanzierte Sozialkasse ins Leben riefen, als die übrigen Versicherungszweige bereits zielgerichtet auf die Pleite zusteuerten.

Als Konsequenz ist die Abgabenlast der Beschäftigten steil angestiegen, zumal auch der Fiskus hierzulande übermäßig stark auf Arbeitseinkünfte zugreift. Was daraus folgt, zeigt die internationale Finanzstatistik: Kaum eine andere Industrienation belastet den Faktor Arbeit stärker mit Steuern und Sozialbeiträgen als Deutschland.

Die rekordhohe Abgabenlast bedeutet nicht nur eine schwere Hypothek für Arbeitsmarkt und Beschäftigung. Sie treibt nicht nur Arbeitsplätze aus dem Land und bringt Hunderttausende von Beschäftigten dazu, aus den Sozialsystemen zu flüchten. Sie verstärkt auch jene Schieflage, die das hiesige Sozialsystem schon seit Jahrzehnten kennzeichnet: Während Arbeitnehmer per Gesetz in die staatlichen Sozialkassen gezwungen sind, dürfen sich privilegierte Berufsstände wie Beamte oder Selbstständige ausklinken.

Das Zweiklassenrecht war akzeptabel, solange das Verhältnis von Beiträgen und Leistungen in allen Systemen vergleichbar war. Doch seit die Sozialkassen – nicht zuletzt wegen ihrer Inanspruchnahme für allgemeine staatliche Aufgaben – in akute Zahlungsnot gerieten, hat sich das einstige Gleichgewicht in eine eklatante Schieflage verwandelt. Um das überforderte Sozialsystem an die neuen Verhältnisse anzupassen, muss die breite Masse der Arbeitnehmer praktisch die gesamte Last allein tragen.

Wer sich dagegen zu den privilegierten Ständen zählen darf, ist fein heraus. Selbstständige und Freiberufler haben eigene Rentenkassen und können alle Schlupflöcher des hiesigen Einkommensteuersystems nutzen. Staatsdiener erhalten Anspruch auf eine Luxusversorgung aus der steuerfinanzierten Beamtenkasse. Die Topverdiener unter den Angestellten dürfen sich in die private Krankenversicherung verabschieden und sind nur mit denjenigen Einkommensteilen am Sozialsystem beteiligt, die unterhalb der sogenannten Bemessungsgrenze liegen. Kapitalbesitzer, Vermieter und Aktionäre genießen zahlreiche Steuervorteile sowie das Privileg, dass ihre Einkünfte überhaupt nicht von den Solidarsystemen erfasst werden. Die aktuelle Rentnergeneration braucht so gut wie keine Steuern zu bezahlen und profitiert von zahlreichen Besserstellungen in der aktuellen Rentenformel. Und selbst Hartz-IV-Empfängern werden bei einer Reihe von Sozialleistungen Vergünstigungen gewährt, die für Arbeitnehmer nicht vorgesehen sind.

Alle Nachteile dagegen konzentrieren sich auf die 80 Prozent Erwerbstätigen, die einem sozialversicherungspflichtigen Job nachgehen und keinen Spitzenverdienst nach Hause bringen. Sie müssen auf ihren gesamten Lohn Sozialbeiträge zahlen und haben kaum Möglichkeiten, sich vor dem Finanzamt künstlich arm zu rechnen. Sie zahlen den Großteil ihres Krankenkassenbeitrags als Solidarleistung für andere Versichertengruppen. Sie müssen bei jeder Gehaltserhöhung einen überproportional wachsenden Verdienstanteil an den Staat abgeben. Sie dürfen ihre Steuern und Abgaben nicht einmal selbst abführen.

Die breite Mittelschicht der Arbeitnehmer, die einst das besondere Augenmerk der politischen Parteien hierzulande genoss, wird bewusst benachteiligt – und zum Hauptfinanzier der jüngsten Regierungsreformen gemacht. Arbeiter und Angestellte haben Einkommensanteile eingebüßt, während die Zahl der Superreichen genauso gewachsen ist wie die der Bedürftigen und Hartz-IV-Empfänger. Die Beschäftigten müssen gleichzeitig die Kosten der Globalisierung, die Lasten des wirtschaftlichen Strukturwandels und die Kosten der demografischen Entwicklung schultern. Wer einen Arbeitsvertrag unterschreibt, ist schon auf der Verliererstraße.

Kein Wunder, dass der Frust unter den eigentlichen Leistungsträgern der Republik beständig wächst. Ausgerechnet die gesellschaftliche Mittelklasse, die sich früher eines beständig wachsenden Wohlstands sicher sein durfte, muss sich heute ausgebeutet und an den Rand gedrängt fühlen. Selbst im aktuellen Konjunkturaufschwung, so zeigen Umfragen, grassieren unter den Beschäftigten Abstiegssorgen und Zukunftsängste.

Dass der begründete Frust der Arbeitnehmer sich auch politisch niederschlägt, ist offenkundig. Die einst fest gefügte Parteienordnung der Republik ist in Bewegung geraten, ohne dass erkennbar ist, wohin sie sich am Ende entwickelt. Die Zustimmung zu den großen Volksparteien SPD und CDU hat dramatisch abgenommen. Die langjährigen Koalitionsalternativen Rot-Grün oder Schwarz-Gelb haben keine eigene Mehrheit mehr. Die älteste Partei des Landes, die sozialdemokratische, ist an den Reformen der Schröder-Ära beinahe zerbrochen und die Gewerkschaften haben ihre jahrzehntelange Strategie der Sozialpartnerschaft durch eine offene Oppositionsallianz mit der Linkspartei ersetzt.

Es sind zwei unterschiedliche Reformoptionen, die sich in der Unsicherheit des neuen Fünf-Parteien-Systems abzeichnen. Die einen wollen zurück in die Siebzigerjahre. Sie träumen von einer Renaissance des alten Sozialstaats, einer Aufpolsterung der schwindsüchtigen Beitragssysteme, einer Neuauflage der alten Ausgabenpolitik.

Dieser Option folgen die Linkspartei, die Mehrheit der Gewerkschaften und jener zahlenmäßig beträchtliche Teil der SPD-Basis, der mit der Regierungspolitik der vergangenen Jahre nichts im Sinn hat. Sie bekämpfen die Rente mit 67, sie wollen die Hartz-Reformen zurückdrehen, sie wollen die ABM-Wirtschaft der Nachwende-Ära neu beleben. Zu ihnen zählen auch Teile des Sozialflügels der Union – wie sich etwa beim nordrhein-westfälischen Ministerpräsidenten Jürgen Rüttgers beobachten lässt, der als selbsternannter Arbeiterführer das Arbeitslosengeld für Ältere wieder ausweiten möchte.

Die anderen wollen den Sozialstaat endgültig abwickeln. Zu ihnen gehören die FDP sowie der Mittelstands- und Wirtschaftsflügel der Union. Die Beteiligten plädieren dafür, die gesetzliche Krankenversicherung durch ein Privatsystem zu ersetzen. Sie wollen die Erbschaftssteuer abschaffen und träumen von einer Flat-Tax bei der Einkommensteuer.

Die einen wollen die staatliche Einheitskasse, die anderen den vollständigen Sieg des Marktprinzips.

Sonderlich verheißungsvoll ist keine der Optionen. Der Weg ins Gestern würde jene Probleme wiederbeleben, die in die Krise geführt haben. Ein Komplettabriss des Sozialstaats dagegen würde die bundesdeutsche Gesellschaft zerreißen.

Gebraucht werden Veränderungen mit anderer Stoßrichtung. Es gilt, jene Ungerechtigkeiten und Defizite zu beseitigen, die bei den Sozialreformen der vergangenen Jahre geschaffen worden sind. Es gilt, die Schieflage zu Lasten der Arbeitnehmer zurückzudrehen. Es gilt, den Abbau der sozialen Leistungen durch eine neue Einnahmestruktur abzufedern.

Nach der jüngsten Reformperiode bieten die großen Versicherungssysteme vielfach nur noch eine Basisversorgung. Daraus müssen Schlussfolgerungen gezogen werden. Der alte Sozialstaat hat viele Jahrzehnte lang funktioniert. Im Wachstumswunder der Nachkriegsjahrzehnte erwies es sich als überaus erfolgreich, die soziale Sicherung an den Faktor Arbeit zu binden. Solange die Löhne stiegen und für einen steten Nachschub junger Arbeitskräfte gesorgt war, ließ sich der beständige Ausbau der Wohlfahrtssysteme bestens finanzieren.

Das hat sich geändert, seit die Bevölkerungsentwicklung das Beschäftigtenpotenzial reduziert und die Globalisierung in vielen Branchen das Lohnniveau drückt. Nun erweist sich das Modell Deutschland als Falle: Während die Arbeitnehmer steigende Lasten schultern müssen, profitieren all jene Bevölkerungsgruppen, die nicht zur Finanzierung des Systems beitragen müssen.

Um die neu entstandene Gerechtigkeitslücke zu schließen, ist eine Doppelstrategie erforderlich. Zum einen braucht das System überall dort mehr Eigenvorsorge, wo sie den Einzelnen nicht überfordert. Hier ist durch die Reformpolitik der zurückliegenden 15 Jahre bereits viel geschehen. Zum anderen müssen die Solidarsysteme des Wohlfahrtsstaates so umgebaut werden, dass alle Erwerbstätigen einbezogen und die Lasten stärker entsprechend des wirtschaftlichen Leistungsvermögens verteilt werden. Hier herrscht der größte Nachholbedarf.

Was die Solidarkassen benötigen, ist somit eine moderne Finanzordnung. Der Wohlfahrtsstaat der Zukunft muss allen Bürgern die gleichen Rechte und Pflichten bieten. Er muss weniger durch Beiträge und mehr durch Steuern finanziert werden. Er darf nicht einseitig den Faktor Arbeit belasten. Er muss sicherstellen, dass stärkere Schultern auch die größeren Lasten tragen.

Bislang war der Sozialumbau einseitig auf Unternehmensbilanzen und Arbeitskosten orientiert. Jetzt muss er das Verhältnis von Beiträgen und Leistungen und die Interessen der Versicherten in den Blick nehmen. Gebraucht wird eine Rentenversicherung, bei der alle Bürger an der Aufgabe beteiligt werden, die Lasten künftiger Generationen zu reduzieren. Nötig ist eine Gesundheitsreform, die das heutige Zweiklassenrecht durch einen einheitlichen Markt für alle Versicherten ersetzt. Erforderlich ist eine Neuordnung des Steuersystems, mit der einerseits Geringverdiener entlastet, andererseits aber Kapital- und Vermögensbesitzern größere Beiträge abgefordert werden.

Der erste Schritt ist zugleich der wichtigste. Jede Veränderung beginnt damit, die Sachverhalte aufzuklären. Die Versicherten müssen wieder erkennen können, wie viel und was sie an die Sozialkassen zahlen. Der ganze Verschleierungs- und Vernebelungsapparat aus angeblicher paritätischer Finanzierung, sogenannten Arbeitgeberbeiträgen und versteckten Sonderabgaben ist abzuschaffen.

Alle Sozialbeiträge der Versicherten müssen auf dem Lohnzettel ausgewiesen und an die Arbeitnehmer ausgezahlt werden. Es ist ihr Geld, sie haben es erwirtschaftet, sie müssen wissen, was damit geschieht. Nur so können die Beschäftigten das Gefühl zurückerhalten, dass die Sozialversicherungen ihnen gehören – und nicht der Politik. Nur so kann die Voraussetzung dafür geschaffen werden, die einzelnen Zweige des Wohlfahrtsstaates im Interesse der Arbeitnehmer umzubauen.

Gesundheitsprämie statt Bürgerversicherung

Mit großer Mehrheit verabschiedete der Bundestag die jüngste Gesundheitsreform. Wenn sie demnächst in Kraft tritt, wird sich vieles ändern im Medizinbetrieb der Republik: Ein neuer zentraler Finanzierungsfonds wird eingerichtet. Der Beitragssatz wird bundeseinheitlich von der Regierung festgesetzt. Was die Versicherten einzahlen, wird nach einem neuen Verteilungsverfahren als Einheitspauschale an die Kassen weitergeleitet. Gesetzlich Versicherten wird es schwerer gemacht, zu den Privatkassen zu wechseln. Zusätzliche Behörden werden geschaffen und neue Verbände eingerichtet, ein weiterer Finanzausgleich wird installiert und ein neues Aufsichtssystem eingeführt.

Selten zuvor hat eine Regierung ein solch weitreichendes Erneuerungswerk verabschiedet – und zugleich so wenig verändert wie mit dieser Gesundheitsreform. Was die Koalition ins Werk gesetzt hat, ist nichts anderes als eine Pinselsanierung des hiesigen Krankenkassenwesens. Von außen wird das Haus komplett frisch gestrichen, es bekommt bunte Fensterläden und eine neue Eingangstür. Seine maroden Fundamente aber und die morsche Dachkonstruktion werden nicht einmal angetastet.

Die Aufgabenteilung zwischen privater und gesetzlicher Versicherung bleibt im Kern, wie sie ist. Die Gesundheitskosten werden weiter an den Faktor Arbeit gekoppelt. In welchem Umfang die Medizinausgaben künftig aus Beiträgen, Steuern und privaten Zusatzprämien finanziert werden sollen, bleibt weitgehend ungeklärt.

Das Beste, was sich über den geplanten Gesundheitsfonds sagen lässt, ist dies: er verhindert nicht, dass spätere Regierungen eine wirkliche Reform des Krankenkassenwesens in Angriff nehmen. Richtig besehen schafft er eine Art Übergangsstadium, aus dem heraus die Volksparteien jederzeit jene gegensätzlichen Konzeptionen verwirklichen könnten, mit denen sie bereits vor der jüngsten Bundestagswahl um die Gunst der Deutschen warben.

Die SPD will eine sogenannte Bürgerversicherung einführen. Die private Krankenversicherung soll abgeschafft und ihr heutiger Kundenstamm zwangsweise in die gesetzlichen Kassen eingegliedert werden. Beiträge werden nicht nur auf Lohneinkünfte, sondern auch auf Zinsen, Mieten oder Dividenden erhoben. Dabei gilt eine Bemessungsgrenze. Was die Krankenkassen zusätzlich bei Selbstständigen oder Kapitaleinkommensbeziehern einnehmen, wird eingesetzt, um die heutigen Beitragssätze und damit die Arbeitskosten zu senken.

Die CDU plädiert für eine sogenannte Gesundheitsprämie. Die private Krankenversicherung wird formal nicht angetastet. Alle gesetzlich Versicherten zahlen eine einheitliche Pauschale, die dem Durchschnitt des heutigen Kassenbeitrags von knapp 200 Euro entspricht. Wer heute weniger an die gesetzliche Krankenversicherung abführt, erhält einen Ausgleich aus Steuermitteln. Die Gesundheitskosten der Kinder zahlt der Staat, ebenfalls aus Steuermitteln.

Im politischen Bewusstsein der Deutschen gilt die Gesundheitsprämie als neoliberal, die Bürgerversicherung dagegen hat ein ausgesprochen soziales Image. Entsprechend günstig schneidet der SPD-Plan regelmäßig in Meinungsumfragen ab. Doch die Bewertung basiert auf einem großen Missverständnis. Wer die Konzepte genauer unter die Lupe nimmt, stellt fest, dass die Gesundheitsprämie nicht nur leichter umsetzbar ist als die Bürgerversicherung. Sie entlastet auch konsequenter die Arbeitnehmer und führt zu einer stärkeren Umverteilung zwischen Arm und Reich. Vier Gründe gibt es, warum das Prämienkonzept der Bürgerversicherung überlegen ist:

Erstens, die Prämie entkoppelt umfassender die Gesundheits- von den Arbeitskosten. Beim SPD-Modell hängen die Beiträge weiter vom Lohn ab, auch wenn die Beziehung gelockert ist. Bei der Prämie dagegen haben die beiden Größen nichts mehr miteinander zu tun. Ein paar Jahre, nachdem das Konzept eingeführt ist, wird nur noch die Höhe des Ausgangsbetrags daran erinnern, dass die Kassenbeiträge einst fest an die Lohneinkünfte gebunden waren.

Zweitens, die Prämie ist der aussichtsreichere Weg, die unselige Spaltung zwischen privater und gesetzlicher Versicherung zu überwinden. Führt eine SPD-geführte Regierung die Bürgerversicherung ein, wird die private Assekuranz nach eigenem Bekunden notfalls vor dem Bundesverfassungsgericht gegen eine Zwangsvereinigung mit der gesetzlichen Krankenversicherung klagen – mit guten Erfolgschancen, wie zahlreiche Gutachten zeigen. Das CDU-Konzept dagegen trifft die kommerziellen Krankenversicherer dort, wo es schmerzhafter ist und mehr bewirkt: beim Preis. Wird die Prämie wie geplant bei etwa 200 Euro festgesetzt, ist der gesetzliche Versicherungsschutz künftig selbst für junge, gut verdienende Angestellte attraktiv. Kaum ein gesetzlich Versicherter würde noch zur kommerziellen Konkurrenz wechseln, wenn es ihn nicht unbedingt nach dem Sonderstatus »privat« drängt, und die Versicherungswirtschaft würde einen Großteil ihres Marktpotenzials verlieren. Am Ende würde die Assekuranz selbst auf jene Neuordnung des gespaltenen Gesundheitsmarktes drängen, die Experten schon lange empfehlen: eine solidarische Grundversorgung würde mit privaten Zusatzleistungen kombiniert.

Drittens, die Prämie führt zu einer stärkeren Umverteilung von Reich zu Arm. Wer heute weniger als 200 Euro Kassenbeitrag bezahlt, bekäme die Differenz zur künftigen Gesundheitspauschale vom Staat erstattet. Die Allgemeinheit übernähme zudem die Krankenversicherungskosten der Kinder. Das Geld dafür würde aus dem allgemeinen Steuertopf fließen, in den Chefärzte, Anwälte oder Unternehmer mehr einzahlen müssten als Normalverdiener. Entsprechend umfangreich wäre der Geldstrom, den eine Gesundheitsprämie von den oberen zu den unteren Einkommensklassen lenken würde.

Bei der Bürgerversicherung dagegen werden privilegierte Schichten nur insoweit zur Kasse gebeten, als es gelingt, die private Krankenversicherung tatsächlich vollständig abzuschaffen. Geschieht das nur eingeschränkt, verteilen sich die Lasten lediglich innerhalb der Arbeitnehmerschaft neu: Nur wer über keinerlei Vermögenswerte verfügt, zahlt unter Garantie geringere Beiträge. Wer dagegen ein Depot an Belegschaftsaktien sein Eigen nennt, muss vielfach sogar mehr zahlen als heute. Kein Wunder, dass Vergleichsrechnungen zu dem Ergebnis kommen: Die Prämie entlastet die breite Masse normal und besser verdienender Arbeitnehmer weit zuverlässiger und nachhaltiger als die Bürgerversicherung.

Viertens, die Prämie ist praktikabler. Würde der SPD-Plan umgesetzt, müssten sich die Krankenkassen einen Überblick über die Kapital- oder Mieteinkünfte ihrer Versicherten verschaffen oder es müsste eine neue Vermögensabgabe für die Mitglieder der gesetzlichen Krankenversicherung eingeführt werden. Der zusätzliche Verwaltungsaufwand der Gesundheitsprämie dagegen beschränkt sich auf den Finanzausgleich für Geringverdiener, für den die meisten notwendigen Informationen bereits heute bei den Finanzämtern vorliegen.

Um die Gesundheits- und Arbeitskosten zu entkoppeln, erweist sich das Prämienmodell somit als der überlegene Vorschlag: Das Konzept entlastet zuverlässig die Arbeitnehmer. Es schafft einen neuen transparenten Markt zwischen privaten und gesetzlichen Kassen. Und es verlagert die Umverteilung zwischen Reich und Arm dorthin, wo sie hingehört: ins Steuersystem.

Noch immer behaupten die Gegner der Prämie, das Konzept sei ungerecht. Es kann doch nicht sein, so lautet das Argument, dass die Sekretärin dasselbe für ihre Gesundheit aufwenden muss wie ihr Chef.

Doch der Einwand geht ins Leere. Zum einen zahlt eine Chefsekretärin gerade im heutigen System mitunter mehr für ihren Versicherungsschutz als ihr privat versicherter Vorgesetzter. Zum anderen würde das Prämienverfahren zuverlässig dafür sorgen, dass die Führungskraft stärker zur Kasse gebeten würde als im heutigen System. Der steuerfinanzierte Ausgleich fordert von ihm einen höheren Obolus als andere Finanzierungsmodelle. Wer nach Gerechtigkeit in der Krankenversicherung strebt, wird deshalb kaum ein passenderes System finden als die Gesundheitsprämie.

Ein Freibetrag für die Sozialabgaben

Es ist das Kardinalproblem im hiesigen Sozialstaat: Vor allem Geringverdiener sind übermäßig mit Steuern und Abgaben belastet. Schon auf Bruttoverdienste von mehr als 800 Euro müssen Arbeitgeber und Arbeitnehmer rund 40 Prozent Sozialbeiträge zahlen. Dagegen decken die Leistungen der Renten- oder Arbeitslosenversicherung, die der Beschäftigte dafür erwirbt, oft nicht einmal das Sozialhilfeniveau.

Zugleich dienen seine Beiträge in nicht unerheblichem Umfang dazu, allgemeine staatliche Aufgaben zu finanzieren: die deutsche Einheit, die Förderung der Familie, die Ausbildung von Jugendlichen. Entsprechend ungünstig fällt dabei vor allem für Geringverdiener das Verhältnis von Beiträgen und Leistungen aus. Sie müssen schließlich von ihren Einkommen einen genauso hohen Prozentsatz an Sozialabgaben abführen wie ein Abteilungsleiter oder Ingenieur. Aber was sie dafür erhalten, übersteigt häufig nicht einmal den Anspruch eines Bundesbürgers, der zuvor überhaupt nicht gearbeitet hat.

Schlimmer noch: Zum Schaden regulärer Vollzeit-Arbeitnehmer subventioniert der Staat auch noch einseitig andere Formen von Erwerbstätigkeit. Wer als Minijobber arbeitet, wird teilweise von den Sozialabgaben befreit. Selbstständige brauchen überhaupt keine Beiträge abzuführen.

Entsprechend sind in vielen Gaststätten und Einzelhandelsgeschäften, in Kosmetikstudios und Taxibetrieben oft nur noch geringfügig Beschäftigte oder Scheinselbstständige zu finden. Für diese Formen von Erwerbstätigkeit fallen weniger oder keine Abgaben an – und die Löhne lassen sich entsprechend drücken.

Das Ergebnis ist ein gespaltener Arbeitsmarkt, auf dem niedrig bezahlte Jobs vor allem von jenen übernommen werden, die damit nicht ihre Existenz sichern müssen: Rentner, Studenten, Hausfrauen oder Hartz-IV-Empfänger verfügen noch über andere Einkommensquellen und arbeiten nur im Nebenerwerb. Wer von seiner Hände Arbeit leben will, wird im Niedriglohnsektor dagegen benachteiligt. So gering ist der Verdienst und so hoch die Abgabenlast, dass netto oft kaum mehr übrig bleibt als bei Hartz IV.

Und so kommt es, dass auch der jüngste Beschäftigungsboom an den Geringqualifizierten weitgehend vorbeizulaufen droht. Bei den Stellen, die zu haben wären, reicht der Verdienst oft nicht zum Leben. Und die übrigen Arbeitsplätze sind nicht selten von Minijobbern besetzt.

Wie sich die ungesunde Spaltung des Arbeitsmarkts überwinden ließe, hat schon vor einigen Jahren der Deutsche Gewerkschaftsbund aufgezeigt. Statt mit Minijob-Subventionen eine Konkurrenz zum sozialversicherungspflichtigen Beschäftigungsverhältnis aufzubauen, so schlägt der DGB vor, sollten die Sozialbeiträge besser für alle Arbeitnehmer gesenkt werden, insbesondere aber für jene, die nur einen geringen Verdienst nach Hause bringen.

Um das zu erreichen, wollen die Erfinder des Plans die heutigen Minijobs abschaffen. Im Gegenzug wird ein allgemeiner Freibetrag für Sozialbeiträge eingeführt. Das DGB-Konzept sieht eine Summe von 250 Euro für alle Solidarkassen vor. Würde jedoch die Krankenversicherung über eine Gesundheitsprämie finanziert, könnte der Freibetrag für die Arbeitslosen- und Rentenversicherung auf rund 150 Euro begrenzt werden. Bis zu dieser Höhe würde der Staat allen Arbeitnehmern die Beiträge zu diesen Versicherungen komplett erstatten. Erst wer höhere Abgaben abführt, müsste einen Teil davon wie bisher aus seinen Lohneinkünften zahlen.

Würde der Plan umgesetzt, würden zahlreiche Widersprüche und Ungereimtheiten im heutigen System der Sozialstaatsfinanzierung beseitigt. So sänken die Beiträge für alle Arbeitnehmer um gut 18 Milliarden Euro. Dies entspricht in etwa dem Anteil, in dem in diesen beiden Versicherungssystemen heute Beitragsgelder zweckwidrig eingesetzt werden.

Der Vorteil fiele zudem für Geringverdiener besonders

groß aus. Bis zu einem Einkommen von 625 Euro wären künftig überhaupt keine Beiträge zur Renten- und Arbeitslosenversicherung fällig. Danach müssten zwar die heutigen Sätze von 19,9 Prozent (Rentenversicherung) und 4,2 Prozent (Arbeitslosenversicherung) gezahlt werden – doch fiele die Beitragslast bezogen auf die Gesamteinkünfte vor allem für Geringverdiener viel niedriger aus als heute. Wer beispielsweise einen Bruttolohn von 1200 Euro nach Hause bringt, hätte darauf lediglich gut elf Prozent Beiträge zu zahlen. Ein Durchschnittsverdiener mit rund 2500 Euro Monatslohn müsste gut 18 Prozent abführen. Erst bei gut verdienenden Angestellten, die nahe der Bemessungsgrenze verdienen, würde die Belastung in etwa auf dem heutigen Niveau liegen.

Das Konzept hätte zwei entscheidende Vorteile: Zum einen würde es die Arbeitskosten gezielt in jenen Verdienstregionen senken, in denen es nach einhelliger Auffassung auch im aktuellen Aufschwung an Jobs mangelt. Entsprechend, so zeigen Modellrechnungen, fiele der Beschäftigungseffekt größer aus als bei einer allgemeinen Beitragssenkung.

Zum anderen ließe sich mit dem Konzept jene Sonderlast mildern, die das heutige System allen auferlegt, die für ihre Arbeit nur wenig Lohn erhalten. Was sie mit ihren Sozialbeiträgen an Leistungen erwerben, übersteigt kaum die Grundsicherung, die ihnen ohnehin zusteht.

Im DGB-Konzept würde hingegen ein Teil des Beitrags vom Staat übernommen, und die Nettoeinkünfte der Geringverdiener würden steigen. Auf allen Etagen der Jobskala wüchse das Gefühl, dass Beiträge und Leistungen in einem ausgewogenen Verhältnis zueinander stehen. Und auch für diejenigen, die nicht zu den Spitzenverdienern zählen, würden sich neue Möglichkeiten eröffnen, sich gegen die Wechselfälle des Lebens stärker privat abzusichern. Der Ruf nach mehr Eigenverantwortung erhielte eine finanzielle Basis. Er wäre mehr als ein Reform-Mantra. Er wäre mit Geld unterfüttert.

Als DGB-Chef Michael Sommer das Konzept vor einigen Jahren präsentierte, erntete er zwar ein freundliches Echo. Ernsthaft verfolgt aber wurde sein Konzept nicht einmal im eigenen Lager. In der politischen Praxis wurde mal ein neues Kombilohn-Modell aufgelegt, mal ein neuer Steuerzuschuss eingeführt – zu einem stimmigen Gesamtkonzept reichte es nie.

So war es auch, als sich Union und SPD vornahmen, den hiesigen Niedriglohnsektor zu reformieren. »Mehr Beschäftigung für gering qualifizierte Menschen« – so lautete das Ziel ihres Koalitionsvertrags. Doch worauf sich Union und SPD bislang verständigt haben, setzt nur die gescheiterte Beschäftigungspolitik vergangener Jahre fort. Ein paar neue Lohnsubventionen werden ausgelobt, ein zusätzlicher staatlicher Arbeitsmarkt für Schwervermittelbare wird geschaffen. Von einer systematischen Abgabenentlastung für gering verdienende Arbeitnehmer ist dagegen wenig zu sehen. Mit größeren Beschäftigungseffekten, so urteilen die Experten, ist nicht zu rechnen.

Eine Rente für alle Erwerbstätigen

Wenn es um die gesetzliche Altersversorgung geht, gelten die Reformaufgaben als weitgehend erledigt. Nach den Umbauten aus der rot-grünen und rot-schwarzen Regierungsperiode wird das Niveau der gesetzlichen Rente in den nächsten Jahrzehnten drastisch schrumpfen. Zugleich wird das Rentenalter um zwei Jahre angehoben. Für einen Großteil der Bundesbürger werden die staatlichen Alterskassen nur noch eine Basisversorgung bieten, viele werden nicht mehr erhalten als eine Grundsicherung auf dem Niveau der Sozialhilfe.

Den Vorteil haben künftige Generationen. Fasst die Konjunktur wie erwartet Tritt, wird der Beitragssatz in den kommenden Jahrzehnten nur mäßig steigen – trotz Geburtenschwund und höherer Lebenserwartung. Unter dem Strich wird das System der staatlichen Alterssicherung so auf eine Größenordnung zusammengedampft, die nach allem, was man heute weiß, auch in 20 Jahren wirtschaftlich noch einigermaßen verkraftbar ist.

Den Preis dafür zahlen die heutigen Arbeitnehmer. Sie bekommen weit weniger aus der Alterskasse heraus als ihre Eltern oder Großeltern. Dafür müssen sie weit mehr einzahlen. Die Rendite ihrer Beiträge wird in den nächsten Jahren schrumpfen – unter jenes Niveau, das für andere Formen der Geldanlage üblich ist.

Aus dem Missverhältnis erwachsen zwei grundsätzliche Probleme, für die das bisherige Reformprogramm keine ausreichende Antwort bietet. Zum einen verschärfen sich die Gerechtigkeitsfragen in der Altersversorgung: Mit welcher Begründung wird die Arbeitnehmerrente zusammengestrichen, während die Privilegien von Beamten, Selbstständigen oder Freiberuflern nahezu ungeschmälert erhalten bleiben? Mit welchem Recht darf heutigen Arbeitnehmern ein Sonderopfer abgefordert werden, das anderen Bevölkerungsgruppen nicht auferlegt wird? Nach welcher Logik wird Beamten eine Luxusversorgung aus Steuermitteln zugebilligt, während viele Geringverdiener für ihre Beiträge nur noch Rentenansprüche auf Fürsorgeniveau erwerben?

Zum anderen verstärkt der Renditeschwund den Anreiz für Betriebe wie Beschäftigte, das gesetzliche Rentensystem durch die Hintertür zu verlassen. Je weniger die Arbeitnehmer damit rechnen können, für ihre Beiträge eine Gegenleistung zu erhalten, desto lukrativer wird die Abgabenfreiheit der Schattenwirtschaft. Genauso groß ist die Versuchung für die

Arbeitgeber, zumindest einen Teil ihrer bisherigen Festangestellten in freie Mitarbeiter zu verwandeln; können sie doch auf diese Weise ihre Arbeitskosten beträchtlich senken.

So werden immer mehr sozialversicherungspflichtig Beschäftigte in Selbstständige umgemodelt – und den Arbeitnehmern eine zusätzliche Last auferlegt. Sie müssen ausgleichen, was die Flüchtlinge an Lücken in der Beitragsbasis der Alterskassen hinterlassen. Sie müssen zahlen, wenn die angeblichen Selbstständigen nicht ausreichend privat vorsorgen. Sie müssen einspringen, wenn die einstigen Kleinunternehmer im Alter auf eine staatliche Existenzsicherung aus Steuermitteln angewiesen sind.

Die Rentenreformen der vergangenen Jahre machen es deshalb nötiger denn je, die staatliche Altersversorgung in eine allgemeine Erwerbstätigenversicherung für die ganze Bevölkerung zu verwandeln. Wo die Alterskassen vielen Bundesbürgern nur noch eine Grundsicherung bieten, wird es umso zwingender, alle Schichten an ihrer Finanzierung zu beteiligen.

Hinter dieser Forderung steht ein Kreis von Befürwortern, der auf den ersten Blick kurios erscheinen mag. Für eine allgemeine Erwerbstätigenversicherung sprechen sich nicht nur Gewerkschafter, der SPD-Arbeitnehmerflügel sowie die Linkspartei aus, sondern auch führende liberale Ökonomen. Eine fünfköpfige Professorenriege zum Beispiel, zu der das Sachverständigenratsmitglied Wolfgang Franz genauso gehört wie die Wirtschaftswissenschaftler Friedrich Breyer (Konstanz) und Stefan Homburg (Hannover), sieht im heutigen System nichts anderes als einen »offenkundigen Verstoß gegen die Leitlinie intergenerativer Verteilungsgerechtigkeit«. Warum, so fragen sie in einem Gutachten für die Gemeinschaftsinitiative Soziale Markwirtschaft, »soll ein Rechtsanwalt eine höhere Rendite auf seine Beiträge zur Alterssicherung erhalten als ein angestellter Ingenieur«?

Eine Antwort auf diese Frage gibt es dem Ökonomen-Kreis zufolge nicht. Und so entwickelten die Professoren eine Blaupause für die »Ausdehnung der Pflichtmitgliedschaft auf alle Bevölkerungsgruppen«. Mit ihrem Konzept wollen die Wirtschaftswissenschaftler das System nicht nur gerechter machen, sondern auch seine »Nachhaltigkeit erhöhen«, wie es in ihrem Gutachten heißt.

Und so funktioniert der Plan: Wer als Selbstständiger, Beamter oder Freiberufler neu ins Erwerbsleben eintritt, wird mit allen Rechten und Pflichten Mitglied der gesetzlichen Rentenversicherung. Nur für jene Bundesbürger, die bereits heute einem der sogenannten Sondersysteme angehören, bleibt aus Gründen des Vertrauensschutzes alles beim Alten.

Die zusätzlichen Versicherten aus der Beamten- und Selbstständigenschicht erhöhen die Einnahmen der Alterskassen. Im Gegenzug kann der Beitragssatz für die heutigen Versicherten gesenkt werden. Das schafft Spielraum, um im selben Umfang ihr künftiges Rentenniveau zu reduzieren. Denn wenn beide Schritte im Gleichklang erfolgen, bleibt das Verhältnis von Beiträgen und Leistungen unverändert. Gewinner sind die künftigen Generationen, die eine geringere Alterslast zu tragen haben.

Würde das Konzept umgesetzt, würde es nicht nur den Kindern und Kindeskindern der Deutschen Vorteile bringen. Profitieren würden auch die heutigen Arbeitnehmer, und das aus mehreren Gründen:

Erstens, mit der überholten Ständeordnung im heutigen Alterssicherungssystem würde ein für alle Mal Schluss gemacht. Unabhängig von ihrem sozialen Status hätten künftig alle Bürger die gleichen Rechte und Pflichten, so wie es sich für das Alterssicherungssystem einer modernen Volkswirtschaft gehört.

Zweitens, die heutigen Arbeitnehmer hätten wegen der niedrigeren Rentenbeiträge ein höheres Nettoeinkommen. Den Gewinn könnten sie nutzen, um zusätzlich privat fürs Alter vorzusorgen. So würden sie in die Lage versetzt, jene Versorgungslücken auszugleichen, die das erneute Absenken des Rentenniveaus reißt. Unter dem Strich könnten sie im Alter sogar mit einem höheren Gesamteinkommen rechnen. Denn ein Euro, der in eine Kapitalanlage oder Betriebsrente investiert wird, bringt unter den heutigen Bedingungen mehr Ertrag als ein Euro im gesetzlichen Rentensystem.

Drittens, der niedrigere Rentenbeitrag würde die Arbeitskosten der Unternehmer senken. Es würde sich wieder rechnen, zusätzliches Personal einzustellen.

Viertens, die Flucht aus der Rentenversicherung würde weniger attraktiv. Alle Erwerbstätigen müssten künftig im selben Umfang in die Alterskasse einzahlen. Das Problem der sogenannten Scheinselbstständigkeit hätte sich erledigt. Wer künftig einen Gewerbebetrieb eröffnete, täte dies nicht mehr, um die Alterskasse auszutricksen, sondern aus Überzeugung und wirtschaftlicher Überlegung.

Fünftens, die Versuchung für die Politik, allgemeine Staatsaufgaben auf die beitragsfinanzierte Rente abzuwälzen, würde geringer. Das Steuer- wie das Altersvorsorgesystem würden nun vom selben Personenkreis gefüttert. Entsprechend gering wären künftig die Möglichkeiten, Lasten zwischen verschiedenen Bevölkerungsgruppen zu verschieben.

Sechstens, für die öffentlichen Haushalte würde es teurer, zusätzliche Beamte einzustellen – müssten sie für die neuen Hoheitsträger doch Rentenbeiträge entrichten. Im Gefolge wäre der Staat gezwungen, eine realistischere Personalpolitik zu betreiben. Das heutige Zweiklassenrecht zwischen beamteten und angestellten Staatsdienern würde verschwinden.

Siebtens, die Akzeptanz für Sozialreformen würde wachsen. Heute haben die Arbeitnehmer das Gefühl, nahezu allein die sozialpolitische Reform- und Anpassungslast zu tragen. Künftig würden sich mögliche Einbußen gleichmäßiger auf alle Bevölkerungsgruppen verteilen; und mehr Bundesbürger hätten wieder den Eindruck, dass es bei den Reformen gerecht zugeht im Land.

Vor allem aber würde der Reformplan jenes Argument entkräften, mit dem die Beamten- und Selbstständigenlobby bisher noch jeden Versuch abgewehrt hat, sie in die Versicherungspflicht des gemeinen Volkes einzubeziehen. Würden sie zu Rentenbeziehern gemacht wie gewöhnliche Arbeitnehmer, hätte die Versicherung langfristig keinen Gewinn, so lautet der Einwand. Denn der Vorteil, den Beamte und Selbstständige dem System heute als Beitragszahler bringen, verwandelt sich in einen Nachteil, wenn sie dereinst als Rentner der nächsten Generation zur Last fallen. Die Schlussfolgerung der Interessenvertreter ist wenig überraschend: Die Einführung einer Erwerbstätigenversicherung würde die Zukunftskosten der Rentenversicherung noch verstärken.

Nach dem Vorschlag der Ökonomen-Kommission aber zieht der Einwand nicht. Denn die Rechnung sieht nun anders aus. Zwar würden die zusätzlichen Rentner aus der Beamten- und Selbstständigenschicht die Zahl der Ruheständler später erhöhen. Im Gegenzug aber würde das Rentenniveau für alle Versicherten gesenkt – und die teuere Luxusversorgung der Beamten abgeschafft. Unter dem Strich, so urteilt die Kommission, würde sich die Reform damit segensreich für künftige Generationen auswirken.

Ähnlich ist es mit den übrigen Einwänden gegen eine Erwerbstätigenversicherung, wie sie vor allem aus der Beamtenschaft vorgebracht werden. Die Bedenken werden von der Politik oft bereitwillig übernommen, auch wenn die Argumente der Staatsdienerlobby einer näheren Prüfung kaum standhalten.

Die großzügigen Pensionen sind kein Luxus, so lautet der erste Einwand, sondern ein notwendiger Ausgleich. Schließlich haben Arbeiter und Angestellte neben ihrer gesetzlichen Rente oft Anspruch auf eine zusätzliche betriebliche Altersversorgung. Um diesen Vorsprung auszugleichen, so rechtfertigt sich die Staatsdienerlobby, müssen die Pensionen die Renten übersteigen.

Doch das Argument ist wenig überzeugend, wie die meisten Arbeitnehmer aus eigener Erfahrung wissen. Nur ein geringer Prozentsatz von ihnen hat nämlich Anspruch auf eine zusätzliche Altersversorgung des Arbeitgebers. Das Niveau sinkt seit Jahren, immer weniger Beschäftigte werden einbezogen, und selbst bei den Angestellten des öffentlichen Dienstes wird die sogenannte Zusatzversorgung seit Jahren heruntergefahren. Entsprechend liegt die durchschnittliche Betriebsrente von Arbeitnehmern bei nicht mehr als 100 Euro im Monat – viel zu niedrig also, um auch nur im Entferntesten das Pensionsplus rechtfertigen zu können.

Die Altersversorgung wird den Beamten nicht geschenkt, so lautet der zweite Einwand. Die Staatsdiener haben sich den Anspruch vielmehr selbst erworben, weil ihr Gehalt deutlich unter den Verdiensten gleich qualifizierter Angestellter liegt. Tatsächlich jedoch schneiden Angestellte nur im Bruttovergleich durchgängig besser ab. Wird dagegen das Nettogehalt nach Abzug aller Steuern und Sozialbeiträge als Maßstab angelegt, liegen die Beamten vielfach vor den Angestellten. Der angebliche Einkommensverzicht, mit dem die Staatsdienerlobby ihre üppigen Versorgungsansprüche rechtfertigt, entpuppt sich bei näherer Betrachtung als Märchen. Wer die Zahlen richtig interpretiert, stellt vielmehr eine doppelte Begünstigung der Beamtenschaft fest: Während ihrer aktiven

Zeit zahlen sie weniger Abgaben, im Ruhestand erhalten sie höhere Altersgelder.

Hier liegt der wahre Grund, warum die Forderung nach einer Erwerbstätigenversicherung bislang so wenig Resonanz gefunden hat: Würde das Konzept der Ökonomen-Kommission umgesetzt, wäre der Gewinn für Wirtschaft und Beschäftigte offenkundig. Zugleich aber würden Beamte und Selbstständige all jene Sozialversicherungsprivilegien verlieren, die ihre Interessenvertreter seit Jahren hartnäckig erkämpft und eisern verteidigt haben.

Steuern statt Beiträge

Wer über Vermögen verfügt, durfte sich in den vergangenen Jahren zu den Gewinnern der wirtschaftlichen Entwicklung zählen. Die aufstrebenden Industrieländer wie Indien oder China heizten weltweit die Nachfrage nach Kapital an. Aktien, Rentenpapiere oder Firmenbeteiligungen warfen reichlich Rendite ab.

Zugleich wetteiferten die Regierungen stärker denn je um die Gunst der Finanzanleger. Um die Kapitalströme in ihre Länder zu lenken, senkten sie Firmen-, Vermögen- und Einkommensteuern. Nicht zuletzt in Deutschland wurden Vermögende begünstigt. Während die Abgabenlast der Arbeitnehmer beständig stieg, lockerte der Fiskus seinen Zugriff auf die Einkommen der Kapitalbesitzer: Manche Steuern wurden ganz abgeschafft, bei anderen die Sätze gesenkt, bei wieder anderen zusätzliche Vergünstigungen geschaffen.

Dabei wäre es durchaus möglich, Kapitalbesitzer auch in Deutschland stärker an der Finanzierung allgemeiner Staatsaufgaben zu beteiligen. Vor allem bei der Erbschaftssteuer gibt es Spielraum – wie der Vergleich mit anderen Industrieländern zeigt. Wo beträchtliche Vermögen von einer Generation zu nächsten wechseln, greift der Fiskus in anderen Ländern oft weit stärker zu als in der Bundesrepublik.

Das Aufkommen könnte schon dann beträchtlich steigen, wenn die Ungereimtheiten und Widersprüche des heutigen Systems beseitigt würden. Würden alle Vermögen, anders als heute, mit ihrem Marktwert angesetzt und Ausnahmen beseitigt, könnten sogar die Sätze der Erbschaftssteuer gesenkt werden; das Aufkommen würde trotzdem deutlich steigen. Statt vier Milliarden Euro könnte der Staat so rund acht Milliarden Euro von denjenigen eintreiben, die ohne eigenen Verdienst zu zusätzlichem Reichtum kommen.

Was höhere Steuern auf den Nachlass einbringen, könnte genutzt werden, um bei denjenigen für Entlastung zu sorgen, die sie am dringendsten benötigen: den Arbeitnehmern. Würden die oben beschriebenen Reformen umgesetzt, würde dies zusammen rund 28 Milliarden Euro kosten. Rund zehn Milliarden Euro müssten aufgebracht werden, um die Gesundheitsprämie zu finanzieren. Zirka 18 Milliarden Euro wären für den Freibetrag zur Renten- und Arbeitslosenversicherung fällig.

Um das einzuspielen, wären neben höheren Erbschaftssteuern auch höhere Einkommen- oder Mehrwertsteuern erforderlich. Das ist durchaus machbar – nicht zuletzt angesichts der guten Konjunktur. Sie spült derzeit in erheblichem Umfang Zusatzeinnahmen in die staatliche Kasse, die für wenig anderes so gut angelegt wären wie für eine Umfinanzierung der Sozialversicherungskosten. Auf diese Weise ließen sich die Arbeitnehmer entlasten, ohne dass die Steuersätze in größerem Umfang angehoben werden müssten.

Was das dem Arbeitsmarkt bringen kann, haben in den vergangenen Jahren zahlreiche Studien aufgezeigt. Würden die Arbeitskosten vor allem für Geringverdiener gesenkt und im

Gegenzug Einkommen- oder Mehrwertsteuern erhöht, könnten Hunderttausende neuer Jobs entstehen.

Mehr noch: Der Umbau in eine Erwerbstätigenversicherung und die finanzielle Entlastung der Arbeitnehmer würden jene Gerechtigkeitslücke schließen, die der Reformmarathon der vergangenen Jahre gerissen hat. Das Verhältnis von Beiträgen und Leistungen würde wieder deutlich günstiger ausfallen. Ein entsprechendes Reformprogramm würde die Gesellschaftsgruppen gleichmäßiger am notwendigen Umbau des Wohlfahrtsstaats beteiligen. Es würde den Sozialversicherungen einen Teil jener Akzeptanz zurückgeben, die sie in den zurückliegenden Jahren verloren haben. Es würde dafür sorgen, dass derjenige, der arbeitet, nicht mehr automatisch der Dumme ist.

Davon würden auch die großen Volksparteien profitieren. In den vergangenen Jahren haben sie unter anderem deshalb an Vertrauen verloren, weil sie ihren Wählern nicht mehr glaubhaft machen konnten, dass es beim notwendigen Umbau der Sozialsysteme fair zugeht. Nun könnten sie beweisen, dass sie ihre ständig wiederholten Ankündigungen, den Faktor Arbeit zu entlasten, wirklich ernst meinen. Sie könnten einen Teil jener Fehler wiedergutmachen, die sie in den Siebziger-, Achtziger- und Neunzigerjahren mit dem bedenkenlosen politischen Missbrauch des Sozialsystems begangen haben. Sie könnten zeigen, dass sie jenen Satz des amerikanischen Ex-Präsidenten Bill Clinton beherzigen, den er einst zu seiner Erfolgsformel erkoren hat: »Die Politik muss sich um diejenigen kümmern, die hart arbeiten und sich an die Regeln halten.«

Es wäre ein Umbau, der die politische Mitte stärken würde – und zugleich mit erheblichen Risiken behaftet ist. Um die Arbeitnehmer zu entlasten, müsste die Regierung nämlich jenen Bevölkerungsgruppen Opfer abverlangen, die

in den letzten Jahren davon profitiert haben, dass die Reformlasten anderen auferlegt wurden. Ob die Parteien den Mut
dazu aufbringen, ist eine offene Frage, von der in den nächsten Jahren nichts weniger abhängt als der Zusammenhalt der
Gesellschaft.

Danksagung

Wer arbeitet, ist der Dumme – weshalb es sich empfiehlt, die Lasten zu verteilen. Auch dieses Buch wäre kaum entstanden, wenn nicht eine Vielzahl von Menschen mitgeholfen hätte, es zuwege zu bringen.

Zu danken habe ich dem Vorsitzenden des Sachverständigenrates, Professor Bert Rürup, für hilfreiche Anregungen und Korrekturen sowie den Wissenschaftlern am Deutschen Institut für Wirtschaftsforschung, Professor Gert Wagner und Markus Grabka, die zu diesem Projekt wichtige empirische Analysen beigesteuert haben.

Mein Dank gilt *Spiegel*-Chefredakteur Stefan Aust, der den Anstoß für die Recherchen zu diesem Buch gab, sowie dem Berliner *Spiegel*-Büroleiter Gabor Steingart und Wirtschaftsressort-Chef Armin Mahler, die meine Arbeit unterstützten. Meinen Kollegen Christian Reiermann und Holger Wilkop verdanke ich wesentliche Anregungen, dem Team der *Spiegel*-Dokumentare wichtiges Material und Berechnungen.

Ein besonderer Dank geht an meine Frau. Sie war mir nicht nur eine konsequente und konstruktive Kritikerin, sie hat mir auch wichtige Ratschläge für die historischen Passagen des Buchs geliefert.

Literatur

Adenauer, Konrad: *Teegespräche 1955–1958*, Berlin 1986.

Babel, Gisela: *Die Gesundbeter – Rentendebatten in Deutschland*, Sankt Augustin 2001.

Bach, Hans-Uwe; Gaggermeier, Christian; Klinger, Sabine: »Sozialversicherungspflichtige Beschäftigung – woher kommt die Talfahrt?«, *IAB-Kurzbericht*, 26/2005.

Beckert, Jens: *Unverdientes Vermögen, Soziologie des Erbrechts*, Frankfurt am Main 2004.

Beske, Fritz; Drabinski, Thomas: *Zu Lasten der gesetzlichen Krankenversicherung, Politische Entscheidungen 1977–2004 und andere Tatbestände*, Kiel 2004.

Bispinck, Reinhard: »Abschied vom Flächentarifvertrag? Der Umbruch in der deutschen Tariflandschaft«, in: *WSI-Tarifhandbuch 2006*.

Bofinger, Peter; Dietz, Martin; Genders, Sascha; Walwei, Ulrich: »Vorrang für das reguläre Arbeitsverhältnis: Ein Konzept für existenzsichernde Beschäftigung im Niedriglohnbereich«, Gutachten für das Sächsische Ministerium für Wirtschaft und Arbeit, Dresden 2006.

Breyer, Friedrich; Franz, Wolfgang; Homburg, Stefan; Schnabel, Reinhold; Wille, Eberhard: *Reform der sozialen Sicherung*, Berlin Heidelberg 2004.

Butterwegge, Christoph: *Krise und Zukunft des Sozialstaates*, Wiesbaden 2006.

Corneo, Giacomo: *New Deal für Deutschland, der dritte Weg zum Wachstum*, Frankfurt, New York 2006.

Deutsche Rentenversicherung Bund: *Renten auf einen Blick: Staatliche Politik im OECD-Ländervergleich*, Berlin 2005.

Deutsche Rentenversicherung Bund: *Rentenversicherung in Zeitreihen*, Berlin 2006.

Deutsches Institut für Wirtschaftsforschung: »Erbschaften und Schenkungen in Deutschland«, *Wochenbericht des DIW Berlin*, 5/2004.

Frerich, Johannes; Frey, Martin: *Handbuch der Geschichte der Sozialpolitik in Deutschland*, München 1996.

Haerendel, Ulrike: *Die Anfänge der gesetzlichen Rentenversicherung in Deutschland – Die Invaliditäts- und Altersversicherung von 1889 im Spannungsfeld von Reichsverwaltung, Bundesrat und Parlament*, Speyer 2001.

Herbert, Sibylle: *Diagnose: unbezahlbar – aus der Praxis der Zweiklassenmedizin*, Köln 2006.

Hockerts, Hans-Günter: *Sozialpolitische Entscheidungen in Nachkriegsdeutschland, Alliierte und deutsche Sozialversicherungspolitik 1945 – 1957*, Stuttgart 1980.

Hockerts, Hans Günther: »Die historische Perspektive. Die Entwicklung des modernen Sozialstaats in Europa«, in: Veröffentlichungen der Walter-Raymond-Stiftung: *Sozialstaat – Idee und Entwicklung, Reformzwänge und Reformziele*, Köln 1996.

Hohmann, Karl: *Ludwig Erhard – Gedanken aus fünf Jahrzehnten, Reden und Schriften*, Düsseldorf, Wien, New York 1988.

Homburg, Stefan: *Allgemeine Steuerlehre*, München 1997.

Jacobs, Klaus; Klauber, Jürgen; Leiner, Johannes: *Fairer Wettbewerb oder Risikoselektion?, Analysen zur gesetzlichen und privaten Krankenversicherung*, Bonn 2006.

Kaltenborn, Bruno; Koch, Susanne; Kress, Ulrich; Walwei, Ulrich; Zika, Gerd: »Sozialabgaben und Beschäftigung«, in: *Beiträge zur Wirtschaftsforschung und Politikberatung*, Nr. 26, Berlin 2004.

Kirch, Peter: »Selbstverwaltung im Gesundheitswesen. Strategische, strukturelle und inhaltliche Neuausrichtung notwendig«, in: *Soziale Sicherheit* 2/2006.

Kronberger Kreis: *Erbschaftsteuer: behutsam anpassen*, Stiftung Marktwirtschaft, Berlin 2007.

Lang, Klaus: »Zur Entwicklung des Sozialstaats – ökonomische Grundlagen, Kritik der ideologischen Unvernunft, offene Fragen«, in: Joachim Beerhorst/Jens-Jean Berger (Hrsg.): *Die IG Metall auf dem Weg in die Mitte?*, Hamburg 2003.

Lauterbach, Karl: *Der Zweiklassenstaat. Wie die Privilegierten Deutschland ruinieren*. Berlin 2007.

Marx, Karl; Engels, Friederich: *Manifest der Kommunistischen Partei*, Berlin 1970.

Merklein, Renate: *Die Rentenkrise*, Reinbek bei Hamburg 1986.

Müller, Albrecht: *Die Reformlüge – 40 Denkfehler, Mythen und Legen-*

den, mit denen Politik und Wirtschaft Deutschland ruinieren, München 2004.

Organisation For Economic Cooperation and Development: *Taxing Wages, Edition 2006*, Paris 2007.

Ottnad, Adrian, Schnabel, Reinhold: *Rente mit 67 – Konsequenzen für Versicherte, Rentensystem und Arbeitsmarkt*, Köln 2006.

Ritter, Gerhard: *Der Preis der deutschen Einheit. Die Wiedervereinigung und die Krise des Sozialstaats*, München 2006.

Rürup, Bert: *Globalisierung und Alterung, Herausforderung für den deutschen Sozial- und Steuerstaat*, Darmstadt 2006.

Ruland, Franz: *Handbuch der gesetzlichen Rentenversicherung, Festschrift aus Anlaß des 100jährigen Bestehens der gesetzlichen Rentenversicherung*, Neuwied 1990.

Sachverständigenrat zur Begutachtung der gesamtwirtschaftlichen Entwicklung: *Die Chance nutzen – Reformen mutig voranbringen, Jahresgutachten 2005/2006*, Wiesbaden 2005.

Sachverständigenrat zur Begutachtung der gesamtwirtschaftlichen Entwicklung: *Widerstreitende Interessen – ungenutzte Chancen, Jahresgutachten 2006/2007*, Wiesbaden 2006.

Sachverständigenrat zur Begutachtung der gesamtwirtschaftlichen Entwicklung: *Arbeitslosengeld II reformieren: Ein zielgerichtetes Kombilohnmodell*, Wiesbaden 2006.

Schmähl, Wilfried: »Die neue deutsche Alterssicherungspolitik und die Gefahr steigender Altersarmut«, in: *Soziale Sicherheit* 12/2006.

Schreiber, Wilfried: *Existenzsicherheit in der industriellen Gesellschaft*, unveränderter Nachdruck des »Schreiber-Plans« zur dynamischen Rente aus dem Jahr 1955, Köln 2004.

Schwarz, Hans-Peter: *Adenauer, Band 2: Der Staatsmann 1952 – 1967*, München 1994.

Sinn, Hans Werner: *Ist Deutschland noch zu retten?*, München 2003.

Stein, Philipp (Hrsg.): *Fürst Bismarcks Reden*, Zwölfter Band, Leipzig 1898.

Steingart, Gabor: *Deutschland – Der Abstieg eines Superstars*, München 2004.

Stiftung Warentest: »Gesetzliche Rente – immer im Plus«, in: *Finanztest*, 5/2006.

Zentrum für Europäische Wirtschaftsforschung: *Erbschaftsteuerbelastung in Deutschland, den Staaten der EU und anderen wichtigen Staaten bei unbeschränkter und beschränkter Steuerpflicht*, Mannheim 2004.

PIPER

Gabor Steingart
Weltkrieg um Wohlstand

Wie Macht und Reichtum neu verteilt werden. 400 Seiten mit
24 schwarz-weiß und farbigen Abbildungen. Gebunden

Für die reichen Länder des Westens beginnt die Globalisie-
rungsbilanz zu kippen: Asien trumpft auf, während
Europa und Amerika im Weltkrieg um Wohlstand zurückfal-
len. Die Methoden der Angreiferstaaten sind gleichermaßen brutal wie erfolgreich: Sie ertragen im Land bittere Armut, verursachen Umweltzerstörungen in nie gekanntem
Ausmaß, um ihre Kräfte in den Exportindustrien zu konzentrieren. Der Westen wird bei Löhnen und Sozialstandards
unterboten, sein in Jahrzehnten erworbenes Wissen oftmals
gezielt abgesaugt. Die Folgen spüren wir täglich: Wander-
ten zuerst die einfachen Industriearbeitsplätze aus, gilt die
neueste Angriffswelle dem Mittelstand und den High-Tech-
Jobs. Das Zeitalter westlicher Dominanz geht zu Ende. Der
Westen besitzt eine Vorahnung, aber keine ernstzuneh-
mende Analyse der Bedrohung, sagt Gabor Steingart. Sein
Buch liefert sie: schonungslos und realistisch.

01/1623/01/R